U0083319

古代歷史文化研究輯刊

五 編

王 明 蓀 主編

第 17 冊

明代兵備道制度：
以文馭武的國策與文人知兵的實練

謝 忠 志 著

國家圖書館出版品預行編目資料

明代兵備道制度：以文馭武的國策與文人知兵的實練／謝忠志
著 — 初版 — 新北市：花木蘭文化出版社，2011〔民100〕
目 4+226 面；19×26 公分
（古代歷史文化研究輯刊 五編：第 17 冊）
ISBN：978-986-254-430-3（精裝）
1. 軍事史　2. 明代
618　　　　　　　　　　　　　　　　　100000589

ISBN-978-986-254-430-3

9 789862 544303

古代歷史文化研究輯刊
五　編　第十七冊　　　　　　　　ISBN：978-986-254-430-3

明代兵備道制度：以文馭武的國策與文人知兵的實練

作　　者	謝忠志
主　　編	王明蓀
總 編 輯	杜潔祥
印　　刷	普羅文化出版廣告事業
出　　版	花木蘭文化出版社
發 行 所	花木蘭文化出版社
發 行 人	高小娟
聯絡地址	新北市永和區中正路五九五號七樓之三
	電話：02-2923-1455／傳真：02-2923-1452
電子信箱	sut81518@gmail.com
初　　版	2011 年 3 月
定　　價	五編 32 冊（精裝）新台幣 56,000 元

版權所有・請勿翻印

明代兵備道制度：
以文馭武的國策與文人知兵的實練

謝忠志　著

作者簡介

謝忠志，臺灣嘉義人，中國文化大學史學研究所博士，現為國立高雄應用科技大學通識教育中心兼任助理教授，研究領域為明代軍事史、社會文化史等，曾發表〈明代的五行都司〉等文章。

提　要

　　整飭兵備道為明代獨創，它是地方行政制度，用以溝通省、府二級；它也是軍事制度，是平靖動盪的最佳利器，因而被清朝沿用。

　　整飭兵備道為按察分司，其主要職掌在穩定地方，平時操練兵馬、修葺城池、教化興學與審理詞訟等；戰時則協同文武官員帶兵出擊，敉平亂事，實為明代以文馭武國策中基本典型之一。

　　本書首先說明整飭兵備道的創設緣由及其設置背景，釐清兵備道的創設時間與兵備道官的各種稱謂，深入探究其地方控制的實例，兼及整飭文教、興修水利等相關職掌，最後探討兵備道在地方制度的位階與各級文官領導體系間的協調，企圖勾勒整飭兵備道在明代運作的實際概況。

目次

第一章　緒　論

　　軍事，不僅是抵禦外侮、維持和平的武力，它更是國家強盛與否的象徵之一。國家成立之初，軍隊是國家機器不可或缺的環節。《尉繚子》進一步點出如何建立良好的軍事制度：「凡兵，制必先定。制先定，則士不亂；士不亂，則刑乃明。」〔註1〕史有明鑑，若要取得政權必先掌握軍權〔註2〕。因而歷代的上位者，無不把軍權的掌握與分配，視為領導統御的重要原則。

　　戰國時期，始將文武分職，並有獨立的軍事系統出現。將帥有帶兵權，而無調動軍隊的權利，惟有國君的「虎符」才可調動軍隊〔註3〕。秦朝統一天下，同時也統一軍事領導體系。西魏至隋唐時代的「府兵制」，成功去除將帥專擅之弊，更重要的是無須花錢養兵〔註4〕。唐玄宗天寶十四年（西元755年）的「安史之亂」，徹底地破壞此良善的制度，使朝代進入混亂的五代十國時期。宋初為懲尾大不掉之患，特以文人統兵，但卻成為宋代積弱不振的因素之一。

〔註1〕 劉仲平，《尉繚子今注今譯》（台北：臺灣商務印書館，1977年9月二版），〈制談第三〉，頁23。

〔註2〕 如隋文帝楊堅為北周左大丞相，集軍政大權於一身；宋太祖趙匡胤典掌禁軍，獲得「黃袍加身」。而唐太宗、唐玄宗等能成功奪嫡，繼而成為天子，皆是有效掌握北門禁軍之故。詳見：陳寅恪，《唐代政治史述論稿》（台北：里仁書局，1994年8月再版），頁201～218。

〔註3〕 規定凡用兵五十人以上，必須有國軍的右半個虎符與將軍的左半個虎符，「合符」後，軍隊才能調動。詳見：黃永華，《中國古代兵制》（台北：臺灣商務印書館，1995年9月初版二刷），頁14～15。

〔註4〕 詳見：陳寅恪，《隋唐制度淵源略論稿》（台北：里仁書局，1994年8月再版），頁117～133。

　　朱元璋（1328～1398）建立明朝，首要確保國家安全與統治階層的權力，又要避免軍權落入權臣，遂重新調整國家軍隊。首先，設置五軍都督府為全國最高統兵機構〔註 5〕。「都督府掌軍旅之事，各領其都司、衛所，以達於兵部。」〔註 6〕但軍隊的調遣及其武職軍官的選授升黜聽命於兵部，至於士兵由都司衛所負責管理。因此，一旦皇帝決定發動戰爭，頒布詔書，兵部即以「皇帝信寶」頒發調兵命令，五軍都督府的都督則奉令領兵作戰。戰爭結束後，統兵將領交還將印，覆命交差後回都督府，其所屬士兵也即刻返回所在衛所，形成「將無專兵，兵無私將」的原則〔註 7〕。然而，節制武臣專擅的方法還不止於此。仁、宣二帝在缺乏武將支持的情況下登上皇位，藉機削弱其職權，而武將自身積弱不振〔註 8〕，加上疏於文墨，造成文官適時竄起，取代武臣在軍事上獨大的局面。仁宗同時設置內監鎮守之職，這樣一來，使得明代軍事領導階層共分文臣、武臣與宦官三股勢力，以文臣牽制武臣，以內臣牽制外臣，而內、外臣間也相互制約。〔註 9〕

　　明代自建國以來，前朝崩解的蒙古族時時覬覦中原，倭寇與海盜也不斷侵擾東南沿海，連帶使地方治安失序。明朝為警戒邊防，維繫地方治安，出現新的文臣軍事領導體系──總督、巡撫制。他們分割都、布、按三司的事權，成為省級統轄行政與軍事二權最高階層的官員。督撫制最大的缺點即是轄區幅員過廣，他們通常統轄一個以上的布政司，而與地方上的衛所缺乏聯

〔註 5〕 至正十五年（1355）六月，朱元璋率軍渡江佔領太平之後，設立太平、興國翼元帥府，為最早的統兵機構。二十一年三月，朱元璋改樞密院為大都督府，以朱文正為大都督，節制中外諸軍事，大都督府自此成為指揮明軍的統兵機構。二十四年三月，罷大都督，改設左右都督。洪武十三年（1368）正月，爆發胡惟庸案，朱元璋改大都督府為五軍都督府，自此後鮮少變革。

〔註 6〕 清・張廷玉，《明史》（北京：中華書局，1997 年 3 月六刷），卷七十六〈職官五〉，頁 1856。

〔註 7〕 范中義等，《明代軍事史》（收錄於《中國軍事通史》，北京：軍事科學出版社，1998 年 10 月一版），頁 140～141。

〔註 8〕 仁宗敕諭甘肅鎮守總兵官費瓛：「爾名臣子孫，為國重臣，先帝謂爾練習軍政、付邊寄，朕承先志付託，尤專不意。爾比來溺於宴安而懦弱不振，低眉俛首，受制於人，大丈夫所為固若是乎？」詳見：《明仁宗實錄》（台北：中央研究院歷史語言研究所校勘，中央研究院歷史語言研究所出版，1970 年 9 月初版，據北京圖書館紅格鈔本微卷景印），卷九上，頁 2 上，洪熙元年四月庚子條。

〔註 9〕 杜婉言、方志遠，《中國政治制度史・第九卷・明代》（北京：北京人民出版社，1996 年 12 月一版一刷），頁 325。

繫。爲彌補其間的落差，遂出現「整飭兵備道」。兵備道與督撫的設置均以文人馭兵，避免武將專權。散佈於各省的兵備道，除履行按察司所賦予的監察、司法職責外，舉凡：分理軍務、訓練民兵、管理兵馬、錢糧與屯田，巡視江、海防與拘捕盜賊爲其職掌〔註10〕。但它出現的原因爲何？如何運作？與其他文武官僚體系間的互動關係又是怎樣？兵備道何以沿用至清代？這些問題至今仍未見定論，也就是本文欲加以深入探討的方向。

一、研究現況

　　儘管時序進入二十一世紀，但對「整飭兵備道」的研究仍多停滯在清代台灣兵備道，反觀肇建制度的明代，對此領域的開發仍十分有限。兵備道常是研究明代地方行政制度與軍事機構重要的一環，它在抵禦外患、平靖地方治安與掃蕩變亂皆有貢獻，甚至興水利、修城牆與設學校也爲職責所在，功績不容抹殺，所以值得深入探研。

　　針對明代兵備道制度的探究，目前以日本學者小川尙撰寫《明代都察院体制の研究》最爲專門〔註11〕。小川尙於第二章剖析「明代の兵備道」，共分直省的分巡道、整飭兵備道的成立、九江兵備道、撫按守巡制的確立、直省の兵備道（一）、（二）以及兵備道的特色等七個部分，該書以《明實錄》爲本，除分析兵備道的重要性，考究兵備道的設置時間，亦可與本文「明代兵備道一覽表」（表1）相互參酌與比較。

　　若從地方行政制度的角度，兵備道爲提刑按察分司，王天有《明代國家機構研究》中，對明代「道」有詳加說明〔註12〕。李治安主編的《唐宋元明清中央與地方關係研究》，可以看出唐朝以來歷朝各代地方制度的變革，如何轉變成明代三司督撫制，進而追尋「兵備道」的設置原因與過程〔註13〕。論及明代的督撫制，吳廷燮編《明督撫年表》一書，將明代督撫的設置與異動時間，分門別類，列表記載〔註14〕。張哲郎的《明代巡撫研究》，對巡撫職

〔註10〕劉昭祥等，《中國軍事制度史・軍事組織體制編制卷》（鄭州：大象出版社，1997年8月一版），頁368～369。
〔註11〕〔日〕小川尙，《明代都察院体制の研究》（東京：汲古書院，2004年10月初版）。
〔註12〕王天有，《明代國家機構研究》（北京：北京大學出版社，1992年9月一版）。
〔註13〕李治安，《唐宋元明清中央與地方關係研究》（天津：南開大學出版社，1996年1月初版）。
〔註14〕吳廷燮，《明督撫年表》（北京：中華書局，1982年）。

掌與功能的演變、選任方式、異動情形及任期長短等，書中記載不少兵備道官升任巡撫的史料，可為本文依循之藍本〔註15〕。靳潤成《明朝總督巡撫轄區研究》，從歷史地理的角度看督撫轄區的演變，並將其演變過程歸納為五期〔註16〕。關文發、顏廣文合著的《明代政治制度研究》，除對明代總督巡撫制度的形成與發展加以說明外，同時也探討官吏任用的迴避制度〔註17〕。法國學者讓‧德‧米里拜爾（Jean de Miribel）所著《明代地方官吏及文官制度——關於陝西與西安府的研究》，是本對明代西北地區的專項研究，書中引用大量方志，也對兵備道在地方實際運作情形略加描述。〔註18〕

在研究論文方面，羅冬陽的〈明代兵備初探〉是較針對兵備道探討之論文，對兵備的設置、職能、與督撫關係等問題皆有考察，甚至對《明史》與《萬曆野獲編》中對兵備道設置時間提出質疑〔註19〕。盧葦的〈明代海南的海盜、兵備與海防〉，從海防的角度來看瓊州兵備道的設置目的〔註20〕。李國祁〈明清兩代地方制度中道的功能及其演變〉指出，兵備道實際上是仿宋文人領兵之遺意，以文職監督武職，為因應時代需要而產生的。其中對分守、分巡及兵備三道源流的考辨與論證，為研究明清地方行政制度者不可或缺的論文〔註21〕。楊武泉〈明清守巡道考辨〉言明，藩臬二司皆可兼銜，而道員的名稱始於清朝〔註22〕。吳吉遠〈試論明清守巡道制度〉，則推究明代守巡道的設置源流。〔註23〕

在史料的取材上，仍必須從《明實錄》、明代典章、明清方志及明人奏

〔註15〕 張哲郎，《明代巡撫研究》（台北：文史哲出版社，1995年9月初版）。

〔註16〕 靳潤成，《明朝總督巡撫轄區研究》（天津：天津古籍出版社，1996年8月一版一刷）。其歸納督撫演變過程為五期，即洪武永樂萌芽期、洪熙宣德初置期、正統～正德發展期、嘉靖～天啟穩定期及崇禎紊亂期。

〔註17〕 關文發、顏廣文，《明代政治制度研究》（北京：中國社會科學出版社，1996年5月二版）。

〔註18〕 〔法〕讓‧德‧米里拜爾（Jean de Miribel）著，郭太初等譯，《明代地方官吏及文官制度——關於陝西與西安府的研究》（西安：陝西人民出版社，1994年）。

〔註19〕 羅東陽，〈明代兵備初探〉，《東北師大學報》，1994年一期，頁15～31。

〔註20〕 盧葦，〈明代海南的海盜、兵備與海防〉，《明清史》，1990年十一期，頁19～28。

〔註21〕 李國祁，〈明清兩代地方制度中道的功能及其演變〉，《中央研究院近代史研究所集刊》第三期，1972年7月，頁139～187。

〔註22〕 楊武泉，〈明清守巡道考辨〉，《明清史》，1992年四期，頁4～12。

〔註23〕 吳吉遠，〈試論明清守巡道制度〉，《明清史》，1996年三期，頁4～51。

議、文集著手。《明實錄》與地方志書爲構成本文的重要史料，《明實錄》中多有兵備升遷、領兵平亂等相關記載，對於兵備的設置的時間與原因多有所錄，史料價值豐富。萬曆時期編纂的《大明會典》，對整飭兵備道的鎭戍位置記錄詳盡。但這些官方記錄仍嫌過於偏頗，所以必須仰賴地方志加以對照。

　　明代地方志發展步入興盛時期，總志、通志、府志、州志與縣志等種類繁多。明代方志不僅反映社會百姓的實際狀況，也對少數民族的生活風俗多有著墨〔註24〕。方志的選擇，明清二代均需參酌明代自嘉靖時期以後的刊刻版本眾多，以不遺漏爲原則，清代方志則儘量多取乾隆朝以前的刊刻本。兵備道通常統轄一個以上的府，因而取材以府志爲本，如《正德‧建昌府志》、《萬曆‧開封府志》等。府志未若記載相關史料，再擴及該省的通志，如《四川總志》等；或該道駐地所屬州縣方志，如《霸州志》、《固原州志》等。地方志書從地方角度看兵備道，對兵備憲臣名錄、兵備道設置的沿革與原因等，皆較《明實錄》詳實。兵備道官爲進士出身，有些官員甚至參與方志的纂修，使史料來源更爲可靠有據〔註25〕。《明實錄》與地方志書兩類史料可相互參照，彌補不足。

　　此外，明人奏議多反映中央與地方官僚體系間的論調，多有其對兵備官的觀點與論述，其中又以曾任督撫、兵備等官銜的史載最直接且最具參考價值，文集與筆記小說也是取材的重點，明人文集中，通常包括該人奏疏、詩詞、記、序、傳、行狀與墓誌銘，史料總類繁多豐碩。筆記小說題材廣泛，舉凡朝政典章、政治經濟、人物傳記及瑣事軼聞等無不羅列，上述史材包括王守仁《王陽明全集》、楊一清《楊一清集》、王世貞《弇山堂別集》、汪道昆《太函集》及蔡獻臣《清白堂稿》等均屬之。在文人士夫的筆墨下，它們是各地風土民情的最佳代言，並突顯兵備在當地扮演的角色，這些史料對本文俾益良多。

二、名詞解釋

　　爲進一步瞭解本文，有必要先對兵備道相關的專有名詞加以解釋，分述如下：

〔註24〕傅玉璋、傅正，《明清史學史》（合肥：安徽大學出版社，2003 年 1 月第一版），頁 18～19。

〔註25〕兵備道臣多爲進士出身，進而參與方志纂修工作的例子不勝枚舉，如郭棐修《九江府志》、張國經修《廉州府志》等。

（一）整飭兵備道

簡稱「兵備道」，其官銜全名爲「欽差整飭兵備某道按察司副使或僉事」，如：欽差整飭兵備分巡建寧道按察司僉事；或「欽差某省按察司整飭某處兵備副使或僉事」，如：陝西按察司整飭西寧等處兵備副使。兵備官銜皆加「欽差」二字，表明職司俱出朝廷處分，非吏部專擅。

兵備道爲按察司分職機構，包含南、北直隸，各布政司皆有設置，所置不等。仁宗洪熙（1425）間，鑑於武臣不諳文墨，遂遣布政司參政、按察司副使赴各總兵官駐所整理文書，商榷機密。成化、弘治年於全國各地逐漸設置，但時設時罷。正德、嘉靖時則因俺答與倭寇擾邊日滋，加上民亂甚多，因而普遍設置兵備道，官員多以按察司副使與僉事充之。其職責任務因地制宜，各不相同。大體而言，分理軍務、監督水陸官兵，管理衛所兵馬、錢糧與屯田，操練衛所官軍與地方民快，巡視江防、湖防與礦地，緝捕流民與逃犯皆爲其職責。兵備道一直被沿用至清代。

（二）兵備副使

按察司正官，位於按察使之次，正四品，無定員。兵備道最高長官。統轄區域大小各不相同，通常爲一至二個府，並包含所屬的衛所、巡檢司、民壯及土司等，兵備官俱受督撫與巡按御史節制。

（三）兵備僉事

按察司正官，位於按察副使之次，正五品，無定員。與兵備副使皆爲兵備道最高長官，職權與統轄區域也大致相同。

（四）兵　憲

全名「兵備憲臣」，指兵備副使與兵備僉事。提刑按察使司掌天下「風憲紀綱之司」，所以又稱憲司、風憲衙門，「憲臣」即爲其所屬官吏。其中兵備道官兼理軍務，負責督軍與帶兵作戰，因而「兵憲」成爲明人對兵備道官的一般尊稱。

（五）兵備兼分巡

兵備道與分巡道同隸屬提刑按察使司。明太祖朱元璋仿元代肅政廉訪司，於洪武十四年（1381）設置五十三個按察分司；洪武二十九年（1396）改置按察分司爲四十一道，分巡道制度於此確立。分巡道的監察權被巡按及巡撫瓜分後，而有兵備道的出現。兵備道設置之初，爲職權與地域方便，多

以分巡道按察司副使或僉事兼領兵備銜，如浙江嘉湖兵巡道、江西袁州兵備道兼分巡湖西道等。兵備、分巡兩道轄區雖互有重疊，但兵備道為加強地方控制，其駐地多設於險要之處。在九邊之上的兵備道，多為專職，以強化其權責，但明代兵備道中，兵巡兩道合一仍佔多數。

（六）分巡帶管兵備

以分巡帶管兵備與兵巡道的差別，在於該地未有兵備道官的增設，而是以分巡道官就近管理，分巡官並未兼兵備銜，而是其職務包含帶管的工作。如分巡遼海東寧道帶管廣寧、錦義等處兵備，與寧前、開原兵備道一樣，必須兼管屯田與馬政的工作。

（七）撫治兼兵備

兵備道官常視當地需要因而兼銜。湖廣一帶地廣人稀，其工作以「撫治流民」為主，因而名為「撫治荊州兼施歸兵備」，專理撫治荊州、襄陽地區流民事務。

（八）兵備兼分巡提學副使

正統元年（1436）設立的提學官，於各省添設按察司官一員，南北直隸御史各一員。提學官巡歷其轄區內各個學校，並善盡監督管理之責。由於提學官巡歷不及邊區，學政推展停滯不前，而採取「兵備兼分巡、提學副使」的因應辦法。兵備道平時即負有修葺廟學與提倡文教等工作，四川建昌、廣東瓊州二兵備道於萬曆年間兼有督理學校之權。

（九）兵備兼巡海副使

明代於沿海地區多設有按察司巡海副使，以打擊倭寇、海盜和鹽徒為職任。為加強其權責與淘汰冗員，沿海的兵備道遂與巡海道結合，如山東登州海道、淮揚海防道、浙江寧波海道（兼理寧紹兵備）等，其職掌以操練水軍、管理水陸兵糧為多。

（十）總　督

總督為明代中央派出機構，並非常制。總督之名，始於正統六年（1440）以兵部尚書王驥總督軍務，征討雲南亂事，真正設官則於景泰二年（1451），因漕運不繼，命僉都御史王竑總督漕運，自此之後，總督有其節制地區。明代共設總督十六員，員額以邊區為多。其職責為提督軍務和巡撫地方為主，

為便宜行事，總督可節制巡撫與三司。總督至清代才正式入官銜。

（十一）巡　撫

　　為明代地方行政與軍政最高首長，一般加「提督軍務」職銜，而加「提督」、「參贊」、「贊理」、「協贊」、「參謀」及「總督」等軍務頭銜者，亦視為巡撫。巡撫之名，起於洪武二十四年（1391）派遣懿文太子巡撫陝西。直到景泰四年（1453）後，以都御史充任巡撫官，才成為定制。巡撫總攬操練兵馬、整理器械、修築城池墩台及督理糧儲等，守備、兵備等官俱聽節制。清代正式以巡撫為省及地方政府的長官。

第二章　道的歷史溯源

　　兵備道雖爲明代所創設，然而制度的形成並非一蹴可及，皆有其沿革興廢之歷史背景。兵備道因按察司分巡道的附帶職權而產生，而按察司分巡道則奠基於元代，陸容（1436～1494）提及：「今之提刑按察司，即元之肅政廉訪司，俗稱按察使爲廉使，按察司多扁肅政字，皆踵其舊也。」〔註1〕元代的肅政廉訪司實乃明代分巡道之張本。《萬曆‧臨洮府志》則說：「國家分職授任，用圖治理，省置廉訪使，明刑敕法。制既備矣，乃復設兵備副使者。」〔註2〕史載充分表明元代肅政廉訪司與明代分巡道、兵備道的因循關係。

　　在古代中國，地方行政區劃以「道」相稱，最早見於漢代。《漢書‧百官公卿表》：「縣有蠻夷曰道。」〔註3〕漢代在少數民族聚集區所設置的縣曰「道」，但並非正式以道命名的行政設置，至唐代始將「道」用於地方行政制度上。唐代的道與明代的道不盡相同，唐代的道，轄區較大，且僅是中央政府派員巡查方便而設，其地位猶如行省，只是缺乏固定的首長〔註4〕，但其官銜與職掌皆可被視爲道的起源。而明代兵備道與唐代的道一樣，原本只具監

〔註1〕明‧陸容，《菽園雜記》（北京：中華書局，1985年5月第一版），卷八，頁101。

〔註2〕明‧荊州俊，《萬曆‧臨洮府志》（《稀見中國地方志匯刊》九冊，北京：中國書店，1992年5月第一版，據明萬曆三十三年刻增修本影印），卷二十四，暴夢奇〈臨鞏兵備道題名記〉，頁47下。

〔註3〕漢‧班固，《漢書》（台北：鼎文書局，1979年3月二版），卷十九〈百官公卿表〉，頁742。

〔註4〕李國祁，〈明清兩代地方制度中道的功能及其演變〉，頁140。

察權責，但後來因實際上的需要而皆具有軍事權力。《春明夢餘錄》對提刑按察使司的來源加以考據：

> 宋文恪訥曰：「考今提刑按察，周命擽人以巡天下之遺也。自唐虞五載一巡狩，考制度於諸侯。自周封建，廣五載巡狩之禮弗克行，而擽人之制始興盛。蓋以道國之政事，而使萬民和悅。……」夫按察使始於唐，提刑始於宋。唐則三年以遣使，宋則諸轉運以兼職。名起於近，而意沿於遠也。〔註5〕

依照清代孫承澤（1592～1676）的考察，明代的提刑按察使雖可遠追溯到周代，但其名稱是源唐、宋二朝而來。基於「道」與「按察使」之稱皆從於唐代，有必要先從唐代歷史追溯。

第一節　唐代道的功能及其演變

「道」於初唐時有下列幾種不同的區域劃分：第一種沿北朝之制，爲行台省統領的區域，如武德年間（618～626）的陝東道大行台，蘭州道、襄州道等行台；第二種作爲行軍路線的道，多按行軍方位與作戰地點命名，如引月道、定襄道、雞林道等，長官稱爲某道行軍總管〔註6〕；第三種是作爲監察區的道；第四種則是作爲軍事性的防禦地區〔註7〕。前兩種道，在初唐以後不久就不再使用。監察與軍事的道各自劃分，使監察權與軍事權分離，方便朝廷對地方的控制。中唐之後，兩道互相結合，形成「藩鎮」時，道就成爲行政實體，爲地方一級行政組織，使原本州、縣二級制變成道、州、縣三級制。

一、監察性質的道

唐承隋制，分地方爲州、縣二級。太宗貞觀元年（627）因全國民多官少，

〔註5〕清・孫承澤，《春明夢餘錄》（台北：大立出版社，1970年10月），卷四十八〈提刑按察使〉，頁807～808。

〔註6〕此例甚多，如宋・歐陽修，《新唐書》（台北：鼎文書局，1979年3月二版），卷一一〇〈契苾何力傳〉，頁4118～4119：「（貞觀）十四年，（契苾何力）爲蔥山道大副總管，與討高昌，平之，……俄以崑丘道總管平龜茲。」另於〈裴行儉傳〉、〈劉軌傳〉等皆有其擔任總管之記載。

〔註7〕俞鹿年，《中國政治制度通史・第五卷・隋唐五代》（天津：天津人民出版社，1991年），頁224。

於是省併州縣，因山川形勢，分天下爲關內、河東、河南、河北、山南、隴右、淮南、江南、劍南、嶺南十道〔註8〕。它只是地理上的區劃，並非實際的行政單位，也不是監察區。睿宗景雲二年（711）五月，析爲十二道〔註9〕；玄宗開元二十一年（733）增至十五道〔註10〕。派出的官員並非以此作爲分發之依據。

　　唐代最早派出以監察性質的官員巡察地方，始於貞觀八年（634）。太宗以蕭瑀（575～648）、李靖（571～649）等十三人分巡天下，延問疾苦，以「觀風俗之得失，察刑政之苛弊。」〔註11〕同年，太宗遣十六道黜陟大使，以掌進退與升降州縣官吏。此官於開元、至德及建中年間皆曾派遣。「分巡」二字，最早出現於此。

　　值得注意的是「按察使」的出現。按察使的前身爲「巡察使」，根據《唐會要》的記載：「貞觀二十年正月，遣大理卿孫伏伽（？～658）等二十二人，以六條巡察四方，多所貶黜舉奏。」〔註12〕此稱號歷高宗、中宗神龍年以前未改；至中宗景龍二年（708），才改爲「按察使」，並置十道〔註13〕。然而，按察使並未因此而定名。武后時，又稱「巡察使」〔註14〕；睿宗景雲二年（711），又改回「按察使」；玄宗以按察使之置，與右御史臺職重複，於先天元年（713）六月停諸道按察使，其年十月又復按察使而廢右御史臺〔註15〕。開元三年（715），又稱巡察使，並具體規定所察事項：

　　三月三日敕：巡察使出，宜察官人善惡。其有戶口流散、籍帳隱沒、賦役不均者，不務農桑、倉庫檢耗者，妖訛宿宵、姦滑盜賊、不事生業、爲公私蠹害者，德行孝弟、茂才異等、藏器晦跡、堪應時用

〔註8〕　宋・王溥，《唐會要》（台北：世界書局，1963年4月二版），卷七十〈州縣分望道〉，頁1231。

〔註9〕　《唐會要》，卷七十，頁1233：「景雲二年五月，將山南道分爲山南東、西道，又自黃河以西爲河西道，故爲十二道。」

〔註10〕對玄宗開元時代之道，建置年份、道名、道數等方面，嚴耕望曾加以考究。詳見嚴耕望，〈景雲十三道與開元十六道〉，《中央研究院歷史語言研究所集刊》，三十六本上冊，1965年12月，頁115～121。

〔註11〕《唐會要》，卷七十七〈觀風俗使〉，頁1411～1412。但觀風俗使自此年後不復遣。

〔註12〕《唐會要》，卷七十七〈巡察按察巡撫等使〉，頁1412。

〔註13〕《唐會要》，卷七十七〈諸使上〉，頁1415。

〔註14〕《唐會要》，卷一二三〈李嶠傳〉，頁4368。

〔註15〕《唐會要》，卷六十〈御史臺上〉，頁1041。

者，並訪察聞奏。〔註16〕

到開元八年（720），在張廷珪的請求下，改「巡察」之稱，復爲「按察」。
〔註17〕

　　無論按察使或巡察使，雖然名稱有所更迭，然其「監察」之本質迄未改
變。開元二十一年（733）於十五道上置採訪處置使，簡稱採訪使，其職權仍
以監察爲主，猶如漢代之刺史〔註18〕。採訪使也取代按察使的地位與權力。
歲時遣朝集使朝觀天子，並向中書門下報告政務及歲計出入。開元末年，
採訪使的權力日益增大，具有考課官員、審查戶口、薦舉人才的職能，甚至
可以「許其專停刺使務，廢置由己」的程度〔註19〕，儼然已爲「道」的行政
長官。

　　肅宗乾元元年（758）改採訪處置使爲觀察處置使。觀察使自至德（756
～757）以後，已不似採訪使般僅具監察功能，而是帶有軍事職能。《新唐書·
杜佑傳》云：「漢之別駕，隨刺史巡查，猶今觀察使之有副也。」〔註20〕事實
上觀察使的職能已超越監察官的範疇，他不僅監察諸州刺史，連州之行政權
也可加以監督。一旦擁有行政權責，就聯帶附有司法權。必要時也必須維持
治安，因此可興兵平剿盜賊。觀察使權力的轉變，使「道」監察功能漸轉以
軍事爲重。

二、軍事性質的道

　　中唐以後社會動盪不安，「藩鎭」坐大，藩鎭使「道」成爲眞正的行政區
域劃分。藩鎭的長官爲節度使，《新唐書·兵志》上對節度使的源流有所記
載：

〔註16〕　《唐會要》，卷七十七〈諸使上〉，頁1415。
〔註17〕　《新唐書》，卷一一八〈張廷珪傳〉，頁4263：「張廷珪，請復十道按察使，巡
　　　　　視州縣，帝然納之，因詔陸象先等分使十道。」
〔註18〕　《新唐書》，卷三十七〈地理志〉，頁960：「開元二十一年，又因十道分山南、
　　　　　江南爲東西道，增置黔中道，及京畿、都畿，置十五採訪使，檢察如漢刺史
　　　　　之職。」又《漢書》，卷十九〈百官公卿表〉，頁741～742，對刺史的職司如
　　　　　下：「班宣周行郡國，省察治狀，黜陟能否，斷治冤獄，以六條問事，非條所
　　　　　問，即不省。」漢代的刺史與明代的按察使除治地不同外，執掌皆以司法與
　　　　　監察權爲管轄。
〔註19〕　楊樹藩，《唐代政制史》（台北：正中書局，1967年3月初版），頁261～262、
　　　　　264～265。
〔註20〕　《新唐書》，卷一六六〈杜佑傳〉，頁5086。

> 唐初，兵之戍邊者，大曰軍，小曰守捉，曰城，曰鎮，而總之者曰道。……自武德至天寶年間，邊防之制，其軍、城、鎮、守捉皆有使，而道有大將一人，曰大總管。〔註21〕

顯然地，「道」在初唐為軍事領導的最高單位，也就是先前提到「按行軍方位與作戰地點命名」的道，其統帥為「大總管」，此即為節度使之前身。此種「道」多置於沿邊及要害之地，為防守邊疆的重要軍事機構。其掌諸州兵馬、甲械、城隍、鎮戍、糧廩，總判府事，後來也擔負外交管理的職責。〔註22〕

貞觀三年（629）後，行軍時才稱總管，於本道即稱都督。高宗永徽以後，都督加號使持節者，稱「節度使」，這是節度使正式名稱的由來。但此時的節度使還只是泛稱，並未入法制成為官名。直至睿宗景雲二年（711），以賀拔延嗣為河西節度使〔註23〕，節度使一名始見於詔書，並成為官名。惟皆零星散置，並非全盤計劃。玄宗開元二十一年（733）劃全國為十五道，道置採訪使，檢查非法；另一方面沿邊設節度使，防遏羌狄〔註24〕。及至安史之亂，中原用兵，遂於內地設置若干節度使。節度使身兼兵政、民事，遂由邊區軍事將領，搖身一變為地方行政長官。以軍事兼理民政，其權甚大，故成割據一方、尾大不掉之勢。

如果採訪使沒有掌握強大軍隊，即行政權與軍事權無法合而為一，「藩鎮」勢難茁壯。採訪使為監察使職，與道的軍事長官節度使並行，各自行使職權，不相統屬。當時採訪使並未由節度使兼領。如天寶三年（744）安祿山（703～757）由平盧節度使加范陽節度使，並不兼領河北採訪使，直到天寶九年（750）才專領該職。

安史之亂後，此二元體制已無法因應當時形式的需要，於是將採訪使改為觀察使，軍事地區則以節度使兼觀察使；非軍事的重要地區，未設節度使者，就以觀察使兼管軍事〔註25〕。軍事與行政權的結合，即為「藩鎮」

〔註21〕《新唐書》，卷五十〈兵志〉，頁1328～1329。

〔註22〕黎虎，〈唐前期邊疆軍區「道」的外交職能〉，《魏晉南北朝隋唐史》，1999年四期，頁58。

〔註23〕《唐會要》，卷七十八〈節度使條〉，頁1245。

〔註24〕後晉・劉煦，《舊唐書》（台北：鼎文書局，1979年3月二版），卷三十八〈地理志〉，頁1385。

〔註25〕張國剛提出，安史之亂以後所謂的「道」或「藩鎮」，實際上應該指觀察使。因為觀察使不一定帶節度使，很多只帶都團練使、都防禦使或經略使，但節度使、都團練使、都防禦使及經略使則必帶觀察使。張國剛，《唐代藩鎮研究》

〔註 26〕。亦可稱「方鎮」或「藩帥」〔註 27〕。雖然唐朝政府於正式法令上未曾宣布道為地方一級政府，但節度觀察使牢牢地控制所屬州縣，成為州縣的上級單位，使安史亂後，地方制度由州、縣二級制，改變為道、州、縣三級制。〔註 28〕

節度使擴及內地以後，至德迄咸通年間（756～837）前後析置變更，從十個節度使擴充為三十六個。唐代藩鎮數量不斷的改變，前後甚至有八十六個之多〔註 29〕。若以開元年間的十五道為準則，有一道之內設數個節度使者，也有節度使領域兼跨兩道以上之轄區者。〔註 30〕

明代的兵備道當然無法與唐朝的節度使相比，雖然他們都領有軍事、民政、行政及監察等權，但就地位而言，節度使較似明代的督撫，而兵備副使、僉事則多受巡撫節制。相形之下，兵備副使不似節度使位高權重，甚至可領相職。〔註 31〕

五代十國時期為唐藩鎮的變相與延長，制度也沿唐代，道仍為中央與州之間的一級行政實體，道的長官也為節度使。節度使的制置，或併或分，或升或降，至為頻繁。此時期常以親王遙領節度使〔註 32〕，又有以宰相遙領節度使〔註 33〕。如同唐朝，節度使亦也兼觀察使、處置使等官。不過，五代設置諸道與臨時特遣諸使，遠比唐代為少。

第二節　宋代的轉運使到元代的肅政廉訪司

宋代懲唐、五代藩鎮之禍，收回節度使之兵權，改由中央直接統轄。宋

（長沙：湖南教育出版社，1987 年 12 月第一版），頁 44。

〔註 26〕俞鹿年認為，此情況猶如明清時代總督與巡撫的地位十分類似。節度使可兼觀察使，亦猶總督之可兼巡撫。

〔註 27〕藩岳、藩瀚、藩垣、藩方、藩侯、征鎮、戎鎮及節制等稱謂也指藩鎮。

〔註 28〕王壽南，〈從藩鎮之選任看安史之亂後唐中央政府對地方之控制〉，《國立政治大學歷史學報》第四期，頁 2。

〔註 29〕王壽南，《唐代藩鎮與中央關係之研究》（台北：嘉新水泥公司文化基金會，1969 年 12 月初版），頁 19～33。

〔註 30〕《舊唐書》，卷三十八〈地理志〉，頁 1385～1393。

〔註 31〕如玄宗時的蕭嵩、李林甫與楊國忠，皆居相位而握有節度使權柄。詳見：《唐會要》，卷七十八〈節度使條〉，頁 1437。

〔註 32〕宋·王溥，《五代會要》（台北：世界書局，1963 年 4 月二版），卷二十四〈親王遙領節度使〉，頁 294～295。

〔註 33〕《五代會要》，卷二十四〈宰相遙領節度使〉，頁 295。

仿唐代的道，改名爲「路」，路的長官爲轉運使，亦沿用唐代職稱〔註34〕。宋初，路、道採並存制。太祖時，承襲唐制，將全國分爲若干道。太宗淳化四年（993）又分天下爲十道〔註35〕，次年才廢「道」，改用「路」稱。至道三年（997）分全國爲十五路，神宗元豐八年（1085）增爲二十三路。南宋由於領土不及北宋的五分之二，於紹興和議（高宗紹興十一年，1141 年）後，共分十七路。〔註36〕

一、轉運使的設置

　　北宋立國之初，即置轉運使。設置初意純爲軍事與財政性質，其任務是籌集軍需糧餉。當時的轉運使並非爲定制，名稱種類繁多，如前軍轉運使、隨軍轉運使、水路轉運使，隨皇帝親征者，則稱隨駕轉運使。「路」的設置目的，是爲籌集糧草等物資所劃定的區域。宋太祖乾德三年（963）置諸路轉運使，以轉運使掌財賦，轉運使才由主軍餉轉向負責地方租稅。

　　太宗分全國爲十五路後，於每路均設轉運使，一般的路分設使一員，重要邊境或經濟區域則置二員或二員以上。諸路轉運司轉運副使、轉運判官配備無常制〔註37〕，而轉運使的品秩也因地而異。京畿路從三品以上，陝西及成都府等一般的路都在五品以上。

　　太宗時轉運使職權擴大，職位日漸重要，成爲路級的監察官。至道二年（996），太宗發現各路轉運使官員怠忽職守，下詔要求各路官員必須盡心察訪和「提舉錢帛糧食，無令積壓損惡，及信縱欺隱官物，並淹延刑禁。」〔註38〕太宗除對本路官實施監察外，且要求計度錢物與審理刑獄兩項職責。轉運司職權的膨脹，至眞宗時更爲明顯。咸平元年（998）增加招復流徙、勸農田疇、提領簿書等職責，並明確把州郡置於轉運使、轉運副使的管轄之下〔註39〕。

〔註34〕根據鄭世剛的考察，轉運使初稱「水陸運使」，設於唐玄宗先天二年（713）。詳見：鄭世剛，〈北宋的轉運使〉（收錄於《宋史研究論文集》，開封：河南人民出版社，1984 年 7 月初版），頁 322。

〔註35〕元・脫脫，《宋史》（台北：鼎文書局，1978 年 9 月），卷五〈太宗本紀〉，頁92。

〔註36〕關於北宋路分合的演變及轉運使始末，詳見：江漢椿，〈北宋轉運使考略〉，《宋遼金元史》，1992 年三期，頁 27～34。

〔註37〕一般的路分設副使與判官，有些路則不設轉運副使或轉運判官。

〔註38〕朱瑞熙，《中國政治制度通史・第六卷・宋代》，頁 336。

〔註39〕針對轉運司的職能，可參閱：賈玉英，《宋代監察制度》（開封：河南大學出版社，1996 年 6 月初版），頁 342～352。

他們實際掌握一路的大權，為路的最高行政首長，轉運司已為路的最高行政機構。

路的建置與機構，實與唐代的道、元代的行省、明代的布政司十分相像。與轉運司並列的提點刑獄司，不論是職掌、官制都被元、明所兩代沿用。

二、提點刑獄司的設置

提點刑獄司又稱憲司、憲台及提刑司。提點刑獄司的出現，是由於轉運使掌握一路司法、監察與財政等職權，轉運使職務的增多，不僅讓皇權感到威脅，而過多的政務使轉運使難以負荷，尤以刑獄案件的積壓最為嚴重。為充分解決此問題，太宗於淳化二年（991）命董循等十人分充諸路轉運司提點刑獄公事，有疑獄未決，即馳傳往視之〔註40〕。當時新設置的提點刑獄公事並未有獨立的辦公機構，隸屬於轉運司。淳化四年（993）十月，太宗以「諸路提點刑獄司未嘗有所平反」罷去提點刑獄司，將其權歸轉運司。〔註41〕

眞宗初年，仍然不定期遣使巡撫各路，疏決在押囚犯，糾察官吏。景德四年（1007）七月，眞宗擔心各路刑獄官吏未盡得人，而轉運使「地遠無由知」，決心效法太宗親選河北、陝西等路提點刑獄，以使臣為其副，並對提點刑獄司職能、任期、考績等作全盤性的規劃：

> 所至專察視囚禁，審詳案牘，州郡不得迎送聚會。所部每旬具囚繫犯由，訊鞫次第申報，常檢舉催督。在繫久者，即馳往案問。出入人罪移牒覆勘，劾官吏以聞。諸色詞訴，諸州斷遣不當，已經轉運使批斷未允者，並收接施行。官吏貪濁弛慢者，具名以聞，敢有庇匿，並當加罪。仍借緋紫，以三年為任，增給緡錢，如轉運使之數。內出御前印紙為歷，書其績效，中書、樞密院籍其名，代還考課，議功行賞。如獄刑枉濫，不能噯舉，官吏曠弛，不能彈奏，務從畏避者，寘以深罪。〔註42〕

從以上可以看出，提點刑獄司已成定制，它與轉運司並列，成為一個獨立機構，待遇也與轉運司相同。更重要的是，監察官吏與疏理刑獄已成其主要的職責。

〔註40〕 賈玉英，前引書，頁355。

〔註41〕 宋・李燾，《續資治通鑑長編》（台北：世界書局，1964年9月再版），卷三十四，頁9上，淳化四年十月庚辛條。

〔註42〕 《續資治通鑑長編》，卷六十六，頁7下～8上，景德四年七月癸辛條。

　　仁宗、英宗及神宗時期，憲司多次廢置。直到熙寧元年（1068）正月，神宗復置提點刑獄司，此機構才從此不廢。

　　通常一路設提點刑獄官一至二員。設置二員之路，其一必爲武臣提刑，稱「同提點刑獄」。武臣同提刑自設置以來，朝野爭論不休，因而廢置不常〔註43〕。眞宗景德四年（1007），置諸路提點刑獄公事，以朝臣任正職，武臣爲副貳。天禧四年（1020）增設勸農使，後改名提點刑獄勸農使，仍以武臣爲副使。仁宗嘉祐（1056～）中，因有武臣同提點刑獄竊據公庫銀器及首飾，東窗事發後，不再以武臣爲監司〔註44〕。神宗熙寧二年（1069）撤銷武臣提刑後，各路只剩一員提刑，但因刑事繁多，依呂惠卿（1032～1111）之請，而在熙寧六年（1073）設各路提刑司檢法官一員〔註45〕。宣和二年（1120），徽宗增置各路提刑司勾當公事一至二員，南宋改稱「幹辦公事」。無論提點刑獄司如何廢置更迭，其職掌仍與司法、監察方面有關。所以，一般視其爲元代肅政廉訪司、明代提刑按察使司之前身。除職權相符外，「憲」之稱謂，也一直沿用至明代。

　　至金朝沿宋代的地方三級制。地方上的司法、監察機構也同宋代，以提刑司爲主。金章宗承安三年（宋寧宗慶元四年，1198）以上京、東京等提刑司併爲提刑使，兼宣撫使勸農採訪事。承安四年（1199）改提刑司爲按察司，「掌審查刑獄、照刷案牘、糾察濫官污吏豪滑之人、私鹽酒麴並禁之事，兼勸農桑」〔註46〕。同時確立官銜，即：「按察使，正三品；副使，正四品；僉事，正五品。」

　　此時的按察司多稱憲司，甚至常依宋朝習慣稱爲提刑司。由於與御史台相對應，各地的提刑司又稱爲「外台」。但「外台」與御史台之間職責不清，反對者認爲皇帝因此無法充分瞭解民情，只會「徒煩聖聽」〔註47〕。最後，章宗決定讓按察司只負責檢察地方官吏與平反冤獄。雖說如此，金朝爲日後元、明兩代的按察司確立職稱與功能。

〔註43〕《中國政治制度通史・第六卷・宋代》，頁330。

〔註44〕邱永明，《中國監察制度史》（上海：華東師範大學出版社，1992年12月第一版），頁305。

〔註45〕《續資治通鑑長編》，卷二四三，頁13下，熙寧六年三月戊辰條。

〔註46〕元・脫脫，《金史》（台北：鼎文書局，1979年3月二版），卷五十七〈百官志〉，頁1308。

〔註47〕李錫厚、白濱，《中國政治制度通史・第七卷・遼金西夏》，頁302～303。

三、肅政廉訪司的設置

　　明代的「道」奠基於元代。大蒙古帝國時期官制簡單，盛行世襲之法，並不存在監察機構。忽必烈（1215～1294）即位以後，積極推行漢法，加強中央集權統治，同時也建立監察機構。元世祖至元六年（1269），即立提刑按察司四道：山東東西道、河東陝西道、山北東西道及河北河南道。同年八月，以提刑按察司兼勸農事。十三年（1276）十二月，以省併衙門，罷按察司。十四年（1277）正月復置，並增立八道。其後亦有增減裁撤〔註48〕。二十七年（1290），以雲南按察司所治，立雲南行御史臺。名稱亦於至元二十八年（1291），改曰「肅政廉訪司」。三十年（1293），增海北海南道，其後遂定為二十二道。二十二道肅政廉訪司分別直屬中央御史臺、江南行御史臺與陝西行御史臺。雖然肅政廉訪司並未全國普遍設置〔註49〕，但元朝監察機構基層組織的規模與佈局已形成。「今御史臺官，內有監察院以逮之，外有廉訪司以承之」，兩機構互相配合，組成一道嚴密的監控網。〔註50〕

　　「肅政廉訪司」之名，乃是元世祖忽必烈希望監察官員「肅其心而後政可肅，廉其身而後政可訪。」〔註51〕世祖在位之際，阿合馬（？～1282）、盧世榮及桑哥（？～1291）先後被忽必烈以理財委以重任，形成二十餘年權臣跋扈的局面。而監察系統多礙於形勢，不敢糾彈權臣。如各道提刑按察司，當時也「不過翻閱故紙，鞭扑一二小吏細過而已。不敢舉劾邪正，勸激勤惰。」〔註52〕至元二十八年（1291）桑哥伏法後，世祖決心整頓朝政，並改革監察工作；同時，他也期盼監察官員必先嚴格要求自身，才能貫徹監察的任務，而遂有變更「提刑按察司」名稱之意。成宗大德九年（1305）五月，肅政廉訪司又改稱「詳刑觀察司」，此名稱顯然是取用唐代詳刑寺（即大理寺）

〔註48〕明・宋濂，《元史》（台北：鼎文書局，1979 年 3 月二版），卷八十六〈百官志〉，頁 2180～2181。至元十五年，復增三道：「曰江南湖北道，曰嶺南廣西道，曰福建廣東道。十九年，增西蜀四川道。二十年，增海北廣東道，改福建廣東道曰福建閩海道。以雲南七路，置雲南道。以女直之地，置海西遼東道。」

〔註49〕如嶺北行省，因環境特殊，全行省內無廉訪司之設置。詳見《元史》，卷八十六〈百官志〉，頁 2180～2182。

〔註50〕吳觀文，〈論元代監察制度與官僚政治〉，《西北民族學院學報》（哲社版），1990 年三期，頁 65。

〔註51〕元・潘迪，《永樂大典憲台通紀》（東京：日本東洋史學會，1938 年），卷一〈更提刑按察司為肅政廉訪司制〉，頁 10。

〔註52〕郝時遠，〈元代監察制度概述〉，《元史論叢》第三輯，1986 年 1 月，頁 85。

和觀察司之名。同年十月，在御史臺的奏請下，詳刑觀察司又改回肅政廉訪司，此後名稱未再變動。

元政府明確規定肅政廉訪司的職責範圍，並相應制定工作條例。世祖至元六年（1269），頒布《立各道提刑按察司條畫》三十一條。至元十四年（1277）七月，發布《立江南提刑按察司條畫》十三條。其條文多與《立各道提刑按察司條畫》相同。至元二十五年（1288）三月，因「提刑按察司行已多年，事漸不舉」，再次對提刑按察司的職責作規定，而有《提刑按察司條畫》十二條。至元二十八年（1291），改提刑按察司爲肅政廉訪司，恐「其所責任，與前不同，若復循常，必致敗事」，遂又頒布《立廉訪司分治條畫》五條〔註53〕。世祖頒發的這些條書，爲肅政廉訪司活動之依據。

如同宋代提點刑獄司，元代廉訪司也稱憲司、監司，每道設廉訪使二員，正三品；副使二員，正四品；僉事四員，正五品。按察司初建時，每道僅有六員，即「使二人，三品虎符；副使二人，四品金牌；僉事二人，五品金牌。」〔註54〕至元二十七年（1290）三月，以勸農事務歸隸按察司，各道增補兩員僉事，每道設官增爲八員〔註55〕。即使改名爲廉訪司後，每道官員並未有所變更。元代憲司設官，名目雖與前代相同，但數量上比起歷朝卻是最多的。

監司的官員中，嚴格執行蒙古、色目與漢人相互參用之辦法。至元三十年（1293）正月，規定：「一個廉訪司裏，八個官人有。八個裏頭，交四個漢兒者。那四個，蒙古、河西、畏吾兒、回回人每相參看委付者。」〔註56〕成宗大德元年（1297）又規定：「南北二十二道肅政廉訪司糾彈諸路，不爲不重。其頭爲廉訪使，當選聖上知識，根腳深重，素有名望正蒙古人，其次漢人、回回諸色目人。」〔註57〕可見廉訪使的選任，強調「出身」與「蒙古人爲長」的原則。蒙古與色目人任廉訪司官員多爲「怯薛」，漢人多視其經歷、根腳與資品而定，南人則斥之不用。〔註58〕

〔註53〕元‧不著撰人，《元典章》（北京：中國書店，1990年），卷六〈台綱二‧察司體查等例〉，頁82～86。

〔註54〕郝時遠，〈元代監察制度概述〉，頁85。

〔註55〕清‧文廷式輯，《大元官制雜記》（收錄於《續修四庫全書》，上海：上海古籍出版社，1995年），七六八冊，頁420～421。

〔註56〕《永樂大典憲台通紀》，卷一〈廉訪司官參用色目、漢人〉，頁22上。

〔註57〕《永樂大典憲台通紀》，卷一〈整治事理〉，頁10下。

〔註58〕南人任廉訪司官是個別的。如南宋進士慶元（今浙江寧波）臧夢解歷任廣西、

　　至元六年（1269）二月的《立各道提刑按察司條畫》中，規定按察司官員必須「分輪巡按」，即分頭於其所轄範圍內視察民情、政情，半年一次。二十二年（1285）又立諸司巡行郡縣之法，凡轄區之民事、錢銀、官吏等一切奸弊，皆可查辦。至元二十三年（1286）進一步規定：「今後各道除使二員守司，余擬每年八月爲始，分行各道，按視勾當。至次年四月還司，類其凡合奏言事理，正官一員赴御史台會議聞奏。」〔註59〕至元二十八年（1291）改名爲肅政廉訪司，便又規定：「肅政廉訪司官到任之後，須要不出十日，前去分定路分監治，各具已道月日申台，違者究問。」「肅政廉訪司官既委分臨監治，非奉聖旨，諸官員不得差移。」〔註60〕綜觀上述，足見肅政廉訪司職權雖偏重於監察，但不僅限於監察，他們擁有處理政務的權力。除正使外，廉訪司官員大部分時間在其監治路分中巡迴察視。由於他們代表廉訪司進行活動，所以習慣上被稱爲廉訪分司〔註61〕。由此可知，明代的分巡道顯然是襲元代廉訪分司而來。

第三節　明代的提刑按察使司

　　朱元璋（1328～1398）與其他反元勢力的不同點，即在於他十分注重地方政權的建設，並將監察制度視作地方政權建設的重要部分。元至正十六年（1356）朱元璋攻佔集慶路，取得皖南、蘇南部分土地，同年七月設江南行省，並置提刑按察使司，以王習古、王德芳爲僉事〔註62〕。此爲朱元璋第一次建立地方監察官員。隨著兵力強大及擁戴者日益增多的情形下，領地不斷地增加，江西、浙東與湖廣行省的建立，各省的監察也因應配置起來。至正十八年（1358）任命單安仁爲江南行省提刑按察司副使；二十四年（1364）

　　　江西、浙東廉訪副使，最後致仕；福建福寧州人王都中，以父蔭入仕，先後任海北海南道和福建閩海道廉訪使，「當世南人已政事之名聞天下，而省登憲者，爲都中而已。」南人斥之不用的政策，直到元朝末年才解禁。
〔註59〕《元典章》，卷六〈台綱二按治〉，頁90。
〔註60〕《元典章》，卷六〈台綱二體查〉，頁86。
〔註61〕陳高華、史衛民，《中國政治制度通史・第八卷・元代》，頁276；元・不著撰人，《廟學典禮》（杭州：浙江古籍出版社，1992年3月第一版），卷六〈廉訪分司舉明體察〉，頁130～132。
〔註62〕明・徐學聚，《國朝典彙》（北京：北京大學出版社，1993年），卷七十七〈吏部〉，頁4300。

十一月，置湖廣按察司以章溢為僉事〔註63〕；翌年，又以起居注滕毅為湖廣提刑按察使。雖然此時對按察司官員的配置並非完備，然而監察系統架構已逐漸形成。

按察司初步職權於至正十八年（1358）確立。三月，並命提刑按察司僉事分巡郡縣錄囚〔註64〕。按察使李欽冰於至正二十五年（1365），奏報朱元璋大都督朱文正罪狀：「在鎮淫暴不法，奪人婦女，榻飾龍鳳，嘗被詰，謀降張氏。」〔註65〕使得此草創的機構迅速發揮效用。

朱元璋滅陳漢、取東吳，逐步削平南方群雄之際，北方各軍閥群雄之間的拼鬥愈演愈烈。連綿的軍閥混戰，使元朝殘餘的軍事力量進一步減弱。朱元璋洞悉此形勢，吳元年（至正二十七年，1367）十月，以徐達（1332～1385）、常遇春（1330～1369）率師北伐；另一方面適時地建立中央政權，並置御史臺及各道按察司〔註66〕。除汲汲取得北方政權，然而健全國家制度才是的根本。朱元璋已確實掌握此要點。

洪武九年（1376），明太祖著手整頓地方官制，下令改行中書省為承宣布政使司〔註67〕。同時，將其監察、司法權分出，另設提刑按察使司，長官為按察使，掌一省之刑名監察之事。此時提刑按察使司才正式成為地方監察機構，並被確立下來，此制維持甚久。

洪武十三年（1380）爆發胡惟庸（？～1380）案，太祖因而深感相權對皇權的威脅，於是下令廢除行中書省丞相制度，提高吏、戶、禮、兵、刑、工六部地位，分任朝政，直接由皇帝指揮，以期「權不專於一司，事不留於壅蔽。」〔註68〕並命吏部，南人選任北官，北人選任南官，避免朋比為奸，庇護鄉黨，以維護皇權的不可侵犯性。就朱元璋多疑個性，本應加強監察系統如按察司之職權，但其實不然。朱元璋改定按察司之品秩〔註69〕，並於五

〔註63〕《明太祖實錄》，卷十五，頁6下～7上，甲辰年十一月庚申條。

〔註64〕《明太祖實錄》，卷四，頁3下，丙申年七月己卯條。

〔註65〕清・談遷，《國榷》（台北：鼎文書局，1978年7月初版），卷二〈元順帝至正二十七年〉，頁317。

〔註66〕《明太祖實錄》，卷二十六，頁2，吳元年十月條；清・龍文彬，《明會要》（台北：世界書局，1963年4月二版），卷四十〈職官十二〉，頁711均載。

〔註67〕《明史》，卷七十五〈職官志四〉，頁1840。

〔註68〕《明太祖實錄》，卷一二九，頁4上，洪武十三年正月乙亥條。

〔註69〕按察使由正三品改為正四品，副使由正四品改為從四品，僉事則不變。詳見《太祖實錄》，卷一二九，頁6上，洪武十三年正月甲辰條。

月並罷按察司〔註 70〕。同時，罷御史臺，改設都察院，置左、右都御史，與六部同稱七卿〔註 71〕。「都御史職專糾劾百官，辯明冤枉，提督各道，爲天子耳目風紀之司。」〔註 72〕其下設十三道監察御史，以一布政司爲一道，共有御史一百一十人，糾察地方官吏。明太祖企圖藉以提高布政使與都御史的權力，分化原有按察司之職掌〔註 73〕。此措施代表中央監察權的擴張，意即由中央監察系統直接統轄地方，以便徹底根除反對勢力。因此，這些機構「彼此頡頏，不敢相壓，事皆朝廷總之，所以穩當。」〔註 74〕使得皇權空前提高。

　　然而此究竟爲非常措施，根本無法成爲久制。遂於次年（1381）三月復置提刑按察使司〔註 75〕，並置各道按察分司，全國共五十三分司，由副使、僉事分道巡歷，此爲日後分巡道之雛形。

　　朱元璋有感於地方弊政滋生，決定於洪武十五年（1382）在直隸府、州、縣設巡按御史，其餘各道特置提刑按察分司，以儒士王存忠等五百三十一人爲試僉事，人按二縣，命其「凡官吏賢否，軍民利病，皆得廉問糾舉。」〔註 76〕太祖派出這樣龐大的監察隊伍，企圖達到更有效的監控地方官吏。然而事與願違，這些僉事「所行多違戾」，於半年之後悉罷之，仍恢復各道按察分司。這些按察分司於洪武二十五年（1392）更定天下爲四十八道，二十九年（1396）又改爲四十一道。成祖、宣宗時加以更置變動，最終定爲五十八個按察分司〔註 77〕。日後以分巡道爲主的按察分司於此時確立。關於分巡道將於下章加以討論。

〔註 70〕《明會要》，卷四十〈職官十二〉，頁 711。

〔註 71〕《明史》，卷七十三〈職官二〉，頁 1771～1772。

〔註 72〕《明史》，卷七十三〈職官二〉，頁 1767～1768。

〔註 73〕此處李國祁於其文章中談論詳盡。他認爲雖然史書中未明載按察司職權移歸何機構，然就其尊崇布政使及巡檢之情形觀之，應由此兩機構與御史分擔其責；抑或司法歸布政司，而監察歸御史與巡檢司。詳見：李國祁，〈明清兩代地方制度中道的功能及其演變〉，頁 143～144。

〔註 74〕王世華，〈論明代地方監察制度的演變〉，《明史研究》第二輯，1992 年 12 月，頁 113。

〔註 75〕《明太祖實錄》，卷一三六，頁 1 下，洪武十四年三月丁亥條。

〔註 76〕《國朝典彙》，卷七十七〈吏部〉，頁 4303～4304。

〔註 77〕明・李東陽等撰、申時行等重修，《大明會典》（台北：新文豐出版公司，1976 年初版，據明萬曆十五年司禮監刊版景印），卷二一○〈都察院二〉，頁 2814～2815。

而按察司之名又於惠帝建文年間時，改爲十三道肅政廉訪司，直到成祖即位，才再復舊名。〔註78〕

提刑按察使司設有按察使一人，正三品；副使，正四品，無定員；僉事，正五品，無定員。其名稱、品制皆沿前代而來。吳元年置各道按察司，並定品秩。品秩除曾因胡惟庸案有所變更外，洪武十六年（1383）時盡罷試僉事，改按察使爲從三品，副使二人，從四品，僉事，從五品，多寡從其分道之數。洪武二十二年（1389）復定按察使爲正三品。

按察司又稱憲司、臬司、監司、外臺及風憲衙門，按察司官員與中央監察官員均稱風憲官，從名稱上得知與其職權有極密切之關係。朱元璋對按察司相當重視〔註79〕，於至正二十六年（1366）即表明按察司的角色：

> 風憲紀綱之司，惟在得人，則法清弊革。人言神明能行威福，鬼魅能爲妖惑。爾等若能興利除害、輔國裕民，此即神明；若陰私詭詐、蠹國害民，此即鬼魅也。凡事當存大體，有可言者，勿緘默不言；有可言者，勿沽名賣直。苟察察以爲明，苛刻以爲能。下必有不堪之患，非吾所望于風憲也。〔註80〕

元末豪強凌弱、官員貪污等敗壞社會治安的事件層出不窮，所以朱元璋決心澄清吏治，期望按察司能監督地方官，使人民能安居樂業。而這卻是他尚未即位前的命令，足見其強調監察系統的重要。朱元璋即位後，於洪武元年（1368）詳細規定按察司之職責：

> 凡府州縣社稷、山川壇壝、帝王陵廟，必先修治，祭祀以時。忠臣烈士，未入祀者；孝子順孫、義夫節婦，未旌表者，必尋訪具實以聞。興舉學校，察吏治得失；戢豪強、均賦役，存問鰥寡孤獨廢疾無以自振者。伸理獄囚冤滯，稽考諸司案牘。官吏廉能者舉之，貪鄙者黜之。徵求遺逸，以進諸朝；賑贍流民，以復其業。倉穀錢糧，必會其贏縮；山川道里、風俗物產，必先知其所宜。來朝之日，則條例以聞，著爲令。〔註81〕

〔註78〕 《明史》，卷七十五〈職官四〉，頁1841。
〔註79〕 除此例外，《春明夢餘錄》，卷四十八〈提刑按察使〉，頁809，記載：「明初置提刑按察司謂之外臺，與都察院並重。故大明令按察司、都察院並列，不視爲外官也。」本是外官而不視爲外官，正是其特殊之處。而明太祖也多次強調按察司爲其耳目，即見其重視的程度。
〔註80〕 《國朝典彙》，卷七十七〈吏部〉，頁4300～4301。
〔註81〕 《國朝典彙》，卷七十七〈吏部〉，頁4301～4302。

按察司官員來朝之日，應將已舉行之祭祀、旌表、興學學校、察吏治得失、戢豪強、均賦役、存問、徵聘、賑贍流民等事蹟，乃至巡按地面之山川道里、風俗與物產等，一一條列以聞。故按察司為「任綱紀之重，為耳目之寄」。〔註82〕

「提刑按察使司」之名，「提刑」表伸理冤獄，「按察」意指監察吏治，此乃按察司的兩大主要職責〔註83〕。地方監察多仰賴提刑按察使司，因而明太祖在洪武十年（1377），誡諭各道按察司官：「朕以天下之大，民之奸宄者多。牧民官不能悉之其賢否，故設風憲官為朕之耳目，察其善惡，激濁揚清，繩愆糾繆，此其職也。」〔註84〕

就司法與監察二權之比較，按察司的司法職權小於其監察職權。按察司僅可以處理五品以下的司法案件，而且府州縣官犯罪，所轄上司不得擅自拘問，只能開具所犯事由，實封奏聞。真正按察司可以全權處理的司法案件，只不過是一些平民、王府人役及雜佐胥吏等雞毛蒜事而已〔註85〕。司法權無法發揮其功能，無形中也對監察權的運作造成傷害。

相形之下，明太祖似較重視按察司「監察」之功能。洪武七年（1374）曾對新任的按察司官員特別強調：「風憲之設，本在整肅紀綱，澄清吏治，非專理刑。」〔註86〕明代承中國政治的專有特色，即是以低品級的按察使（正三品）監督高品級的布政使（從二品），其目的是使其發揮相互牽制的作用。然而按察司官員的品秩較低，使其監督的權力受到限制，馴至無法完全發揮。

雖然朱元璋將地方監察權歸按察司，然而因其無法以身作則，太祖因而感嘆：「朕臨御三十年矣，求賢之心夙夜孜孜，而鮮能副朕望。任風憲者無激揚之風，為牧民者無撫字之實。」〔註87〕成祖即位後，地方災害頻仍，官員魚肉子民，按察司卻未發揮其職能，促使成祖改革監察體制的決心。

明成祖朱棣深知單靠按察司，無法維繫大明帝國的監察體制。洪武時期，朱元璋將地方監察任務委寄按察司之時，又不時派員出巡，或以公侯，或為

〔註82〕巨煥武，〈明代提刑按察司職掌之陵替〉，《思與言》十四卷一期，1976 年 5 月，頁 2。

〔註83〕王世華，〈論明代地方監察制度的演變〉，頁 113。

〔註84〕明‧陳仁錫，《皇明世法錄》（台北：臺灣學生書局，1965 年 1 月初版），卷六〈太祖高皇帝寶訓〉，頁 159。

〔註85〕李國祁，〈明清兩代地方制度中道的功能及其演變〉，頁 147。

〔註86〕《皇明世法錄》，卷六〈太祖高皇帝寶訓〉，頁 158。

〔註87〕《明太祖實錄》，卷二二九，頁 5 下～6 上，洪武二十六年丁巳條。

大臣、進士，更多的時候是派監察御史巡按〔註88〕。這些監察御史雖爲正七品，但實際權力極大，即使五品的郎中、四品的知府也自嘆弗如，體現朱元璋以小制大，以內制外的用意〔註89〕。洪武朝證明，派遣監察御史外出巡按，能起到加強地方監察的積極作用。

巡按御史出現於永樂朝有其歷史背景。朱棣（1360～1424）以燕王奪位成功後，爲鞏固皇位，一方面重用宦官，擴大特務組織，偵查隱患；另一方面，利用作爲天子「耳目」的御史，並將洪武時期不定期派遣御史巡按的做法固定下來，成爲定制，藉以維繫人心與控制官僚體系。

御史巡按在永樂元年（1403）成爲定制後，經過後來幾朝的逐步改善與補充，形成一套非常嚴密的制度。巡按御史的職責包括：

> 巡按則代天子巡狩，所按藩服大臣、府縣州官諸考察，舉劾尤專，大事奏裁，小事立斷。按臨所至，必先審錄罪囚，弔刷案卷，有故出入者理辯之。諸祭祀壇場，省其牆宇祭器。存恤孤老，巡視倉庫，查算錢糧，勉勵學校，表揚善類，翦除豪蠹，以正風俗，振綱紀。〔註90〕

巡按的職責十分廣泛。而實際上，其職責範圍更大。他同時負有察理軍屯、招撫流民等責任〔註91〕。然而，在巡按眾多的職責中，最重要的還是考察舉劾官吏。

以上不難看出，按察使與巡按御史在職掌方面，確實有許多相似之處，但巡按御史的設置並沒有取代按察司官員。成祖曾詔曰：「按察司行事，與都察院同。」雖然權責相疊，但此設置目的即使其相互制約、頡頏〔註92〕。主要表現在巡歷郡縣、糾劾貪吏、整飭軍政與受理陳訴等方面，雙方共同行事，相互監督、糾劾，以期發揮最大的監察效能。

此立意雖好，但英宗正統四年（1437）頒布的《憲綱》中規定，若按察司官斷理不公不法，可赴巡按監察御史申冤。按察司官實際上是受制於巡按御史〔註93〕。隨著巡按御史的權力日漸強大，按察司只能聽御史舉劾，無法

〔註88〕王世華，〈略論明代御史巡按制度〉，《明清史》，1991年一期，頁16。
〔註89〕寇偉，〈明代的監察制度〉，《史學集刊》，1991年四期，頁38。
〔註90〕《明史》，卷七十三〈職官二〉，頁1768～1769。
〔註91〕王世華，〈略論明代御史巡按制度〉，頁19。
〔註92〕王世華，〈論明代地方監察制度的演變〉，頁115～116。
〔註93〕巨煥武，〈明代提刑按察司職掌之陵替〉，頁6。

與之「頡頏行事」。按察之體勢，由是始輕。〔註94〕

明代的監察權於宣宗時又有改變。宣德五年（1430）九月，宣宗升周忱、于謙（1398～1457）為侍郎，巡撫天下。當時的任務是總督稅糧與撫安百姓〔註95〕。直到宣德七年（1432）八月，宣宗命各處巡撫侍郎，會同巡按御史與按察使，共同考察州縣官〔註96〕。考察地方官之權，本非巡撫的主要職責〔註97〕，也不是正式的規定。但由於當時的巡按御史考察不公，以致問題叢生，所以才責成巡撫侍郎會同巡按御史與按察使，期望能達到公平。此次的考察僅限於設有巡撫之地區，未設巡撫的地方，仍由巡按御史、按察使等負責〔註98〕。宣德十年（1435）五月，巡撫考察的對象，已從原先的府州縣官，擴大到對布政使與按察使的監督。此詔令明顯地削弱提刑按察使的權力，當時巡撫考察地方官的權力並非持續性的任務，也未成為正式的規定。

考察地方官成為正式任務，是在景帝景泰七年（1456）。是年，令巡撫、巡按會同按察司堂上官考察府州縣官，其布、按二司官聽撫按考察〔註99〕。巡撫很明顯地分化按察使的權力，甚至地位凌駕於三司之上。巡撫的制度化與地方化，為日後地方權力結構的調整，邁出重要的一步。

自宣德在各省專設巡撫以來，巡撫早已具有監察官的色彩，有些巡撫甚至被授與都御史、副都御史、僉都御史等憲職。但由於他們並非出身於都察院，遇事多有不便，特別是容易與都察院所派出的巡按御史發生矛盾。「巡撫與巡按御史不相統屬，又文移往來亦多窒礙。」況且漢之刺史，唐之採訪使、觀察使與節度使均帶憲職，這自然對明督撫的職銜有所影響，因而督撫加憲職勢在必行〔註100〕。景泰三年（1452），耿九疇（？～1460）以刑部

〔註94〕《菽園雜記》，卷十，頁26。
〔註95〕《明代巡撫研究》，頁233。
〔註96〕《明宣宗實錄》，卷九十四，頁4上～4下，宣德七年八月庚子條。
〔註97〕宣德八年，宣宗敕飭各處巡撫曰：「茲命爾等巡撫郡縣，務宣德意，撫民人，扶植良善。一切稅糧皆從爾設法區處，必使人不勞困，輸不後期，衛所屯種，從爾比較，水田圩岸，亦從提督，使耕耘以時，水旱無患。應有便民之事，悉具奏聞，宜秉公正，勵廉潔，無暴無刻，以副朕心。」清‧孫承澤，《天府廣記》（北京：北京古籍出版社，1984年9月第一版），卷二十三〈都察院‧事宜〉，頁309。
〔註98〕張哲郎，《明代巡撫研究》，頁234。
〔註99〕《大明會典》，卷十三〈吏部十二〉，頁8、238。
〔註100〕關文發、顏廣文，《明代政治制度研究》，頁59～60。但並非所有的巡撫都改

右侍郎巡撫陝西。隔年，布政使許資言：「侍郎出鎮，與巡按御史不相統，事多拘滯，請改授憲職便。」乃轉右副都御史。大臣鎮守、巡撫皆授都御史，自耿九疇始。〔註101〕

　　巡撫、巡按與按察司在監察方面的關係，常常是混淆不清。大體而言，嘉靖以前，巡撫代表中央監控地方的職責仍很明顯，且級別較高，權力較大，發生爭執之時，巡撫往往佔優勢；嘉靖之後，巡撫節制三司，其職能朝軍事方面擴張，成為總領一方封疆大吏的趨向已大大加強，原本代表中央監控地方的職能則相對減弱〔註102〕。巡撫在此時期以轉化為地方官，改變「差遣」的性質，其軍事、行政權有所增長〔註103〕。巡撫成為地方任事之官後，即懼巡按糾彈。因此朝廷有意通過巡按來對巡撫進行牽制，以防巡撫在地方上專擅〔註104〕。當撫、按雙方發生爭執時，朝廷多屈撫伸按，其目的是防止督撫集權後形成尾大不掉之勢〔註105〕。明代後期，巡按御史實際上已成為制衡巡撫的一股重要力量，巡按的權勢似乎隨著督撫權力的擴張更顯得位高權重。

　　在明代「以小制大」的統治術下〔註106〕，巡按御史的地位只會愈來愈高。按規定七品御史出巡只能騎驢，但因巡按同三司出理公務，三司皆騎馬，御史獨騎驢，頗失觀瞻，於是宣宗下令御史巡按改乘馬〔註107〕。細微的改變證明御史地位的升高，御史甚至成為考察舉劾按察司的重要關鍵。憲宗成化十九年（1483）吏科都給事中王瑞言：「三載黜陟，朝廷大典。今布、按二司賢否，由撫、按牒報，其餘由布、按評覆。」此時撫、按的牒報，對按察司官

以都御史充任。如景泰四年廣東巡撫揭稽，以兵部右侍郎充任巡撫；景泰四年十月練綱，甚至以浙江道的監察御史協贊陝西、延綏等軍務。以及張哲郎，《明代巡撫研究》，頁239。

〔註101〕《明史》，卷一五八〈耿九疇傳〉，頁4322。
〔註102〕嘉靖以後，巡按權勢漸隆，撫按關係失調亦因此特別顯著，具體表現於彼此相互攻訐。詳閱巨煥武，〈明代督撫與巡按權勢之升沉〉，《思與言》十三卷四期，1995年11月，頁221～224。
〔註103〕林乾，〈近十年來明清督撫制度研究簡介〉，《明清史》，1991年四期，頁59。
〔註104〕《明代政治制度研究》，頁62～63。
〔註105〕林乾，〈近十年來明清督撫制度研究簡介〉，頁61。
〔註106〕梁希哲、孟昭信，《明清政治制度述論》（長春：吉林大學出版社，1991年12月第一版），頁215～230。書中對明朝如何運用「以小制大」的統治術加以分析。
〔註107〕王麗英，〈論明代監察制度的若干特色〉，《廣州師範學報》（社會科學版），1991年三期，頁40。

員的升遷扮演著舉足輕重的角色，同時也表示按察司地位下降。藩、臬二司為鞏固自己的官衙，不得不卑躬屈膝。二司官員為迎奉巡按，精力也損耗不少，當然無法處理地方政務〔註108〕。品秩遠高於巡按御史的三司、巡撫與總督，對巡按的處處掣肘無不感到憂心忡忡，官員無法專心處理公務，直接地影響明朝整個體制的運作。

「國家設官分職，倣古制置廉訪使者，布諸道按臨郡邑，立內外臺以總之，其意甚周。百年間境土奠安，政治鮮闕，此之由也。」〔註109〕明代集中國歷代王朝監察制度之大成，建立空前完備與龐大的監控體系。在多軌並行的監督體系中，中央有都察院、十三道與六科，地方上有提刑按察使司，還有履行監察職能並帶有臨時使命的巡按御史、巡撫、總督等。他們互不相屬，各自而直接向皇帝負責。發揮職能的途徑並非為單行道，而採「數管齊下」，同時也顯示出不同層次的制約能力〔註110〕。所有的監察機構相互交叉，對皇帝具有諫議，對中央到地方，乃至於對全社會實行監督的職能。這也是明帝國何以存在二百七十餘年的原因之一。〔註111〕

多重配套的監察系統確實發揮效用，官員相互監督的結果，使得吏治清明，人民安居樂業〔註112〕。可是到弘治以後，御史的地位、權力不斷的提昇，他們取代布、按二司的考劾權，甚至囊括其政治與軍事上的大權，原本雙重監察體制已遭到破壞。明代以低品秩監督高品秩官員的立意雖善，但必須建立在中央與地方監察權平衡之上，一旦失序，就很難能發揮其功用。至於皇帝派錦衣衛官監督地方，東廠的建立也分化監察權。而中央派遣巡按御史與巡撫，使其掌握按察司的司法權與監察權，這種「內重外輕」的結果，確實使按察司權力變小，地位愈來愈低，而更難盡其職責。呂坤（1536～1618）歷任提刑按察使、巡撫等官，對按察使司職能的分化有實際體驗，他感嘆：「按

〔註108〕王世華，〈略論明代御史巡按制度〉，頁25、29。

〔註109〕明・吳海著、清・張伯行訂，《聞過齋集》（台北：國立台灣大學圖書館，據國立台灣大學圖書館藏清康熙戊子（四十七）年正誼堂刊本影印），卷一〈贈劉僉憲卷後序〉，頁碼不明。

〔註110〕張薇，《明代的監控體制──監察與諫議制度研究》（武昌：武漢大學出版社，1993年10月初版），頁55～56。

〔註111〕《明清政治制度述論》，頁230～241。

〔註112〕《明史》，卷九〈宣宗本紀〉，頁125～126：「即位以後，吏稱其職，政得其平，綱紀修明，倉庾充羨，歲不能災。蓋明興至是歷年六十，民氣漸舒，蒸然有治平之象矣。」另見卷二八一〈循吏傳〉，頁7185，亦言：「下逮仁、宣，撫循休息，民人安樂，吏治澄清者百餘年。」

察爲何？但以刑名爲職掌，人亦以刑名吏目之。棄其尤重而獨任兼銜，可謂之提刑司提刑使乎？」〔註113〕

　　按察司的主要職掌被都察院取代後，次要的職能反而逐漸突出。如英宗正統三年（1438）增設理倉副使、僉事；八年（1443）增設僉事，專理屯田；景泰二年（1451）增巡河僉事。這些原爲按察司的附屬職權逐漸被強化起來，在按察分司中擔任重要的角色，他如兵備、提學、撫民等道；甚至許多原本不轄於按察司職權的，如巡海、清軍、驛傳、水利、屯田、招練及監軍等道，於地方上也都扮演要角〔註114〕。按察司官權力與地位不斷的下降，代表明代監察制度失去平衡，吏治敗壞是必然的結果。然而，更重要的是，「道」的出現，適時負擔地方官的職務，使得體制還能持續運轉，不致失序過甚。

兵備道歷史流變表

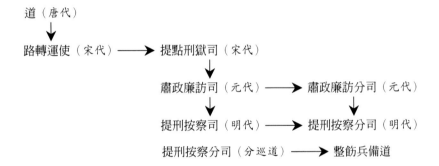

〔註113〕明・呂坤，《實政錄》（《呂坤全集》，北京：中華書局，2008 年 5 月第一版），卷一〈按察司之職〉，頁 936。
〔註114〕《明史》，卷七十三〈職官志二〉，頁 1840～1845。

第三章 兵備道的創設

　　兵備道雖多設置於成化、弘治年間之後，但卻是政治危機、社會動盪的因應對策。仁、宣兩朝採取與民休息的措施，使經濟復甦及社會發展迅速，帶動商貿的繁榮及城市的勃興，社會呈現昇平的景象。但政治上，仁、宣父子與漢王朱高煦間的皇位內鬥，形成各自的勢力集團，在東宮僚屬的支持下，仁、宣二帝順利取得君權。仁宗、宣宗即位後，凡保儲有功者，倍獲重用。其中以內閣大學士楊士奇（1365～1444）、楊榮（1371～1440）、楊溥（1372～1446）三人與皇帝關係最為密切，他們參贊機要，盡忠職守，朝無失政，中外臣民翕然稱「三楊」，成就「仁宣之治」。

　　仁、宣時期十分倚重東宮官僚，使內閣權限不斷擴張。「至仁宗而後，諸大學士歷晉尚書、保、傅，品位尊崇，地居近密，而綸言批答，裁決機宜，悉由票擬，閣權之重儼然漢、唐宰輔，特不居丞相名耳。」〔註1〕內閣權位的提高，使明代職官制度產生相應的變化，即由明初文武兩途並重轉向重文輕武。「（明初）專閫重臣，文武亦無定職，世猶以武為重，軍政修飭。」〔註2〕洪武時期，軍權掌握在諸王、武臣手上；靖難削藩後，軍權重回武臣掌握。成祖立朱高熾（1378～1425）為皇太子，但武官勳臣多數主張朱高煦為皇儲。因此，仁宗上台後，對武臣不予重用；宣宗時，內閣成為中樞輔政機構，軍職體系的職官，降居次要的地位。洪熙元年（1425），設置守備太監和鎮守太監，以此消弱武臣權限〔註3〕。不僅如此，仁宗同時以文臣參贊軍務，更使武

〔註1〕《明史》，卷一〇九〈宰輔年表一〉，頁3305。
〔註2〕《明史》，卷九十〈兵志二〉，頁2195。
〔註3〕明・王世貞，《弇山堂別集》（北京：中華書局，1985年12月第一版），卷九

臣的地位急劇下降，總兵官已無領兵作戰的自主權。

在社會方面，諸王、勳戚與官僚占田的情況更加猖獗，甚至公然上請。賦稅管理趨於混亂，增加人民負擔，造成人民流亡。在北邊防線上，僅行消極的防禦策略，屢屢放棄軍事要鎮，致使九邊防務大為減弱。正統年間，蒙古瓦刺軍隊能長驅直入關內，與仁、宣時期九邊的薄弱有很大的因果關係。對於沿海居民私下貿易，宣宗堅持洪武以來的海禁政策，命都察院揭榜禁戢〔註4〕。此種做法不僅影響到沿海人民的生計，更逼使百姓淪為海寇、海盜。

英宗時期，北方蒙古的瓦刺部族逐漸強盛起來。正統十四年（1449）七月，瓦刺舉兵進犯明廷，俘虜英宗，造成「土木堡之變」。英宗後雖被釋回，但英宗與其宦官集團為求復辟，使朝政紊亂，宦官進一步掌握京師軍隊。統治階層的腐敗，官吏對地方控制力也隨之降低，明朝廷對付日益加劇的社會矛盾，遂重新調整地方權力結構。差遣於各地的巡撫都御史，一方面逐步地方化，成為省級領導機構；另一方面是中央都察院在各省、邊的軍事督導機構，進而成為新的軍事領導中心〔註5〕。兵備道此時尚未設置，但雛形已現，至正德、嘉靖時期，已普遍成為定制，與總督、巡撫在明中葉後成為最主要的文官軍事領導體系。

第一節　兵備道的始創

兵備道屬按察分司，全名為「整飭兵備道」，因為職責在「整飭兵務」，而所轄範圍為「道」，故有此稱。其中「整飭」的意涵，約略有三：

1. **端謹**。《新唐書・呂諲傳》：「呂諲，河中河東人。少力於學，志行整飭，孤貧不自業。」〔註6〕

十〈中官考一〉，頁1728。

〔註4〕《明宣宗實錄》，卷七十八，頁6上，宣德六年四月丙辰條。

〔註5〕《中國政治制度通史・第九卷・明代》，頁331。《大明會典》，卷一二八〈鎮戍三・督撫兵備〉，頁1上～下：「國初兵事，專任武臣，後常以文臣監督。文臣，重者曰總督，次曰巡撫。總督舊稱軍門，而巡撫近皆贊理軍務或提督，詳載都察院。其按察司官，整飭兵備者，或副使或僉事，或以他官兼副使、僉事，沿海者稱海防道，兼分巡者稱分巡道，兼管糧者稱兵糧道。今具載之，而仍以所轄督撫領其首。」

〔註6〕《新唐書》，卷一四○〈呂諲傳〉，頁4648。

2. **整頓**。《三國志・許靖傳》：「知足下忠義奮發，整飭元戎，西迎大駕。」
〔註7〕

3. **整齊、完備**。晉・張華〈游獵篇〉：「輿徒既整飭，容服麗且妍。」
〔註8〕

　　整飭兵備道官，其官銜全名爲「欽差整飭兵備某道按察司副使或僉事」，如：欽差整飭兵備分巡建寧道按察司僉事〔註9〕；或「欽差某省按察司整飭某處兵備副使或僉事」如：陝西按察司整飭西寧等處兵備副使〔註10〕。兵備官銜皆加「欽差」二字，起因明初設官分職，咸有定額，後因事雜繁難，添設職掌。「按察司如提學、屯田、兵備、邊備、巡海、撫民之類，察院如清軍、巡茶、巡鹽、巡關之類，都察院如巡撫、巡視、總督河道、總督漕運、提督總制軍務之類，皆領專敕，各於職銜上加『欽差』二字。」〔註11〕表明職司俱出朝廷處分，非吏部專擅。

　　通常稱「某某（道）兵備副使或僉事」、「某省副使（僉事）備兵某地」，或直稱「兵備官員」等，儘管如此，稱謂上約略有七種說法：

（一）兵備憲臣

　　兵備道爲按察分司，按察司職掌司法與監察權，被尊稱「憲司」、「憲台」及「風憲衙門」等，兵備官由於職掌兵權，而被稱爲「兵備憲臣」，此名稱多用於奏疏中。如吳時來（1527～1590）於《江防考》中收錄，時任提督操江兼管巡江南京都察院右僉都御史張鹵（1526～？）的敕書〈請復兵備憲臣以

〔註7〕　西晉・陳壽，《三國志》（台北：鼎文書局，1976年6月二版），卷三十八〈許靖傳〉，頁964。

〔註8〕　宋・郭茂倩，《宋本樂府詩集》（台北：世界書局，1961年），卷六十七，張華〈游獵篇〉，頁5下。

〔註9〕　明・范嵩、汪佃，《建寧府志》（《天一閣藏明代方志選刊》二十七～二十八，上海：上海古籍書店，1982年8月，據明嘉靖刻本景印），卷五，頁32下。明・張國經，《廉州府志》（收錄於《稀見中國地方志匯刊》四十九，北京：中國書店，1992年12月第一版，據明崇禎十年刻本景印），卷七〈秩官志〉，頁93，「海北道，制以提刑按察分司風憲之官專敕，特加『欽差』二字，帶銜整飭兵備，分巡海北兼珠池。」

〔註10〕　清・蘇銑，《重刊西寧志》（收錄於《西北稀見方誌文獻》五十五，蘭州：蘭州古籍書店，1990年10月，據清順治十四年修抄本景印），頁23。

〔註11〕　明・敖英，《東谷贅言》（《四庫全書存目叢書》子部一○二冊，台南：莊嚴文化事業有限公司，1995年9月初版，據南京圖書館藏明嘉靖二十八年沈淮刻本景印），卷下，頁8上。

固邦圻事〉，即以此稱。〔註12〕

（二）兵　憲

為「兵備憲臣」之簡稱，多載於書信、序文方面，同樣具有尊崇的意涵。如丁賓的〈贈職方郎揚宇武君任山海兵憲序〉〔註13〕、張居正（1525～1582）寫給施篤臣（1530～1574）的〈答施兵憲〉〔註14〕、李一元的〈贈兵憲安吾楊公陞任序〉〔註15〕、謝汝韶的〈郡守江公宅擢蘇松兵備序〉均屬之。〔註16〕

（三）兵　備

「兵備」除指兵備轄區，亦可指官銜。如嚴州建德縣憲副俞夔，嘉靖七年（1528）兵備四川〔註17〕；明代兵部所編《九邊圖說》中記載，遼東地方設置「兵備四員，一駐寧遠，一駐蓋州城，一駐開原城，一駐西平堡。」〔註18〕

（四）兵　道

官至南京工部尚書的張瀚（1510～1593），於《松窗夢語》中記述：「余時為兵道，即日行縣，為約曰：『某日至某里，里老率飢民關糧，報遣而實飢者，聽相隨來。』」〔註19〕王世揚條陳邊務，云：「該鎮（延綏）為定邊營最衝，宜令兵道于夏秋則駐定邊，以振威武；春冬則還駐靖邊，以理庶務。」〔註20〕曾於萬曆二十一年（1593）入閣任首輔的王錫爵（1534～1614），於〈與房備吾兵道〉書信中，亦稱其為兵道。〔註21〕

〔註12〕明·吳時來，《江防考》（台北：中央研究院歷史語言研究所傅斯年圖書館藏明萬曆十五年刊本），卷五〈請復兵備憲臣以固邦圻事〉，頁 1 上～2 上。

〔註13〕明·丁賓，《丁清惠公遺集》（台北：漢學研究中心景照明崇禎十一年刊本），卷五，頁 17 上。

〔註14〕明·張居正，《張居正集》（湖北：荊楚書社，1987 年 9 月第一版），卷十四〈答施兵憲〉，頁 64、110。

〔註15〕明·李一元，《李陶山先生集》（台北：漢學研究中心景照明萬曆十四年跋刊本），卷四〈贈兵憲安吾楊公陞任序〉，頁 17 下。

〔註16〕明·謝汝韶，《天池先生存稿》（台北：漢學研究中心景照明萬曆三十六年序刊本），卷一〈郡守江公宅擢蘇松兵備序〉，頁 10 上。

〔註17〕明·郎瑛，《七修類稿》（北京：中華書局，1961 年 9 月第一版），事物類卷四十五〈算詩〉，頁 667。

〔註18〕明·兵部編，《九邊圖說》（《玄覽堂叢書》初輯，台北：正中書局，1981 年 8 月臺初版），頁 4 上。

〔註19〕明·張瀚，《松窗夢語》（北京：中華書局，1985 年 5 月第一版），卷一，頁 13。

〔註20〕《明神宗實錄》，卷二四三，頁 10 上，萬曆十九年十二月甲寅條。

〔註21〕明·陳子龍、徐孚遠、宋徵璧等編，《明經世文編》（北京：中華書局，1987

（五）備兵使者

萬曆二十七年（1599），提督操江耿定力（1541～？）條陳〈江防事宜〉：「長江千餘里，可防者非一端也。上江列營五，備兵使者三；下江列營五，備兵使者二。」〔註22〕湯顯祖（1550～1616）的〈前朝列大夫飭兵督學湖廣少參兼僉憲澄源龍公墓誌銘〉：「時五開衛卒叛。五開者，黔黎平地而隸於楚。敬皇帝時款而繹騷。嘉靖至萬曆間，衛卒胡若盧等各雄其黨，號六譁軍。備兵使者嘗一按部至其地，不納。焚司門，備兵使者走。」〔註23〕

（六）使

王世貞（1526～1590）於〈題名記〉記載「青州兵備道」的沿革裡提及：「其後代牛公（牛鷥）者，或以副使以僉事，所奉秩輕重有間，其於兵備職，自如即稱『使』可十餘人，專以彈壓盜賊。」〔註24〕

（七）道　員

官「員」，意指官的數目或名額。「道員」此名稱多用於清代，明代較少。累官至右僉都御史、巡撫四川的喬璧星，於〈請補聞訃道臣員缺疏〉云：「蒙垂蜀中多事之秋，監司乏員之極。將本官就近填補安綿兵備道員缺，使朝聞命而夕任，其事所裨於地方非淺鮮矣。」〔註25〕天啓元年（1621），朱燮元（1566～1633）為兵部尚書兼督貴州、雲南、廣西諸軍務，於《少師朱襄毅公督蜀疏草》中對四川兵備道官即稱「道員」，如〈殘邊加陞道臣彈壓疏〉提到：「敘瀘道員缺，即以近補。」〔註26〕另一篇〈議調建昌道臣疏〉也同樣稱為「道員」：「副使張法孔以原官改調建昌道料理，僉事加陞一級；劉可訓加陞參議填補威茂道員缺，其僉事胡平表應後調理。」〔註27〕

年3月一版二刷），卷三九五，王錫爵〈與房備吾兵道〉，頁11下～12上。

〔註22〕《明神宗實錄》，卷三三四，頁6下～7上，萬曆二十七年閏四月丙戌條。

〔註23〕明・湯顯祖，《湯顯祖集》（北京：中華書局，1962年7月第一版），卷四十〈前朝列大夫飭兵督學湖廣少參兼僉憲澄源龍公墓誌銘〉，頁1179。

〔註24〕明・劉應時、馮惟訥等，《嘉靖・青州府志》（《天一閣藏明代方志選刊》四十一～四十二，上海：上海古籍書店，1982年8月，據明嘉靖刻本景印），卷十一〈兵防〉，頁3上。

〔註25〕明・喬璧星，《喬中丞奏議》（台北：漢學研究中心景照明萬曆三十九年序刊本），卷五〈請補聞訃道臣員缺疏〉，頁95下。

〔註26〕明・朱燮元，《少師朱襄毅公督蜀疏草》（收錄於《四庫全書存目叢書》史部，台南：莊嚴文化事業有限公司，1996年8月初版），卷六〈殘邊加陞道臣彈壓疏〉，頁202。

〔註27〕《少師朱襄毅公督蜀疏草》，卷十一〈議調建昌道臣疏〉，頁352。

其中「道員」之稱較具爭議。近人多將明、清二代的兵備道官，均以「道員」爲稱〔註28〕，亦有言：「直至明亡，世無道員之稱。」〔註29〕單就明代史料而言，甚有出入。以「道員」若從喬璧星於萬曆三十多年的上疏中發現，此二疏皆爲上請補「道臣缺員」。在萬曆時期，兵備道臣員缺，督撫等官奏請補缺時，明人敕疏上習慣稱之「兵憲」、「兵備」或「道臣」等，如萬曆四十八年（1620），熊廷弼（1569～1625）於〈遼左將帥同盟文武合附疏〉中談到：「催道臣而道臣不得，廣寧、金復兩道，今尚未抵任，遼陽、開原二道，皆缺至四個月不補。」〔註30〕明人顯然不以「道員」泛稱兵備官員，「道員」一詞，顯然明末時期才有，且不常見於青史。清代道員名稱，可能因晚明官員奏疏補「道臣員缺」演變而來。雖然，終明一代，仍未有「某某道員某某某」此專稱。但自嘉靖以後，各地亂事日棘，惟有兵備道才需要不斷補充員額來平靖內憂與抵禦外患，因而明末時期即有「道員」一詞。

兵備道的沿革雖可追溯至前代，但此名稱與制度皆爲明代獨創，其架構與功能有其時代特色，與歷代地方行政制度與軍事機構大異其趣。關於兵備道始創的原因，明清時期的史書典籍多語焉不詳，但說法殊途同歸：

（一）《明史・職官志》記載兵道之設始自洪熙間。以武臣疏於文墨，遣參政副使沈固、劉紹等人前往各總兵處整理文書、商榷機密，但未嘗身領軍務。直自弘治年間，「本兵馬文升慮武職不修，議增副僉一員敕之。自是兵備之員盈天下。」〔註31〕

（二）沈德符（1578～1642）於《萬曆野獲編》中〈整飭兵備之始〉強調兵備官之設，始於弘治十二年（1499）。「其時馬端肅（文升）爲本兵，建議創立此官，而劉文靖（健）在內閣，則力阻以爲不可，馬執奏愈堅。本年八月始設江西九江兵備官一員。」〔註32〕

（三）孫承澤（1592～1676）的《春明夢餘錄》亦云兵備一官，設於弘

〔註28〕 詳見繆全吉，〈明清道員角色初探〉（收錄於《近代中國初期歷史研討會論文集》，台北：中央研究院近代史研究所，1989年4月初版），頁145～167。

〔註29〕 楊武泉，〈明清守、巡道制考辨〉，《明清史》，1992年四期，頁4～12。

〔註30〕 明・熊廷弼，〈遼左將帥同盟文武合附疏〉（李光濤，《熊廷弼與遼東》，台北：中央研究院歷史語言研究所，1976年8月初版），頁162。

〔註31〕 《明史》，卷七十五〈職官四〉，頁1844～1845；《明會要》，卷四十〈職官十二・兵備道〉，頁716～717。

〔註32〕 《萬曆野獲編》，卷二十二〈司道・整飭兵備之始〉，頁569。

治間。「馬文升爲本兵，慮武職不修，故增一臬員以救之。時閣臣劉健力以爲不可行。後奏九江兵備，都給事夏祚復疏論不可，然馬持之甚堅，遂通行增設。」〔註33〕

　　（四）章潢（1527～1608）在《圖書編》談及：「問兵備憲員始設於何時？曰：此弘治間例也。馬文升居本兵，慮武職不脩，故增一臬員以救之。時內閣劉健力阻而不欲行。後因奏設九江兵備，都給事中夏祚疏論不可。著劉、馬回話，劉、馬皆秉正，未克濟時，而議見迥不協，何也？劉欲修祖宗之舊，以振武備；馬則拯倉卒之急，以釐宿滯。」〔註34〕

　　由以上史料記載可看出，明人認爲兵備道設立時間始於「孝宗弘治十二年」，爲「馬文升」（1426～1510）之奏請。但此說法顯然有待商榷。首先，兵備道的設置時間絕非弘治十二年，在此前朝即有兵備道，可以四川爲例：

> 兵巡下川東道副使一員，係成化二十一年添設，駐箚達州，奉敕整飭兵備兼分巡下川東地方；建昌兵糧道副使一員，係成化二年添設，管轄建、越、會、鹽等伍衛，冕山、鎮西等伍所，邛部、馬喇等四土司；分巡下川南道副使一員，成化初年添設，原係兵備，……駐箚瀘州；松潘兵備道副使一員，係天順元年添設，駐箚松潘衛，奉敕整飭松潘兵備，綜理糧儲，操練軍馬，撫治羌夷；威茂兵備道副使一員，係弘治十六年添設，駐箚茂州，奉敕整飭松潘兵備，綜理糧儲，操練軍馬，撫治羌夷；安綿兵備道僉事一員，係成化十二年添設，原係副使，至正德十二年改僉事，駐綿州。〔註35〕

除威茂兵備道及晚至萬曆三年（1575）才設的重慶兵備道外，其餘五道設置之時間，皆早弘治十二年十餘年以上，松潘兵備道甚至可追溯至英宗天順元年（1457）。

　　陝西十九個兵備道中，固原兵備道於成化初即有〔註36〕，榆林兵備道於

〔註33〕《春明夢餘錄》，卷四十二〈兵部一〉，頁13上。

〔註34〕明・章潢，《圖書編》（台北：成文出版社，1971年元月初版），卷八十五〈兵備〉，頁9614。

〔註35〕明・虞懷中、郭棐，《萬曆・四川總志》（收錄於《四庫全書存目叢書》史部，台南：莊嚴文化事業有限公司，1996年8月初版，據北京圖書館藏萬曆刻本景印），卷二十〈裁革冗員疏〉，頁634。

〔註36〕清・王學伊，《固原州志》（台北：臺灣學生書局，1967年12月初版，據清宣統元年鉛印本景印），卷二〈官師志〉，頁247：「楊勉，四川安岳人，進士，成化初任兵備道。」

成化年間計有陳茂等十人任兵備副使〔註 37〕，西寧與甘肅兵備道分別於弘治二年（1489）與三年即有兵憲前往任職〔註 38〕。屏障京師的薊州兵備道於弘治初年設置，天津因地處漕河、海運的交界，爲加強管理，在侍郎白昂與御史鄒魯的奏請下，於弘治三年特設兵備道加以監理。〔註 39〕

　　再以廣東史料判讀，「肇之建兵備道昔未之有也。爲邇時肇之所轄，與夫雷、廉、高諸郡寇猖狂誶誶，弗率於衛民者患焉。於是聞之於朝，特設四府兵備之職，而以憲臣爲之。」〔註 40〕廣東始設兵備道在成化四年（1468），都御史史揭稽奏設副使一人，整飭高肇兵備，於二十一年（1485）被裁撤，再於弘治九年（1496）復設〔註 41〕。雷廉兵備道於成化四年（1468），加整飭兵備道副使一員，弘治十年（1497），又以分巡兼兵備之權，改鎮廉州府〔註 42〕。成化六年（1470）三月，巡撫廣東都御史吳琛，有鑑於瓊州孤懸海外，「分巡、分守官經年不一至，遇有警急，猝難馳報，乞請專任副使一員提督兵備，防禦倭寇。」憲宗於隔年以監察御史涂棐爲廣東副使，提督兵備，分守瓊州地方〔註 43〕。雖於成化十二年（1476）裁革，但在禮科都給事中李孟暘的督請下，遂於弘治元年（1488）復設。〔註 44〕

　　根據方志所載，兵備道在成化年間即已設置，其用意是爲防制蒙古部族、安南與西南地區的少數民族。但綜觀史料發現，九江兵備道並非馬文升所奏設的第一個兵備道，早於成化五年（1469），馬文升擔任巡撫都御史時，即奏請設置「固原兵備道」〔註 45〕。弘治時期，馬文升爲兵部尙書，兵部每以武

〔註 37〕　清・李熙齡，《榆林府志》（台北：台灣學生書局，1968 年 1 月初版，據清道光二十一年刊本景印），卷十四〈職官志〉，頁 427。

〔註 38〕　清・蘇銑，《重刊西寧志》，頁 23；清・黃文煒，《重修肅州新志》（台北：臺灣學生書局，1967 年 12 月初版，據清乾隆二年刊抄補本景印），〈職官〉，頁 336。

〔註 39〕　清・朱奎揚，《天津縣志》（台北：中央研究院歷史語言研究所藏清乾隆四年刊本），卷十四〈明職官〉，頁 20 下。

〔註 40〕　明・方良永，《方簡肅文集》（《文淵閣四庫全書》集部），卷五〈新建肇慶兵備道記〉，頁 4 下。

〔註 41〕　明・陸鏊，《肇慶府志》（台北：漢學研究中心景照明崇禎十三年刊本），〈事紀二〉，頁 7 上。

〔註 42〕　《廉州府志》，卷七〈秩官志〉，頁 94。

〔註 43〕　《憲宗實錄》，卷七十七，頁 2 下，成化六年三月甲申條。

〔註 44〕　《孝宗實錄》，卷十三，頁 1 上，弘治元年四月丙申條：「增設廣東按察司一員，整飭瓊州府兵備。從禮科都給事中李孟暘言也。」

〔註 45〕　《明憲宗實錄》，卷六十九，頁 5 下，成化五年七月壬寅條。

官不堪委任，欲添設兵備按察司官就近輔佐、監視，但劉健（1433～1526）
屢止，票旨不准〔註46〕。後馬文升奏設九江兵備道，則是基於防範長江兩岸
的盜賊與鹽徒，並藉兵備道屏障南京〔註47〕。他強調：「天下兵備可有可無，
而九江之兵備絕不可無。」〔註48〕兩個月之後，監察御史陳銓彈劾馬文升，
理由是馬文升有「結黨營私」的嫌疑：

> 監察御史陳銓等劾奏兵部尚書馬文升，前以王越之故，而添設總制
> 三邊都御史；以楊時敷之故，而添設清理軍門員外郎；又徇沈暉之
> 請，添設湖廣九永等處兵備僉事李宗泗。今又以歐鉦舊屬於腹裏地
> 方，添設江西九江兵備副使。乞裁革此二處兵備，并黜鉦及文升等
> 以正朋比之罪。〔註49〕

結果孝宗將二處兵備官俱裁革。推本溯源，乃是御史王鼎欲得九江兵備官
職，但馬文升推薦歐鉦擔任，使其不滿，遂有此奏，九江兵備尋被革去。兵
備道成為官員間的角力競賽，並非實質上去考慮兵備道設置地點、時間是否
不當。

馬文升深知九江地理位置的重要性，再於弘治十五年（1502）八月上奏，
請設九江兵備：

> ……令增設江西按察司副使一員，常駐九江，整飭兵備，上界湖
> 廣，下至建陽一帶衛所俱聽提調。凡地方防守便宜，悉從計處，以
> 為南京保障。及敕湖廣、江西鎮巡等官，各督捕盜賊，賑恤困苦。
>
> 〔註50〕

孝宗未置可否。九江兵備直到正德六年（1511），才由周廷徵出任，成為定員。
馬文升的提議，雖不似青史所言：「自是兵備之員盈天下。」但自正德、嘉靖
以後，隨著倭虜的入侵，游民的流竄，設置兵備道已成為維持地方控制的最
佳利器。

〔註46〕明・李默，《孤樹裒談》（《四庫全書存目叢書》子部二四〇冊，台南：莊嚴文
　　　　化事業有限公司，1995年9月初版，據中國科學圖書館藏據明刻本景印，卷
　　　　十〈武宗上〉，頁2下～3上。
〔註47〕《明孝宗實錄》，卷一五三，頁10上，弘治十二年八月己酉條。
〔註48〕《明經世文編》，卷六十二，馬文升〈題為因災變思患豫防以保固南都事疏〉，
　　　　頁27上。
〔註49〕《明孝宗實錄》，卷一五五，頁1上～下，弘治十二年十月戊子條。
〔註50〕《明孝宗實錄》，卷一九〇，頁11上，弘治十五年八月壬戌條：「上曰：『覽
　　　　奏具見忠愛，所司其即看詳以聞。』」

第二節　兵備道的演變

　　整飭兵備道既非孝宗弘治年間即有，馬文升的奏請也未使兵備道成為定制，然而整飭兵備道究竟是如何成為地方上重要的軍事制度與行政體系？有必要從新追本窮源，今析分為四期介述如下。

一、萌芽期

　　鄭曉（1499～1566）《今言》提到：「參贊軍務者，始於洪熙元年。以武臣疏於文墨，選方面部屬官，於各總兵處整理文書，商確機密，於是有參贊參謀軍務，總督邊儲。」〔註51〕文官參贊軍務的先例一開，遂有日後督撫的出現，造成武將地位急速下降，也可視為兵備道日後領兵的原因之一。仁宗以文代武，其因素在於即位初武臣未全力支持外，武將自身疏於文墨也必須擔負責任。洪熙元年（1425）四月，鎮守大同總兵官武安侯鄭亨（1356～1434）等奏請，促遣山西行都司高山等四衛官軍詣大同屯守。仁宗認為，鄭亨此時催督軍士違時，將造成軍士貽誤農時而失去生計。追究其原因，乃是總兵官手下辦理軍機文書者多為武夫，不通文墨，仁宗遂決定於文職官員內簡拔有才識者一人，至鄭亨手下專理軍機文書〔註52〕。五日後，命郎中李子潭等，分往總兵官陽武侯薛祿（1371～1430）等處，專理軍機文書，決定此措施推廣到各處總兵官：

> 朕命將禦邊，其軍務之殷，重在嚴謹。而文墨所寄，尤重得人。今以爾等重厚，達于文理，特命往各總官兵處，凡其軍中機密文書，從總兵官同爾整理，必謹慎嚴密，不可泄漏。其總兵官調度軍馬、發號施令等事，爾一切不得干預，總兵官宜以禮待爾，爾亦宜循守禮法，不可輕慢。庶幾協和相濟，以成國事，欽哉！〔註53〕

被派遣出任文書官者，還包括參政沈固與副使劉紹等人。沈固被派往鄭亨手下處理軍務，宣宗宣德七年（1432）九月，沈固針對神銃配置、軍士屯田納糧及安置鰥寡孤獨無依者等事宜上奏，其建議獲得宣宗贊同，而命六部議行〔註54〕。宣德八年（1433）五月，沈固任滿考最，陞從二品祿，但仍於大同

〔註51〕　明‧鄭曉，《今言》（北京：中華書局，1997年11月第一版），卷二，頁81。
〔註52〕　《明仁宗實錄》，卷九下，頁5上～下，洪熙元年四月甲子條。
〔註53〕　《明仁宗實錄》，卷九下，頁7上，洪熙元年四月戊辰條。
〔註54〕　《明宣宗實錄》，卷九十五，頁3上，宣德七年九月壬戌條。

總兵官武安侯鄭亨處治軍機文書〔註55〕。而劉紹於正統八年（1443）丁憂服滿後，仍以湖廣按察司副使之銜，奉勑前往廣西總兵官安遠侯劉溥處贊理文書〔註56〕。從這些史料當中，可得知出任文書官者有藩臬官員，他們雖無法直接參與軍士調度，但可針對軍務提出建議。然而，這並非「整飭兵備之始」，只能視爲文臣參贊提督軍務的開端。從文臣參與和主持軍事的發展過程來看，督撫主持軍務與兵備道的設置、職能與淵源，在時間上是一致的〔註57〕。所以，《明史》才有此一記載。

　　方志上對兵備道的最早記載，也是始於洪熙元年（1425），《沂州府志》載：「洪熙間，合屬府州縣，俱設兵道。」〔註58〕至於設置的詳細內容則隻字未提。《明實錄》裏，最早出現「整飭兵備」字眼，始於宣宗宣德元年（1426）八月：「上始命整飭兵備，而猶未決意討之。」〔註59〕時值漢王朱高煦造反作亂，宣宗有意藉由整飭兵備來平靖亂事。「整飭兵備」出現在勑書中，通常是皇帝要求地方將領整頓軍務，防禦賊寇。如正統九年（1444）七月，遼東總兵官都督同知曹義呈奏朝鮮國內倭賊聲息，英宗即命：「沿海備倭官整飭兵備，謹愼隄防，遇賊近邊，相機勦殺，但怠慢誤事，俱治以重罪。」〔註60〕正統十年（1445）六月，瓦剌屢次侵擾邊境，英宗要求寧夏總兵官都督同知黃眞、監察御史羅琦二人「緣邊整飭兵備」〔註61〕。「整飭兵備」，在此時只表示強調整頓軍務工作的重要性，並非指官銜。

　　正統年後，地方民亂頻繁，時常派遣文臣鎮守地方，協同總兵官參贊軍務。這些鎮守文臣，以六部尚書、侍郎、都御史、寺卿及少卿爲多，負責糧餉補給、安撫士兵及軍情報導等工作。有時又派文臣「參謀」軍事，「整飭」邊務，或「撫治」、「巡治」及「總理」某些地方的特殊任務，皆視情況需要而設，事畢即罷，非常設〔註62〕。最先加「整飭兵備」官銜的是右僉都御史曹翼。正統元年（1436）七月，曹翼與參贊軍務兵部左侍郎柴車（1375～1441），

〔註55〕《明宣宗實錄》，卷一〇二，頁8上，宣德八年五月庚辰條。
〔註56〕《明英宗實錄》，卷七十，頁10上，正統五年八月丁酉條。
〔註57〕羅東陽，〈明代兵備初探〉，頁16。
〔註58〕清・邵士，《沂州府志》（台北：中央研究院歷史語言研究所藏清乾隆二十五年刊本），卷十七〈職官上〉，頁7上。
〔註59〕《明宣宗實錄》，卷二十，頁3下，宣德元年八月壬戌條。
〔註60〕《明英宗實錄》，卷一一八，頁5下，正統九年七月辛丑條。
〔註61〕《明英宗實錄》，卷一三〇，頁7下，正統十年六月甲子條。
〔註62〕《明代巡撫研究》，頁22～23、29。

在都督同知趙安等出兵追勦達賊之際，奉命安坐甘州，不與偕往，「宜勤勞邊事，多方籌畫，尤宜撫恤官軍，俾盡力殺賊，務除邊患，用副委任。」〔註63〕八月，英宗對參贊軍務兵部左侍郎柴車與整飭兵備右僉都御史曹翼的敕書中說道：

> 向敕爾等，審勘甘肅官軍殺賊功次，即加陞賞。比聞爾等，取勘已明，因挾私憾，故緩其事，人皆忿怨，是違古人賞不逾時之意。敕至，爾等即將有功者，依例陞賞，庶激士氣，使效力勦賊，毋得稽違。〔註64〕

從此敕書看出，包含「整飭兵備」銜在內的文臣擁有考核官軍戰績，作為賞罰的評鑑。此項工作原本屬於巡按御史負責，此時已由部、院取代。雖然他們僅能對官軍考核，對總兵官並未有考核權，然而隨著日後地位的提昇，參贊軍務文臣的權力亦日益加大。如正統四年（1439）正月，參贊寧夏軍務右副都御史金濂，奉命「設法整飭兵備，務在軍威振舉，邊境無虞」，同時負責查緝總兵官私役精壯官軍等違法事宜。〔註65〕

曹翼於正統元年（1436）十二月改調陝西，仍為整飭兵備右僉都御史，這也是此時期參贊軍務文臣中唯一領有「整飭兵備」銜的人。然而，有許多官銜皆可視為兵備道的前身，如正統十一年（1446）六月，四川松潘諸夷中，歪地骨鹿族二十寨不服撫諭，英宗陞山西按察副使寇深為都察院右僉都御史，並提督松潘兵備〔註66〕。景泰二年（1451），寇深回北京任都察院職，英宗改命四川運糧刑部左侍郎羅琦為「提督松潘兵備」〔註67〕。而在正統十四年（1449）十一月，適逢虜寇犯京師，特敕右僉都御史祝暹鎮守保定，整飭兵備〔註68〕。無論是「參贊」、「提督」、「鎮守」或「整飭兵備」之銜，他們皆被視為「巡撫」〔註69〕。他們分化總兵官的權力，擁有管理屯田、錢糧等

〔註63〕《明英宗實錄》，卷二十，頁1上～下，正統元年七月甲午條。

〔註64〕《明英宗實錄》，卷二十一，頁1下，正統元年八月丙寅條。

〔註65〕《明英宗實錄》，卷一〇〇，頁9上～下，正統八年正月癸未條。

〔註66〕傅崇岫、徐湘，《松潘縣志》（台北：臺灣學生書局，1967年10月初版，據民國十三年景印），卷六〈官蹟〉，頁798；《明英宗實錄》，卷一四二，頁6下～7上，正統十一年六月甲寅條。

〔註67〕《明英宗實錄》，卷二一一，頁7上，景泰二年十二月甲申條；卷二〇七，頁3下～4上，景泰二年八月壬申條。

〔註68〕《明英宗實錄》，卷二八一，頁10上，天順元年八月壬子條；及《明代巡撫研究》，頁228。

〔註69〕詳見：《明代巡撫研究》，頁22～33。

後勤事務及司法審判權的職掌，在軍機事宜方面仍需與巡撫商議，逐漸形成督撫等文官主持軍務，武將馳騁沙場的以文馭武局面。兵備道此時雖未出現，但隨著巡撫等文官職權的擴大，其雛形依稀可見。

隨著上層軍權調整與變化，下層也隨之因應，其最基礎的變化發生在府衛一級〔註70〕。宣德十年（1435），朝廷下令將天下衛所倉併所屬府州縣，無府州縣去處者仍舊，後來仍陸續在這些未改屬地區增派管糧官員〔註71〕。正統三年（1438）增設理倉副使、僉事，又增設僉事與布政司參議各一員於甘肅，監收倉糧。八年（1443）則增設僉事，專理屯田〔註72〕。而景泰三年（1452），添設山東布、按二司佐貳官各一員，於遼東管理定遼左等二十五衛糧儲〔註73〕。在按察司的監察權被巡按御史、巡撫分化以後，最先突顯出來的職掌是管糧。在九邊地區，採取軍士屯田政策，而軍餉管理為決定戰爭成敗的原因之一，所以朝廷派遣「風憲官」按察司的副使、僉事詳加督導，謹防憾事發生，以致貽誤軍務，使得副、僉二員成為巡撫之下最重要的文官督軍體系。就《嘉靖・薊州志》所載：「密雲等處兵備道，山東按察司副使一員為之，正統末，本為巡撫理刑而設，後革去。」〔註74〕當時首任兵備為姜永，於正統十四年（1449）到任。雖然姜永於景泰年間被奏革取回，但這段史料很明顯的可以發現，兵備道官在軍務上乃是巡撫的佐貳官，嘉靖十四年（1535 年）進士，授翰林編修的趙貞吉（1507～1576），在〈送湖廣上江防張兵憲明巖序〉中談及：「後省漸設巡撫治兵，而按察官領敕餉備兵事，佐巡撫者始基置，有自哉！」〔註75〕兵備的出現，實與巡撫制度的建制有密不可分的關係。

二、草創期

憲宗時，逐漸有按察司整飭兵備官員的出現，四川與陝西二省為首創之地。四川安綿等縣屢因被番蠻劫殺，成化元年（1465）七月，兵部侍郎王復，認為副總兵都督僉事盧能、參將都指揮使周貴、都指揮僉事李文及整飭兵備

〔註70〕羅東陽，前引文，頁20。
〔註71〕《大明會典》，卷二十二〈戶部九・倉痪二〉，頁29上。
〔註72〕《明史》，卷七十五〈職官四〉，頁1841～1842。
〔註73〕同註68，頁31上。
〔註74〕明・熊相，《嘉靖・薊州志》（台北：中央研究院歷史語言研究所藏據明嘉靖三年刊本攝製微捲），卷六，頁83上。
〔註75〕《明經世文編》，卷二五五，趙貞吉〈送湖廣上江防張兵憲明巖序〉，頁11下。

副使王用，皆隱匿不奏，請求皇帝降罪〔註76〕。成化二年（1466），按察司僉事張晼，在建昌奉敕整飭兵備，兼巡敘州、馬湖等府縣地〔註77〕。成化三年（1467）二月，由按察司僉事陞為副使的李玘，奉命陝西整飭兵備〔註78〕。隔年，陝西洮、岷二衛地方「番賊出沒，殺掠人財」，兵部認為分守千戶闕慶、整飭兵備副使李玘等人防禦不嚴，俱當就問，因而上奏〔註79〕。成化五年（1469）二月，指揮同知張瀚，擊退陝西洮州番夷，憲宗諭令兵部：「番寇失利而去，宜移文兵備等官防其復來。」〔註80〕足見皇帝相當重視內地治安，一旦邊事有警，即命兵備副使嚴加整飭，才有兵備官的出現。此時為兵備道創設的草創期，所以許多督撫仍帶有「整飭兵備」之銜，如成化二年（1466）九月，皇帝從鎮守太監李良之請，命整飭兵備都察院左都御史李秉（1408～1489）總督遼東軍務，奉敕整飭大同以東兵備〔註81〕。兵備官通常就近調派，以境內分巡改敕，但卻造成如兵備僉事張晼於四川的轄地長達兩千餘里，容易顧此失彼；兵備官員事畢即罷，容易造成番夷時而復返。這些弊端浮出檯面之後，使得兵道的創設日趨完善。

為穩定地方治安，成化、弘治年間於各地不斷增設兵備官員，尤以內地為先。成化五年（1469）閏二月，四川松潘番叛，朝廷決議擢沈琮為四川按察司副使，前往撫治松潘等處羌夷〔註82〕。同年，命陝西按察司僉事楊晃專撫固原等處，並協同鎮守、守備等官整飭兵備。從「明代兵備道一覽表」（表1）可知，成化到弘治年間，除四川、陝西、廣東、雲南等地兵備道較普遍設置外，其餘各省通常只有一個兵備道，如山東臨清兵備道、江西贛州兵備道、福建建南兵備道及廣西賓州、府江兵備道等。這些兵備道時置時廢，以廣東為例，成化十三年（1477），敕廣東按察司副使陶魯，提督高州、雷州二府兵備，用以防禦蠻寇〔註83〕；成化二十年（1484），都御史朱英（1416～1484）

〔註76〕《明憲宗實錄》，卷十九，頁9上，成化元年七月甲戌條。
〔註77〕前引書，卷三十五，頁8下，成化二年十月丙寅條。也因此，《四川總志》認為建昌兵備道由此年開始設置。
〔註78〕《明憲宗實錄》，卷三十九，頁8下，成化三年二月己酉條。
〔註79〕前引書，卷五十二，頁6上，成化四年三月甲申條。
〔註80〕前引書，卷六十三，頁1上，成化五年二月丙戌條。
〔註81〕前引書，卷三十四，頁9上～下，成化二年九月丁酉條。
〔註82〕《松潘縣志》，卷六〈宦蹟〉，頁799；《明憲宗實錄》，卷六十四，頁1上，成化五年閏二月丙辰條。
〔註83〕《明憲宗實錄》，卷一六三，頁3上，成化十三年閏二月戊午條。

以高、廉等處地方稍寧，兼有將官分守，奏請予以裁撤，陶魯則還本司管事，仍令分巡等官往來提督〔註84〕；弘治三年（1490），升廣東按察司僉事戴中爲副使，整飭雷、廉等處兵備〔註85〕；歷戴中、劉宇兩任兵備官後，於弘治六年（1493）再度裁革〔註86〕；弘治九年（1496），監察御史陳銓，鑑於雷、廉、高、肇四府境內多番夷與流賊，建議宜設兵備居中監理：

> 廣東雷、廉、高、肇四府，西接廣西諸峒猺獞，東抵海洋諸番，高州之雲爐、大桂等處又有流賊嘯聚，動以萬計。往年有兵備副使林錦專守其地，招撫流亡，控制盜賊，父老至今思之。後繼者不得其人，旋亦裁革。今雖有參將、守備等官，率老、懦不職；分巡、分守官亦不時至，武備廢弛。職此之由，乞仍舊設按察司副使一員，整飭四府兵備。〔註87〕

如此反覆興廢，可算是兵備道草創期的特色之一。兵備道於此時期相繼設立，除了邊疆內地亂事不斷發生外，另一個主因乃是由於這些地區幅員廣闊，負責地方事權的分守、分巡無法即時處理。兵備道既有原先來自按察司的司法、監察權，同時又負有巡撫等文官下分的軍事權，所以設立兵備道來加強對地方控制，成爲朝廷優先考慮的權宜方法。爲強化兵備職權，朝廷首先要求巡撫都御史將權力下放，「多委之分守、兵備」〔註88〕；另一方面，裁革按察司相關官員，如水利、管糧等官，以兵備兼管之〔註89〕。此做法同時可以降低冗員，減少政府開支。

三、開展期

　　兵備道的職權、轄區也在此時逐步確立。孝宗弘治元年（1488）七月，於陝西增設按察司副使一員，專在西寧衛地方撫治番夷。孝宗以丁憂服闋的

〔註84〕 前引書，卷二四八，頁7上，成化二十年元月甲寅條。
〔註85〕 《明孝宗實錄》，卷四十四，頁4上，弘治三年十月庚申條。
〔註86〕 前引書，卷五三，頁7下，弘治四年七月己亥條。
〔註87〕 前引書，卷一一八，頁3下，弘治九年十月辛巳條。
〔註88〕 《明孝宗實錄》，卷二〇六，頁5上，弘治十六年十二月庚戌條：「監察御史藍章，以松潘番賊寇擾，陳用兵五事：『……一、謂本處巡撫都御史不專在邊，多委之分守、兵備，兵少權輕，不可統制，賊平之後，宜專設一巡撫。』」
〔註89〕 前引書，卷六十九，頁1上～下，弘治五年十一月癸酉條：「戶科給事中王璽，奏四川事宜：『……一、省冗員。謂松潘大霸邊境要害，堪設兵備官一員，整飭兵備。餘如綿州、達縣等處兵備、水利、管糧、補盜等官，乞俱裁革，以惜民費。』」

四川按察副使王軾爲任：

> 莊浪、古浪、涼州、鎮番等五衛所，路當番虜要衝，人性不常，亦難控御。今特命在西寧駐箚，兼管前項地方，不時往來巡歷，撫治番夷，整飭兵備，提督操練兵馬，固守城池，禁革姦弊。遇有番賊胡虜出沒，即調衛所官軍相機撫補截殺。……軍職有賣放，軍士不守把關隘，及縱容軍民人等通同番賊交易、惹禍等項，許爾徑自參奏挐問，守備、把總、撫夷等官，敢有似前揩剋，苦害軍士，騷擾番夷者，聽爾指實，呈巡撫官參提問罪。〔註90〕

兵備道的主要職掌爲整飭兵備、操練兵馬、固守城池及禁革姦弊等項，同時負責監督軍士，調派衛所軍隊等軍務，所有基本權限皆於此時期確立。到弘治末年，許多沿邊內地的兵備道已成定制。除了轄區過於遼闊的地區尚未完全普遍設立外，兵備道的設置已日趨完善。〔註91〕

　　正德、嘉靖年間，朝政紊亂，宦官當道，土地兼併日趨嚴重，社會極度動盪不穩，各地變亂不斷，朝廷爲加強平靖亂事，惟有設置兵備道。北直隸的霸州於正德六年（1511）因流賊蠢起，特設山東按察司僉事一員，整飭霸州等處兵備〔註92〕；山東武定、青州二兵道，也因流賊之變而設〔註93〕。兵備道設置最多的時間爲嘉靖朝，除了民亂不斷發生外，倭寇於此時也最爲猖獗，時常侵擾東南沿海。南直隸的徽寧池太、蘇松常鎮與淮揚兵備道皆爲防禦海賊、倭寇而設；而浙江、福建二省兵備道雖晚於嘉靖朝後期才設，但其目的也是防禦倭寇入侵。正如沈德符所說：「在正德間，流寇劉六等起，中原皆設立矣。至嘉靖末年，東南倭事日棘，於是江、浙、閩、廣之間，凡爲分巡者，無不帶整飭兵備之銜。」〔註94〕

　　嘉靖中葉以後，蒙古俺答汗的勢力興起，大舉南下，威脅內地，遂有嘉靖二十九年（1550）的「庚戌之變」。《大明會典》中所載北直隸、山西、遼

〔註90〕清・蘇銑，《重刊西寧志》，〈整飭西寧兵備道副使〉，頁23。
〔註91〕以弘治元年設置的西寧兵備道爲例，後來將西寧析爲西寧、莊浪二道，並於肅州增設一兵道。
〔註92〕明・唐交，《霸州志》（《天一閣藏明代方志選刊》六，上海：上海古籍書店，1982年8月），卷六〈秩官志〉，頁586。
〔註93〕明・陸鈇、陳沂，《嘉靖・山東通志》（收錄於《天一閣藏明代方志選刊續編》五十一～五十二，上海：上海書店，1990年12月一版一刷，據明嘉靖刻本景印），卷十一〈兵防〉，頁709。
〔註94〕《萬曆野獲編》，卷二十二〈司道・整飭兵備之始〉，頁569。

東及大部分的陝西兵備道，皆於此時設置。為有效防禦蒙古族的入侵，兵備
道的轄區也愈分愈細。除潞安道外，如山西其餘六兵備近於邊牆；陝西十九
個兵備道，其中有九個位於九邊之上，而榆林鎮內即設有榆林、神木與靖邊
三兵道。

　　在軍隊統御體系之中，在北邊上的巡撫與兵備道職責較內地或東南沿海
來得尤為重要。所以，曾任江西兵備副使的兵部尚書胡世寧（1469～1530）
深知兵備道重要，請求「累朝設立巡撫、兵備，敕詞立為定制」，且推崇憲職，
使其久任：

> 各邊腹裏兵食調度，兵將選練，俱在巡撫，次為兵備，其職比他官
> 為難，朝廷任之亦當比他官為異。……宜令訪實選替，皆用年壯資
> 淺，諳曉兵事，才能濟變心誠，體國之人而久任之。然欲久任，於
> 其能保地方者，必須以三年、五年加秩一次，比其他官陞轉尤速，
> 以補其難，然後人肯用力。然又必重其責任，使能展布；寬其文法，
> 使得便宜。聽其從願，罰贖多方，措積錢糧，在官以為練兵捕盜，
> 募用死間，先等項支用激勵，不許法吏扼腕，如昔王翱在遼東故事。
> 然後武備可修，軍威可振，而盜賊可弭，戎虜可禦也。〔註95〕

胡世寧認為，惟有加強職權，久任其官，兵備道才能有效地弭平亂事。張孚
敬（1475～1539）也贊同胡世寧看法，強調巡撫及兵備官「選擇推補，然後
責其久任，則得人矣」，同時也提出一套兵備升遷辦法，來崇憲職：

> 各處緊要兵備官，俱要於資淺人員內推舉，其才力相應者，先陞僉
> 事，後加副使，常管此方。其任內事務，不許他官擾越。如兵備官
> 所管有司、巡捕并衛所官有犯，撫按衙門俱要就委其提問，不許改
> 委他官，以致權柄不一，事體難行。兵備必須兼理本道分巡，以便
> 行事，久任專制，方可責其成功。十分年勞深著者，推陞各邊巡撫，
> 其餘照常遷轉。才力不稱者，就行改調。〔註96〕

兵備道官久任的提案雖好，但許多按察司官員只是把兵道當作升遷到中央
的跳板，加上此時亂事過多，兵備更調頻繁，無法久任責成〔註97〕。翁萬達

〔註95〕明・不著撰人，《條例備考》（台北：漢學研究中心景照明嘉靖刊本），卷七〈兵
　　　　部〉，頁 24 上～25 上。
〔註96〕明・張孚敬，《張文忠集》（《明代基本史料彙刊・奏摺卷》七十五冊，北京：
　　　　線裝書局，2004 年），〈論館選巡撫兵備守令〉，頁 13 下～14 上。
〔註97〕《明代巡撫研究》，頁 294。

（1498～1552）提出另一個相應措施，由於兵備「專在軍門，承理兵糧，贊議機務，責任關係，獨爲繁難」，若兵備官員有遷調，可用鄰近兵道、分守、分巡甚至知府等官補缺，以疏解邊務。因爲「翻思代者，未必諳曉邊事；即諳邊事，未必地相咫尺，且夕可至。」〔註 98〕他們久居邊地，對邊務自當比其他遷調官員來得熟悉。就近銓補官員的辦法，成爲日後兵備道遷調的模式，也可謂變相的久任措施。

東南沿海及內地的兵備道，雖不似邊區來得重要，但就軍事上的作用來說，它的運作與地方人民休戚相關。因爲九邊乃是明朝防禦重點，聚有重兵，軍事規模往往較大，兵備道雖爲重要，但比起督撫、總兵官就不顯得特別突出。而東南、內地區域，明朝所面臨的是小規模與短暫的亂事〔註 99〕。自嘉靖四十二年（1563）後，譚綸（1520～1577）、戚繼光（1528～1588）等人剿平福建倭寇和海賊後，沿海的盜賊就銷聲匿跡不少。兵備道在地方上除維持地方治安外，此時就從事操練兵馬、修理城池、整建學宮等工作。如南北直隸與山東的兵備道，就投入疏濬運河與治理黃河的工程，四川、雲南、廣西與貴州等地兵道，則負有移風易俗與排解糾紛的責任，這些兵備道擔負的職責，成爲嘉靖中葉以後安定社會的一股力量。

四、浮濫期

就本文所整理的「明代兵備道一覽表」（表 1），兵備道共計一百零八員，實際上當然不只如此。《大明會典》中，許多分巡、分守後來多帶管兵備，如分巡遼海東寧道，帶管廣寧、錦義等處兵備；分巡桂林道，兼管全州、永福、永寧兵備事務；分守口北道，兼理兵備等〔註 100〕。萬曆末年，爲強化司道監督軍務的權力，特設「監軍道」，監軍道顯然是由兵備道延伸而來〔註 101〕。這些兼理兵備銜的司道，多爲因應亂事的權宜措施，與明朝當初設置兵備道之意已不盡相同。

兵備道於晚明時期的設置到底有多浮濫？以京師爲例，弘治到嘉靖年

〔註 98〕明・翁萬達，《翁萬達集》（上海：上海古籍出版社，1992 年 10 月第一版），卷七〈乞賜就近銓補兵備官員以禆益邊務疏〉，頁 221。
〔註 99〕羅東陽，前引文，頁 21。
〔註 100〕《大明會典》，卷一二八〈鎮戌三・督撫兵備〉，頁 4 上～下、16 上。
〔註 101〕萬曆四十七年（1619）十月，遼東經略熊廷弼議設監軍道，朝廷調山西右布政高出、山西右參議邢愼言，俱爲遼東監軍；此外，山東濟寧也於崇禎十四年設立監軍道。

間，北直隸原設有九個專職兵備道。自熹宗以後，爲強化防禦，遂於京城四周添設兵備道。如熹宗天啓元年（1621），設山石兵備道，駐山海關；天啓二年（1622），設通州、遵化兵備道；思宗朱由檢（1610～1644）即位後，設立蠡縣、定州、順廣與河間四兵備〔註102〕。天啓、崇禎年間，加設七個兵備道，顯然是爲了應付日漸強大的女眞部族與層出不窮的民亂。然而，兵備道事畢不撤，加上屯田制早已敗壞，士卒逃亡，造成「無標兵可練，無軍餉可支，雖普天皆云兵備，而問其整飭何事？即在事者亦茫然也」的窘況。更糟糕的是，省級機構員額不斷增加，府縣衙吏應酬的上司又加一重，本職因而懈怠，反倒削弱基層政權統治的機能〔註103〕。兵備道後來雖被清朝所沿襲，但清廷仍對明朝兵備道進行一番裁併。〔註104〕

第三節　兵備道官的任用

兵備道皆因事設置，通常事畢即罷。兵備赴任時，由皇帝賜與敕諭。因此，與督撫、巡按一樣，俱是朝廷的使臣。兵備官是後來添設，並非祖制，除分巡兼兵備者有正印外，專職的兵備只有關防〔註105〕。所以，明代對兵備官員的選任、異動與任期皆是後期逐步更定，因此必須進一步加以說明。

一、兵備的選任

「京官六部主事、中書、行人、評事、博士，外官知州、推官、知縣，由進士選。」〔註106〕從《固原州志》、《沅州府志》與《賓州志》歷任的兵備道任職名單可以發現（表3-1～3-4），明代兵備道官多由進士出身，僅有少數由舉人擔任（圖3）。從下列兵備官選任途徑來看，正好符合此資格：

（一）兵備自身遷轉

正德八年（1513），升四川按察司僉事盧翊爲本司兵備，整飭松潘兵備

〔註102〕清・黃彭年，《畿輔通志》（石家莊：河北人民出版社，1989年8月第一版），卷二十九〈職官五〉，頁514～515、517、525～526。
〔註103〕羅東陽，前引文，頁21。
〔註104〕清初對兵備道甚爲注重，於要衝之地廣設兵備道與兵巡道，如順治元年（1644）設宿邊兵備道，及大局抵定，以八旗、綠營分駐各地，兵備道的功用喪失殆盡。清康熙元年（1662）旨令各道罷管兵事務，大舉裁撤兵備、兵巡及巡海三道。關於清代兵備道的研究，可參閱：李國祁，前引文，頁159～169。
〔註105〕《萬曆野獲編》，卷二十二〈司道・方印分司〉，頁565。
〔註106〕《明史》，卷七十一〈選舉三〉，頁1715。

〔註107〕。嘉靖三年（1524）四月，世宗升山東按察司僉事牛鸞爲副使，整飭青州兵備如故〔註108〕。羅輅字質甫，嘉興人，嘉靖八年（1529）擢江西副使整飭饒撫兵備，十一年（1532）起補四川副使兵備建昌〔註109〕。嘉靖二十六年（1547）進士宋儀望，於嚴嵩（1480～1565）敗後，「擢霸州僉事，請城涿州，除馬戶逋稅，進大名兵備副使。」〔註110〕

（二）按察司官

兵備道設置之後，多以按察司副使、僉事轉任，依此成爲定制。如弘治十二年（1499）十二月，升浙江按察司僉事林廷爲本司副使，整飭溫、處二府兵備，兼管分巡事〔註111〕。四川按察司副使張思齊，於正德十六年（1521）調爲山東按察司副使，管理霸州兵備〔註112〕。范輅「遷福建僉事，轉江西副使，致仕歸。又用胡世寧薦，起密雲兵備副使。」〔註113〕隆慶元年（1567）五月，廣東分巡道副使張子弘升爲按察使，兼管伸威兵備事。〔註114〕

（三）布政司官

布政司，設左、右布政使各一人，從二品；左、右參政，從三品；左、右參議，從四品〔註115〕。在分守、分巡與兵備道建置完成後，藩臬二司官員相互轉調十分常見。隆慶四年（1570）十月，升福建布政司右參議李紀爲江西按察司副使，整飭饒州兵備〔註116〕。萬曆六年（1578）十二月，升山東左右參政徐節舒、應龍爲按察使，整飭蘇松兵備〔註117〕。萬曆十五年（1587）七月，升江西右參政龔一清爲廣東副使，整飭南韶兵巡，分管練兵事務〔註118〕。

〔註107〕《明武宗實錄》，卷九十六，頁1上，正德八年正月辛未條。
〔註108〕《明世宗實錄》，卷三十八，頁16下，嘉靖三年四月庚申條。
〔註109〕明・羅炌、黃承昊，《崇禎・嘉興縣志》（《日本藏中國罕見地方志叢刊》二十三冊，北京：書目文獻出版社，1991年10月第一版，據日本宮內省圖書寮藏明崇禎十年刻本影印），卷十四〈人物志・流寓〉，頁101下～102上。
〔註110〕《明史》，卷二二七〈宋儀望傳〉，頁5953～5954。
〔註111〕《明孝宗實錄》，卷一五六，頁3上，弘治十二年十二月乙丑條。
〔註112〕《明世宗實錄》，卷三，頁4上，正德十六年六月丁亥條。
〔註113〕《明史》，卷一七六〈范輅傳〉，頁4998。
〔註114〕《明穆宗實錄》，卷八，頁2下，隆慶元年五月癸亥條。
〔註115〕張德信，《明朝典章制度》（長春：吉林文史出版社，2002年4月第一版），頁473。
〔註116〕前引書，卷五十，頁10上，隆慶四年十月戊午條。
〔註117〕《明神宗實錄》，卷八十二，頁1下，萬曆六年十二月庚辰條。
〔註118〕前引書，卷一一八，頁1上，萬曆十五年七月己丑條。

蔡獻臣字體國，號虛臺，福建泉州同安人，萬曆十七年（1589）進士，後爲湖廣布政司右參政整飭常鎮兵備，萬曆三十五年（1607）陞任湖廣按察司按察使，照舊管事。〔註 119〕

（四）知　府

知府爲正四品，掌一府之政事，遷轉時多任兵備副使。《憲章類編》記載，弘治十三年（1500）六月，以廣西梧州知府張吉爲按察副使，備兵府江〔註 120〕。武宗正德七年（1512）九月，升寶慶知府胡世寧爲江西按察司副使，整飭饒州、萬年等處兵備〔註 121〕。王崇古（1515〜1588）字學甫，號鑑川，嘉靖二十年（1541）進士，由郎中歷安慶、汝寧二知府，遷常鎮兵備副使〔註 122〕。神宗萬曆十五年（1536）七月，升福建興化府知府錢順德爲浙江副使，分巡嘉湖道，兼管兵備事。〔註 123〕

（五）同　知

同知爲正五品，任兵備官則多轉僉事。楚麟字文祥，密縣人，成化五年（1469）進士，後以忤逆用事者，謫永平府同知，弘治九年（1493），丁憂服闋復除原職，爲陝西參議分守漢中兼兵備〔註 124〕。嘉靖九年（1530）十二月，升直隸松江府同知張幾爲山東按察司僉事，整飭青州等處兵備〔註 125〕。任環爲蘇州同知時，連克倭寇有功，獲擢按察僉事，整飭蘇松二府兵備。〔註

〔註 119〕 明・蔡獻臣，《清白堂稿》（《四庫未收書輯刊》六輯二十二冊，北京：北京出版社，2000 年 1 月第一版，據明崇禎刻本景印），卷二〈赴任就道夙疾陡發懇乞天恩允放以安愚分疏〉，頁 23 下〜24 上。

〔註 120〕 明・勞堪，《憲章類編》（《北京圖書館珍本叢書》四十六冊，北京：書目文獻出版社，1988 年，據明萬曆六年刻本影印），卷三十八〈兵備副使僉事〉，頁 16 上〜下。

〔註 121〕 《明武宗實錄》，卷九十二，頁 3 上，正德七年九月乙酉條。

〔註 122〕 《明史》，卷二二二〈王崇古傳〉，頁 5838。

〔註 123〕 《明神宗實錄》，卷一八七，頁 6 上，萬曆十五年七月辛丑條。《明清史料》，〈乙編・第一本・兵部行福建按察司副使等補官請敕稿〉，頁 25 上：「浙江寧波府知府王念祖，今陞福建按察司副使，清軍、驛傳兼管福州兵備，頂補蔣英缺；山西汾州府知府趙彥復，今陞湖廣按察司副使，岳州府駐箚上江防道兵備，頂補周宗文員缺。」

〔註 124〕 明・曹金，《萬曆・開封府志》（《四庫全書存目叢書補編》七十六冊，濟南：齊魯書社，2001 年，據日本內閣文庫藏明萬曆十三年刻本景印），卷十八〈人物志〉。

〔註 125〕 《明世宗實錄》，卷一二○，頁 2 下，嘉靖九年十二月丁卯條。

〔註 126〕 《明史》，卷二○五〈任環傳〉，頁 5418。

（六）六部郎中、員外郎

六部郎中爲正五品，員外郎爲從五品。萬曆十五年（1536）八月，升戶部郎中趙范爲浙江副使，整飭溫、處二府兵備兼分巡。天啓二年（1622）六月，升禮部郎中楊弘備爲蘇松常鎮兵備副使〔註127〕。天啓六年（1626）七月，升戶部郎中田時春爲浙江右參議，備兵寧太〔註128〕。至於員外郎升兵備亦不罕見，包括隆慶元年（1567）十一月，刑部廣東司員外郎郭孝升爲廣東按察司僉事，整飭嶺東道兵備〔註129〕。隆慶四年（1570）四月，升南京戶部廣東司員外郎馬豸爲河南按察司僉事，整飭壽州等處兵備〔註130〕。萬曆三十八年（1610），工部屯田員外郎趙君三載秩滿，「主爵者上其最狀，請晉備兵使者，觀察綿竹諸州事。」〔註131〕許旵號恒齋，初任工部，管理山東泉流疏導有方，改刑部員外，陞廣東兵備，剿平猺寇有功，旌賞金幣。〔註132〕

（七）監察御史

以都察院監察御史升遷爲兵備的例子較少，監察御史爲正七品。雖品秩相差過多，但與兵備同屬風憲官，仍有超遷的機會。以監察御史出任兵備的時機，通常爲該兵備道建置之初爲多。如成化六年（1470）三月，憲宗置瓊州兵備道，升監察御史涂棐爲廣東副使，提督兵備，分守瓊州地方〔註133〕。日後，監察御史任兵備的機會仍有，只是比例愈來愈少。正德六年（1511）十二月，升監察御史寧溥爲山東按察司僉事，管北直隸屯田，兼整飭霸州等處兵備〔註134〕。嘉靖四年（1525）四月，升河南道監察御史涂敬爲廣東按察司副使，整飭瓊州兵備。〔註135〕

上述兵備官的選任制度之中，以按察司、布政司、知府及兵備官自身遷

〔註127〕《明熹宗實錄》，卷二十三，頁 12 下，天啓二年六月甲申條。

〔註128〕前引書，卷七十，頁 10 下，天啓六年四月壬午條。

〔註129〕《明穆宗實錄》，卷十四，頁 12 下，隆慶元年十一月丙寅條。

〔註130〕前引書，卷四十四，頁 6 下，隆慶四年四月癸丑條。

〔註131〕明·謝肇淛，《小草齋文集》（台北：漢學研究中心景照明天啓刊本），卷一〈屯田趙君備兵蜀中序〉，頁 16 上。

〔註132〕明·朱朝藩、汪慶百，《崇禎·開化縣志》（《稀見中國地方志彙刊》十七冊，北京：中國書店，1992 年，據明崇禎刻本影印），卷五〈人物志〉，頁 24 下。

〔註133〕《明憲宗實錄》，卷七十七，頁 2 下，成化六年三月甲申條。

〔註134〕《明武宗實錄》，卷八十二，頁 5 下，正德六年十二月戊子條。

〔註135〕《明世宗實錄》，卷五十，頁 8 下，嘉靖四年四月庚戌條。

轉較爲普遍。而早於成化十四年（1478），兵部奏請「於府州正佐官內，推服
勤練事者」任兵備僉事〔註136〕。所以，知府與同知皆因此轉任兵備。六部郎
中、員外郎升任兵備的例子也不少，但多爲隆慶元年（1567）以後，可能是
因爲亂事過多，普設兵備道的結果，造成官吏不足，才以品秩相近的六部郎
中和員外郎充任。至於以監察御史爲兵備官的比例較少，其原因乃爲兵備道
創設之初，常以同爲憲司的監察御史充任兵備，如瓊州府首任兵備涂棐直接
升任按察副使，此爲權宜之計，待兵備道逐漸成爲定制，按察司副使、僉事
擔任兵備也因此成爲慣例。

　　兵備爲非常官，必須嚴加篩選方可任職。嘉靖二十五年（1546），總督陝
西三邊侍郎的曾銑（1509～1548）認爲，邊方守令所繫甚重，須由進士、舉
人及監生內選擇「年力精銳，才幹強敏者銓補」。世宗也贊同曾銑的看法，並
將此法擴大推行：

> 邇西北邊防多事，兵備守巡有司官職任至重，今後務須慎選以充。
> 其政績卓異者，聽總督等官不時奏保陞擢，不才僨事者，亦即劾罷。
> 兩廣、四川、雲貴近夷地方亦用此例。該部仍將南北邊方官選用陞
> 遷事體，另立資格奏聞。〔註137〕

吏部也立即擬用邊方兵備等官選用升遷資格：

> 凡邊方守令通將應選進士、舉人、監生，酌量地方遠近，取年力相
> 應者相兼除補，毋專以歲貢援例及告選遠方者，概授各兵備守巡，
> 正轄邊境者務擇才選用，毋以才力不及官改調其間。有能矢心畢力，
> 平時撫綏有方，遇變建立其功者，不拘守令二司等官，俱聽撫按不
> 時薦舉，本部參酌年勞，遵照嘉靖八年明旨破格超擢。仍責成撫按
> 官悉心甄別，從實奏報。每年終具奏及填冊送部查考。〔註138〕

因地制宜，任兵備者則有其特殊條件。如陝西一帶，武宗即位，受命三邊總
制的楊一清（1454～1530）認爲，陝西西寧兵備兼管莊浪、涼州地方，「必
得老練疏通之人，庶幾恩威兼濟，上下相安」〔註139〕；嘉靖四年（1525），

〔註136〕《奉天通志》，卷一二八〈職官七〉，頁2915。
〔註137〕《明世宗實錄》，卷三二三，頁2上，嘉靖二十六年五月丙辰條。
〔註138〕前引書，卷三二三，頁2上～下，嘉靖二十六年五月丙辰條。
〔註139〕明・楊一清，《關中奏議全集》（收錄於《叢書集成續編》），卷七〈一爲急缺
　　　　兵備官員事〉，頁25下：「本衛若無兵備憲臣駐箚控制，誠恐鄰近諸番乘機爲
　　　　寇，人心驚疑，致生他變。且西寧兵備兼管莊浪、涼州地方，見今達賊不時
　　　　出沒，相離鎮巡衙門地遠。整飭兵馬，策勵官軍，皆係兵備之責。必得老練

受廷推爲提督陝西三邊尚書王憲建議，固原重地其兵備職應以「素諳邊事者，乃稱其任。」〔註140〕兵備道官職在弭平內外社稷亂事，選任理應嚴格謹愼。

　　選調兵備官時，通常以鄰近地區的官員爲優先，他們熟知當地事務，可就近管理。弘治十七年（1504），孝宗規定：「今後各處兵備官員所轄地方與本司隔遠者，皆徑赴職任，不必到司。」〔註141〕則是要避免兵備因長途跋涉而延宕軍務。明朝爲防範官員間的結黨營私，任地方官者必須「地區迴避」，所以擔任兵備官者多非本籍人士。洪武元年（1368）頒布的《大明令》，明訂「流官注擬，并須迴避本貫」的原則，而洪武四年（1371）吏部銓選，也有「南北更調，以定爲常例」的說法〔註142〕。洪武十三年（1380），進一步確定任官更調的做法：

> 命吏部以北平、山西、陝西、河南、四川之人，於浙江、江西、湖廣、直隸有司用之；浙江、江西、湖廣、直隸之人，於北平、山東、山西、陝西、河南、四川、廣東、廣西、福建有司用之。廣西、廣東、福建之人，亦於山東、山西、陝西、河南、四川有司用之。考覈不稱職及爲事解降者，不分南北，悉於廣東、廣西、福建汀漳、江西龍南安遠、湖廣郴州之地遷用，以示勸懲。〔註143〕

從四川《沅州府志》兵備官員名單來看（圖 2-4），多數兵備爲浙江、江西及直隸人士，僅有二人爲本籍四川，確實符合「地區迴避」的原則。兵備道臣缺員時，選人辦法也有規定：

> 布、按缺，三品以上官會舉。監、司，則序遷。其防邊兵備等，率由選擇保舉，付以敕書，邊府及佐貳亦付敕。薊、遼之昌平、薊州等，山西之大同、河曲、代州等，陝西之固原、靜寧等六十有一處，俱爲邊缺，尤愼選除。有功者越次擢，梟封疆者罪無赦。

> 疏通之人，庶幾恩威兼濟，上下相安。若照常格，一概推用在京及各省官員，恐其任稽遲，不無誤事。臣博采得按察司管屯僉事胡經、陝西行太僕寺少卿郭珠俱資明敏，才識優長，官不廢法，事能變達，陝西軍民素所信服，揆之年資，亦應擢用。」

〔註140〕前引書，卷八十二，頁 5 上，嘉靖六年十一月丙戌條。
〔註141〕《明孝宗實錄》，卷二一九，頁 6 下，弘治十七年十二月丙子條。
〔註142〕《中國政治制度通史・明代》，頁 435。
〔註143〕《明太祖實錄》，卷一二九，頁 6 下，洪武十三年正月乙巳條。

〔註 144〕

成化五年（1469）十二月，監察御史侯英升爲按察司僉事，奉命整飭四川建昌兵備，即是吏部會三品以上官員所推舉〔註 145〕。但事實上，**邊疆與內地的兵備官缺額時，多由巡撫等官加以推薦。**

二、兵備的異動

明代的考核制度，由考滿和考察配合進行〔註 146〕，考滿即爲考績，也稱考課，對官吏行政能力和任職業績的考核；考察則是檢驗官員是否違法。

洪武二十六年（1393）頒布的《諸司職掌》與《考核通例》，成爲官員考核的依據。根據此規定，內、外官任職期原則上爲九年，在九年之中必須接受三次考核。任職滿三年給由，爲「初考」，未考及不稱職者不給由，至六年稱「再考」，九年俸滿稱「通考」〔註 147〕。而布政司四品以上及按察司、鹽運司五品以上官員，三、六年考滿，給由進牌，直接由都察院考核，吏部複考，吏部提出黜陟意見，最後由皇帝裁定〔註 148〕。在考察方面，布、按二司官員由巡撫、巡按考察，最後由撫按通核考察事狀造冊據報吏部〔註 149〕。考核與考察的監察制度，決定官員的升遷與調降。

然而，兵備官並非九年才會改調，甚至任期超過三年的兵備亦不多見。我們從歷代的兵備道任職名單中來看（表 3-1～3-4），固原兵備道官於成化年間任期爲二至三年，弘治十四年到十七年（1501～1504）短短四年間，兵備四易，而嘉靖前、中期任期趨於穩定，多爲二至三年，後期則因俺答不斷擾邊，使得兵備官遷調趨於頻繁。至於四川辰沅兵備道，其工作以穩定境內苗族爲主，變動幅度較小，除嘉靖中後期較不穩定外，大部分的兵備官任期皆可達三至四年。因「地遠寇多」而設置的廣西賓州兵備道，比上述兩個兵備道的任期更加固定，即使時代較動盪的嘉靖朝，也絲毫未影響當地兵憲任期。明代兵備官異動的原因，包括軍功的獎懲、撫按的彈劾及職官員缺等，兵備遷調後，通常改任以下官職：

〔註 144〕《明史》，卷七十一〈選舉三〉，頁 1716。
〔註 145〕《明憲宗實錄》，卷七十四，頁 2 上，成化五年十二月辛酉條。
〔註 146〕《明史》，卷七十一〈選舉三〉，頁 1721：「考滿、考察，二者相輔相成。」
〔註 147〕《明史》，卷七十一〈選舉三〉，頁 1721。
〔註 148〕《大明會典》，卷十二〈考核一〉，頁 217。
〔註 149〕前引書，卷十三〈朝覲考察〉，頁 235～236。

（一）改任他處兵備

萬曆十一年（1583）六月，改霸州兵備河南副使郭四維整飭密雲兵備事務[註150]。萬曆二十五年（1597）六月，調四川安綿兵備副使馬朝陽於松潘道。[註151]

（二）升為按察司官

弘治十年（1497），孝宗遷貴州都清兵備副使陰子淑，「是時，都勻司黃土坡苗王向阿除讎二酋叛，談笑擒而磔之，麾下諸夷領凜凜。遷浙江按察使。」[註152]王倬於正德二年（1507）任瓊州兵備時，平定新南府南蛇之亂，而晉陞雲南按察使。[註153]

（三）升為布政司官

陸珩任陝西按察副使備兵岷洮時，「境外生番與屬番相搆，禍為邊患，珩聲其罪，不煩兵而解。」因功升為廣東布政使[註154]。韓應元任大同左衛兵備道，因「政績傳於朝寧，令名播於奕世」，而陞任山西左參議[註155]。高斗樞字象先，鄞人，為崇禎元年（1628）進士，崇禎九年（1636）以湖廣副臬備兵長沙，十三年（1640）晉右參政。[註156]

（四）升為巡撫

劉應箕任山西陽和兵備時，與督撫王崇古處置俺酋得體，而超拜僉都御史[註157]。李天寵，河南孟津人，嘉靖十七年（1538）進士，初任御史，後遷徐州兵備副使，曾於通州、如皐御倭有功，嘉靖三十三年（1544）六月，拔擢右僉都御史，代王忬巡撫浙江[註158]。天啓三年（1623）六月，熹宗陞

〔註150〕《明神宗實錄》，卷一四○，頁7上，萬曆十一年八月癸亥條。
〔註151〕前引書，卷三一一，頁1下，萬曆二十五年六月壬戌條。
〔註152〕《黔記》，卷三十九〈官宦列傳〉，頁771。
〔註153〕《瓊州府志》，卷三十〈官師・宦蹟〉，頁703。
〔註154〕《湖州府志》，卷七十二〈人物傳政績〉，頁1356。
〔註155〕清・王霈，《朔平府志》（台北：臺灣學生書局，1968年2月，據清雍正十一年刊本景印），卷六〈五屬名宦〉，頁716。
〔註156〕明・高斗樞，《守鄖紀略》（《筆記小說大觀》十編三冊，台北：新興書局，1978年9月初版），頁1上，總頁1587。
〔註157〕清・有慶，《重慶府志》（台北：中央研究院歷史與研究所藏清道光二十三年刊本），〈人物志〉，頁25下。
〔註158〕《明史》，卷二○五〈李天寵傳〉，頁5408。

遵化兵備右參政張鳳翼爲右僉都御史，巡撫遼東山海地方〔註159〕。陳士奇於崇禎時任重慶兵備副使，邊臣交章推薦其知兵，而於崇禎十五年（1642）擢爲右僉都御史。〔註160〕

　　明代兵備要求久任責成，所以許多兵備官升任後，都仍兼兵備銜。布政司由於品秩較高，常成爲兵備升調的優先考慮。在北直隸、遼東、山西與陝西等邊區，爲加強防禦蒙古與女眞部族，兵備道於此處大量設置。一旦巡撫出缺，又適逢戰情吃緊，基於方便與實際上的考量，熟悉邊事軍務的兵備道多因此充任巡撫。更何況，按察司有「外都察院」之稱，而巡撫多加都察院都御史之銜，同爲監察官，相互遷調，似乎也是理所當然。

三、兵備的統轄

　　爲加強地方行政的管理，遂有「道」的機構出現。隨著分巡道、分守道與兵備道的建置，這個原本不屬於地方制度的一環，在明中葉後，已成爲協調省與府、州間的橋樑，同時也是社會安定的重要角色，如右僉都御史張廉上疏奏請以兵備節制軍衛：「屬府黎平僻遠，而五開軍衛牽制兩省，宜令湖廣兵備副使聽節制。」〔註161〕兵備道成爲定制以後，各有其轄區與統屬，如密雲兵備道：

> 密雲兵備道一員，管理石塘嶺、古北口、曹家寨、墻子嶺四路，監督副、參等官，分管通州、密雲、三河、寶坻、平谷五州縣，密雲中後衛、通州左右衛、神武中衛、定邊衛、興州後衛、營州後屯、前屯、中屯衛、梁城守禦千戶所兵馬、錢糧兼屯田。〔註162〕

密雲爲京師兵備道的重點防區之一，然北京地區兵備道多以鄰近山東、山西二省寄銜，因「南北兩京無布、按，則借員於他省。」〔註163〕南直隸同爲「兩京」，畿內兵備道則寄銜浙江、山東、河南與江西等處：

> 山東按察兵備副使治徐州，統制徐州衛、徐州左衛、邳州衛、泗州衛、淮安大河以南至儀眞五衛，通州、興化、鹽城三所，并設於境外者。

〔註159〕《奉天通志》，卷一二九〈職官八〉，頁2946。
〔註160〕《重慶府志》，〈職官志〉，頁27上。
〔註161〕《明武宗實錄》，卷四十九，頁13上，正德四年四月辛卯條。
〔註162〕《大明會典》，卷一二八〈兵部十一·督撫兵備〉，頁1827。
〔註163〕《閱世編》，卷三〈建設〉，頁81。

河南按察僉事兵備治潁州，統制滁州衛、宿州衛、壽州衛、武平衛、長淮衛、淮遠衛、鳳陽七衛，并設於境外者。

江西按察副使治九江府，統制安慶、新安、建陽三衛，并設於境外者。

浙江按察副使治兵備治太倉州，統制鎮江、鎮海、太倉、蘇州四衛，松江、吳淞江、崇明沙三所，并設於境外者。〔註164〕

兵備道的管轄除既有的地方行政職責外，隸屬軍政系統的衛所也為其所屬，衛所內的兵馬、錢糧與屯田，也多由兵備來監督與管理。

然而，兵備道統轄並不止於如此，他們為有效地維持治安，領有地方上的民壯、弓兵與巡檢司，如山東武定兵備道：

武定兵備道，正德七年置。分署武定州，按察司僉事領之，轄州二，曰武定、曰賓；縣十六，曰濟陽、曰商河、曰章邱、曰鄒平、曰新城、曰齊東、曰海豐、曰利津、曰霑化、曰蒲臺、曰樂陵、曰陵、曰青城、曰德平、曰陽信、曰臨邑。馬快三百九十人，民兵共四千五百七十七人，巡檢司五，曰清河鎮、曰大沽河海口、曰豐國鎮、曰久山鎮、曰舊縣鎮，所一，曰武定守禦千戶所。〔註165〕

府州縣大多設有巡檢司，巡檢司有巡檢、副巡檢，主緝捕盜賊，盤詰奸偽，以維護地方治安〔註166〕。如《河南通志》所云：「諸府州縣又設巡司、民壯、弓兵，而振飭督察則總于兵憲。」〔註167〕兵備道總管軍務，統轄範圍包含其

〔註164〕可參見：明‧聞人銓，《嘉靖‧南畿志》（台北：臺灣學生書局，1987年6月初版，據中央研究院歷史研究所藏明刊本景印），卷二〈總志二‧志命官〉，頁95。（六十四卷）；以及卷三〈總志三‧志戎備〉，頁153～154。

〔註165〕清‧李熙寧，《武定府志》（台北：中央研究院歷史語言研究所藏清咸豐九年刊本），卷十三〈兵制〉，頁1下～2上。

〔註166〕顧炎武將巡檢比擬為秦漢時期的游杭。詳見明‧顧炎武，《日知錄》（台北：台灣商務印書館），卷八〈鄉亭之職〉，頁69。《明太祖實錄》，卷一三〇，頁1上～下，洪武十三年二月丁卯條：「敕諭天下巡檢曰：『古者設官分職不以崇卑，一善之及人人受之利焉。朕設巡檢于關津，扼要道察奸偽，期在士民樂業，商旅無艱。然自設置以來，未聞其舉職者，今特遣使分視各處，諭以巡防有道，譏察有方，有能堅守是職，鎮守一方，秩滿來期，朕必嘉焉。』」

〔註167〕明‧周守愚，《嘉靖‧河南通志》（台北：中央研究院歷史語言研究所藏據嘉靖三十四年刊本攝製微捲），卷十三〈兵禦〉，頁35下。河南設有兵備五員，每員兵備除統府州縣等行政區劃外，其下巡檢司、衛所、民壯與弓兵皆為所管。

下所隸之府州兵仗局，舉凡盔甲、腰刀、長鎗、弓箭、飛鎗、火鎗、神機箭、將軍砲等軍裝器械，皆爲兵備道臣所屬。〔註168〕

　　九邊地區，如遼東寧前兵備道，除轄有所屬衛所，仍掌有城堡、驛所共三十二處，「其備禦掌印指揮等官，悉聽爾統攝。凡用兵事務，與參將計議停當而行，仍聽督撫官節制。」〔註169〕少數民族較多的四川、貴州、廣西、雲南等地區，兵備轄有該區土司，如重慶兵備道轄有貴州、酉陽等處土司〔註170〕。嘉靖三年（1524）十月，貴州、四川撫按官楊一英等條上議處芒部事宜：「請復設整飭威清等處兵備副使，常在畢節駐箚，宜以雲南霑益州、四川烏撒、烏蒙、芒部及永寧宣慰司，凡軍民詞訟悉以委之。」〔註171〕

　　各地土司所領的土兵皆聽兵備道的調發。土兵生性強悍，成爲兵備道平靖倭寇與民亂的最佳幫手。南、北直隸與山東的兵備道，他們擔負國家命脈——漕渠的通暢。明代設有總河都御史一員，專理河防，三省的兵備道爲其佐貳，統轄其下包括工部分司主事、府同知與管河州判等官〔註172〕。至於操江都御史爲江防體系的主管官員，負責調度一切江防事宜，管領長江沿岸的兵備道、衛所軍與營兵〔註173〕。至於在軍務方面，與兵備權責相關的總督、巡撫、巡按御史及宦官等，將於第六章詳加討論。

〔註168〕《嘉靖·青州府志》，卷十一〈兵防〉，頁4上，內載青州兵備道所轄兵仗局管轄軍器：「兵仗局，在城東門內。貯頒降軍器、盔甲、腰刀、滾刀、鑌鐵刀、長鎗、弓箭、挳牌、旁牌、鐵腿、碗口銃、盞口銃、手把銃、震天雷、鐵砲、磁砲、信砲、仙人砲、飛鎗、火鎗、神機箭、螺獅箭、將軍砲。」
〔註169〕《奉天通志》，卷二三七〈敕寧前兵備道〉，頁5093。
〔註170〕《大明會典》，卷一二八〈兵部十一·督撫兵備〉，頁1834。
〔註171〕《明世宗實錄》，卷四十四，頁5下，嘉靖三年十月甲辰條。
〔註172〕《徐州志》，卷二〈河防〉，頁52上。
〔註173〕《南京都察院志》，卷十三〈上江職掌〉；同書，卷十四〈下江職掌〉。

第四章　兵備道與地方控制

　　整飭兵備道的建制，在邊防者，用以協禦外患；在沿海者，用以防禦海寇；在內地者，用以守禦諸夷。兵備的設置皆不外平靖地方的治安，而社會動盪不安，其原因皆由明中葉後中央政局不穩所引發。

　　孝宗即位後，翦除憲宗成化朝的閹黨攬權，並積極提拔賢能，任用正直、練達之士，形成「朝多君子」的現象〔註1〕，使弘治朝保持相對穩定的局面。然而，弘治八年（1495）之後，無法完全根除正統以來的政治積弊，使得宦官於孝宗時期再度掌權。以劉瑾（1451～1510）為首的「八虎」，針對武宗年輕即位、好逸惡勞的特點，日進鷹犬、歌舞角觝之戲，供其玩樂；同時花費公帑，築宮殿、養美女。武宗荒廢朝政，政事已完全被劉瑾操控。至嘉靖皇帝時，雖然駕馭宦官甚嚴，但卻發生首輔專權與內閣紛爭，形成官場「愛惡交攻」、「巧宦取容」的情景〔註2〕。迨萬曆朝，皇帝荒誕嬉戲，不理朝政，使官員因而敷衍行事。中央朝廷的渙散，使得內亂與外患的情況逐漸嚴重，困擾著大明帝國的統治階層。

　　首先爆發的是困擾已久的民生問題——土地兼併。皇室大量侵吞土地，廣建皇莊，諸王、公主、勳戚等貴族透過「上請」與「受獻」，甚至是直接掠奪，佔有大量土地。宦官隨著權勢的擴張，也成為大地主。他們與其他官僚系統兼併土地，加上縉紳地主、商人及放高利貸者的推波助瀾，使佃農成為最大的受害者。隨著皇室的奢華無度，租稅徭役也隨之加重。社會貧富不

〔註1〕　《明史》，卷一八三〈何喬新等傳〉，頁4870～4871，贊曰：「朝多君子，殆比隆開元、慶曆盛世矣。」
〔註2〕　《張居正集》，第一冊〈陳六事疏〉，頁2。

均，賦稅過重和官僚的壓迫，以農民爲主的抗爭團體，決心挑戰統治，發生暴動。如正德四年（1509）的藍廷瑞、鄢本恕和廖惠的四川民變，次年的劉六、劉七河北民變。明代中期以來，解決民變問題成爲安定社會最重要的課題。

倭寇對東南沿海的侵擾，至嘉靖年間達最高峰。世宗嘉靖二年（1523）五月，日本各藩侯的貢使爲入貢資格問題發生鬥爭，使明朝廷罷市泊以絕貢使。日本舡船無法公開通商，便勾結沿岸的奸商豪族，內地商民亦因海禁而「勾倭人及佛朗機諸國入互市」〔註3〕。倭寇不僅大舉肆虐沿海各省，嘉靖二十年（1541）以後，與奸民結合，開始出擾內地，引起中央與地方政府的不安。

北邊韃靼、俺答等蒙古部族，一直是明代邊防的心頭大患。弘治年間，韃靼的達延汗統一蒙古各部，並大肆進入內地騷擾，嚴重影響內地安全。嘉靖中葉，俺答汗的勢力又逐漸興盛，不斷率部眾襲擊延綏、大同諸邊。當權的嚴嵩無法有效抑制俺答的擾邊，只能以重賄或任其掠奪等方式避其鋒。此舉使得俺答的氣焰更加囂張，北邊的防衛更加廢弛。

檢視弘治、正德、嘉靖三朝，內亂外患的不斷地循環發生，中央官僚的奢侈浪費、龐大的軍需供給都轉嫁到百姓身上，外族同時也藉此機會掠奪明邊境，造成民不聊生，只能奮起反抗。明朝無法完全根除弊病，只得採取治標的手段，就是廣設「整飭兵備道」。兵備道於此時廣泛設置，成爲定制。兵備道的設置目的，從原先邊防與江防、湖防，轉變至防禦民亂與抵禦倭寇〔註4〕。兵備道至此儼然已成爲維持地方治安最重要的一支軍事力量。而兵備道在地方所賦予的職責，如《廣西・南寧府志》所言：

> 凡城隍之浚鑿、戎馬之調度、賊寇之撫剿，皆於兵備屬之。平則搜文，亂則奮武，以聽督府節制，巡臺糾察。蓋責之重，而且艱也。
> 〔註5〕

〔註3〕 《明史》，卷二〇五〈朱紈傳〉，頁5403。

〔註4〕 《萬曆野獲編》，卷二十二〈司道・整飭兵備之始〉，頁569：「在正德間，流寇劉六等起，中原皆設立矣。至嘉靖末年，東南倭事日棘，於是江、浙、閩、廣之間，凡爲分巡者，無不帶整飭兵備之銜。」

〔註5〕 明・方瑜，《嘉靖・南寧府志》（《稀見中國地方志匯刊》四十八，北京：中國書店，1992年2月一版一刷，據明嘉靖四三年刻萬曆崇禎增修本景印），卷十〈分巡道題名記〉，頁181。

兵備道臣實爲文武合一的職官，平時擔負整飭地方事務的工作，一旦治安有警，則必須監督軍務，甚至帶兵平亂。一般的兵備道皆負有以上的職責，不同區域的兵備道則另具有其獨特任務，此爲本章探討之重點。

第一節　敉平民亂

敉平地方上的盜賊與民亂，爲兵備道官基本職責所在。陝西、湖廣、四川、兩廣、雲南、貴州等地由於地接諸夷，如何促進族群共融，則成爲該區兵備道的首要任務。

正德、嘉靖年間，土地兼併日趨嚴重，社會動盪不穩，造成盜賊不斷出沒，騷擾民間，而民亂也連年發生，兵備道因而陸續設置：

> 明世宗朝，寇李午作亂猖獗，遂敕憲副張公龢提兵剿寇。因令備兵
>
> 潼關，關之設兵憲也，自張公龢始。〔註6〕

潼關爲川、陝咽喉，漢高祖破秦、安祿山叛唐等皆從此處。正德六年（1511），山東、北直隸地方強賊聚衆爲患，但阻於黃河隆冬河凍，否則必過河南，危害川、陝〔註7〕。王廷相（1474～1544）因而要求朝廷於潼關添設兵備，但並未成爲定制。直至嘉靖朝，流寇再度爲亂陝東，世宗才決定設立兵備道。除陝西潼關兵備道外，廣西右江兵巡道〔註8〕、貴州畢節兵備道〔註9〕等也爲平亂而設。四川建昌、威茂、敘瀘、安綿、達州等五處兵備道，甚至因盜賊蜂起而復設。〔註10〕

在嘉靖中葉後，民亂與盜賊的發生，最爲頻繁，總計不下四、五十起，而且分布區域廣泛。兵備道爲維持地方治安，總擔負起討伐盜賊的職責。如嘉靖初，湖廣公安縣強賊熊振昂等二百餘人流劫石首等縣，兵備副使楊守禮

〔註6〕清・楊端本，《潼關縣志》（台北：臺灣學生書局，1967年12月初版），卷中，頁109。

〔註7〕明・王廷相，《王廷相集》（北京：中華書局，1989年9月初版），卷二〈潼關添設兵備題本〉，頁1229～1230。

〔註8〕明・郭棐，《賓州志》（《稀見中國地方志匯刊》，北京：中國書店，1992年，據明萬曆刻本景印），卷五，頁246：「右江兵備兼分巡道，成化八年設兵備僉事一員，管左、右二江。弘治十年以二江地遠寇多，奏設副使一員，專轄右江，駐箚賓州。」

〔註9〕明・郭子章，《黔記》（《北京圖書館古籍珍本叢書》四十三，北京：書目文獻出版社，據明萬曆刻本景印），卷二十四〈畢節兵道題名記〉，頁525。

〔註10〕《明武宗實錄》，卷六十七，頁7上，正德五年九月乙丑條。

捕誅之〔註 11〕。隆慶年間，揚州倭寇甫平，而境內有巨滑乘亂嘯聚，時入江劫掠商賈，官軍不能制。淮揚兵備副使陳耀文用計夜搗其莊，盡格殺之，賊黨望風奔潰，自是揚州始安。〔註 12〕

明代礦產的開採為官方壟斷，朝廷三令五申嚴禁民間開挖〔註 13〕，但生活窘迫的百姓，依然冒險進山採礦，甚至聚眾為黨，形成「礦寇」。防制礦寇、礦徒的盜採與出沒擾民成為陝西潼關〔註 14〕及山東青州〔註 15〕歷任兵憲主要職責。嘉靖四十五年（1566），浙江開化、江西德興礦賊作亂，朝廷趕緊增設兵備道加以掃蕩：

> 是時，浙江開化、江西德興礦賊作亂，劫掠直隸徽、寧等處，其勢日熾。二月中，突入婺源縣，焚燒縣治，大掠而去。……南京科道官員甄霈、劉庠等請設兵備於徽、寧，兼管江浙附近州縣。應天巡撫周如斗則請增兵備於嚴、衢，兼管饒、徽。疏俱下兵部議，……兵備宜設於浙，以杜盜患，其雲霧山礦洞，宜嚴加封閉防守，兵備官事兼三省，仍禁毋得參謁撫按。……設兵備副使一員，總轄徽、饒、嚴、衢，駐箚衢州，封閉上場，禁止參謁。〔註 16〕

另外，湖廣郴、桂地區，雖有錫、鉛等礦，但產量不多。兵憲程秀認為強制開採，讓巨奸豪滑藉此大肆劫掠，只是徒擾民而已，且郴、桂已有苗瑤之害，建議禁閉礦坑，減除礦稅。〔註 17〕

宗教為下階層人民生活與精神上的慰藉。嘉靖三十六年（1557）九月，發生烏鎮李道人之亂。自言黯曉道法，能呼風喚雨，並自稱「白蓮教主」。村

〔註 11〕《明世宗實錄》，卷四十六，頁 5 上～5 下，嘉靖三年十二月丙午條。

〔註 12〕清·雷應元，《揚州府志》（台北：漢學研究中心景照清康熙三年序刊本），卷十，頁 4 下～5 上。

〔註 13〕《大明律》規定：「強占金銀銅場鐵冶者，杖一百，流三十里。」《問刑條例》也規定：「盜掘銀礦銅錫等項礦沙，但係山洞捉獲，曾經持杖拒捕者，不論人之多寡，礦之輕重，及聚眾至三十人以上，分礦三十斤以上者，俱不分初犯、再犯，發邊衛充軍；若不及數，又不拒捕，初犯枷號三箇月，發落再犯，亦發邊衛充軍。」

〔註 14〕《潼關縣志》，卷之中，頁 107～108。

〔註 15〕明·陳儒，《芹山集》（台北：漢學研究中心景照明隆慶三年刊本），卷二十八〈公移〉，頁 2 上～下：「青州地方廣闊，礦徒出沒無常。今特命爾前去駐箚青州或顏神鎮，專一整飭兵備，督捕盜賊，保障地方。」

〔註 16〕《明世宗實錄》，卷五五六，頁 5 上～下，嘉靖四十五年三月庚申條。

〔註 17〕明·胡漢，《郴州志》（台北：漢學研究中心景照明萬曆年刊本），卷十一，頁 18 上～19 下。

民有千百人追隨，同時暗地密謀起事。天津兵憲劉濤發兵擒拿，餘黨流竄浙江各地，伺機作亂，歷五十日才定〔註18〕。白蓮教徒亦在南直隸地區出沒擾民，淮徐兵備副使卜汝梁帶兵剿滅，才使沛、邳等縣晏然無事〔註19〕。除白蓮教外，在四川永川縣曾有縣民以旁門左道惑人，並聚眾為亂，重夔兵備僉事劉隅平之。〔註20〕

地區性的民亂，兵備出兵即可敉平。若規模較大，遍及全省，甚至連互數省。這類大規模民事，朝廷多賴巡撫提督軍務，負責調發地方各級文武官員，如江西、福建、廣東與湖廣各布政司交界，「山高嶺峻，樹木蒙密，累有盜賊生發，東進則西竄，南捕則北奔。」且地連各境，事無專統，朝廷通常要求巡撫不時往來於各省巡視，若有盜賊生發，則嚴督兵備、守巡及各軍衛有司設法剿平〔註21〕。正德初年的廣東大帽山寇，不時出沒，流劫連界州邑。雖設巡撫都御史於江西，藉以控制四省，相機勦捕，卻無濟於事。直到贛州兵備副使王秩，「議開廣鹽以給軍需，汰浮冗以寬民力」〔註22〕，並督兵深入，才使山寇的氣焰稍減。正德九年（1514），大帽山賊改擾建昌府，廣昌守兵棄城而逃，知縣憤而引刀自戕。兵備副使胡世寧提兵戍廣昌，會同典史募集鄉勇，才成功擊退大帽賊寇〔註23〕。徐甫宰在擔任廣東潮州兵備僉事時，程鄉賊與上杭賊流劫江西平遠，「甫宰擒之，械送江西。斬於市，餘黨悉平。」〔註24〕

思宗時，陝西發生飢荒，造成饑民反抗。陝西是邊防要地，明末國家財政匱空，軍餉拖欠不發，邊兵困苦，因而為亂陝邊。造成四股盜賊為禍擾民，即是：土賊、邊賊、回賊與礦賊。他們互相犄角，隨而掠食，誅不勝誅。巡按御史結合境內商洛兵備、督糧兵備及潼關等兵備道，守巡道也協力剿捕，

〔註18〕 清・宗源瀚，《湖州府志》（台北：成文出版社，1983年，據清同治十三年刊本景印），卷四十五〈前事略記兵〉，頁825。

〔註19〕 前引書，卷七十二〈人物傳・政績二〉，頁1372～1373。

〔註20〕 《明世宗實錄》，卷一二○，頁2上～2下，嘉靖九年十二月丙寅條。

〔註21〕 《崇禎・開化縣志》，卷七〈藝文志〉，頁4上～下。

〔註22〕 明・余文龍，《贛州府志》（台北：漢學研究中心景照明天啟元年刊本），卷八，頁32上。

〔註23〕 清・孟炤，《建昌府志》（台北：成文出版社，1989年，據清乾隆二十四年刊本景印），卷十七〈武備〉，頁577。

〔註24〕 清・周碩勳，《潮州府志》（台北：成文出版社，1967年，據清光緒十九年重刊本景印），卷三十三〈官蹟〉，頁794。

才使陝西流賊不再為患民間〔註25〕。然而，民亂早已遍及全國，張獻忠（1606
～1647）、李自成（1606～1645）等相繼響應，成為聲勢最大的流寇。崇禎十
五年（1642）二月，李自成率數十萬眾攻河南陳州，睢陳兵備僉事關永傑與
知州、鄉官等率士民分堞守，賊遣使說降，斬其頭懸於城上。賊因而大怒，
攻破城門，永傑身中多刃而死〔註26〕。次年十月初，李自成率大軍自洛陽西
進，直驅潼關，臨鞏兵備副使黃炯調番兵，大破李自成於潼關，但潼關最後
仍被李自成攻佔。李自成勸黃炯投降，黃炯叱曰：「潼關之役，汝，我戮餘也，
今日肯降汝耶？」遂赴井而死〔註27〕。李自成乘勝揮軍西進，其南路大軍攻
克商州，擊殺商洛兵備黃世清。兩軍會師於西安，陝西官軍多被滅或逃，西
安守軍衣食皆缺，城守力量十分薄弱，難以抵擋李自成大軍，西安因而失陷。
李自成將軍隊分三路，欲進一步取得整個西北。兩軍在榆林激戰，總兵尤世
威被處死，兵備副使都任身亡。〔註28〕

　　亂事的來源，還包括西南少數民族。西部與西南地區民族眾多，難以管
理。除漢族外，亦有苗、瑤、彝、壯與傣等族。設置在該地區的兵備道，其
重要職責即是穩定西南疆與管理少數民族。明初，太祖以數十萬兵力平定西
南各省後，為加強控制該區，沿襲元朝的統治制度。凡西南夷來歸者，即用
原官授之。其土官銜有宣慰司、招討司、安撫司、長官司。以勞蹟之多寡，
分尊卑之等差〔註29〕。明朝運用「土司」制度來保留少數民族內部的政治、
經濟結構不變，同時透過土官、土吏來進行貢納的徵收〔註30〕。然而，土司
世襲形成割據勢力的事實存在，土司間常為爭奪領地與承襲權相互仇殺，明
廷雖有意「改土歸流」，並進行丈量土地、設兵防守及額定賦稅等，但受到土
司抵制，遲遲無法落實〔註31〕。自中葉以來，土地兼併、賦稅的加重、與各

〔註25〕 明‧汪楫，《崇禎長編》（台北：中央研究院歷史語言研究所，1967 年 3 月，
　　　　 據中央研究院歷史語言研究所藏舊鈔本景印），卷三十一，頁 35 下～36 下，
　　　　 崇禎三年二月戊辰條。
〔註26〕《明史》，卷二九三〈忠義五〉，頁 7512～7513；《紹興府志》，卷四十三〈人
　　　　 物志三〉，頁 1038，皆有載。
〔註27〕《明史》，卷二三六〈馮師孔傳〉，頁 6799。
〔註28〕 前引書，卷二十四〈莊烈帝本紀〉，頁 333。
〔註29〕 前引書，卷三一○〈土司〉，頁 7982。
〔註30〕 尤中，《雲南民族史》（昆明：雲南大學出版社，1994 年 11 月第一版），頁 349。
〔註31〕《明世宗實錄》，卷九十六，頁 5 下，嘉靖七年十二月癸未條：「巡撫四川右
　　　　 僉都御史唐鳳儀言：『烏蒙、烏撒、東川三土官，故與芒部為唇齒，自芒部改
　　　　 流官，反者數起。』」

種名目的苛派掠奪，使少數民族受到極大的壓迫，產生戰亂紛爭。由是在少數民族區域添設兵備道，藉以維持當地治安：

> 敕整飭威茂等處兵備四川按察司官：威茂地接羌夷，實當要害，兵糧事繁。……如遇羌夷出沒，阻截道路、搶奪糧餉、攻打關堡、劫掠腹裏居民財富、擾亂地方，爾即與將官同心協力，督兵進剿。
> 〔註32〕

廣東高、肇、雷、廉四府，地接廣西諸峒、瑤、壯，東抵海洋諸番，而高州又有流賊嘯聚，所以必須設兵備官專守其地〔註33〕。貴州銅仁府「似不必郡，亦無庸置守，任其泯泯棼棼，互相魚肉而已。」〔註34〕當地土官腐敗，亂事叢生，朝廷因而添設兵備道加以管理。此類型兵備道同時也兼負節制所屬土司，如四川敘馬兵備，整飭永寧、東川、鎮雄、烏撒、烏蒙等土司〔註35〕；湖廣施州、永順等土司，悉聽施歸兵備統轄。〔註36〕

　　苗族分佈於四川、湖廣、廣西、貴州等省，四川「西拒吐番，南撫蠻獠」〔註37〕，地理位置最為重要。明初於西南一隅特設「四川行都司」，駐箚建昌，處理「番事」為首要，成化二年（1466）添設建昌兵備道於此，以多重防務來加強對少數民族的管控〔註38〕。如敘、瀘二地為控西南諸夷之要會，自古即為西戎與孟獲之地，「所以特設按察官督兵備，蓋思患預防以戒不虞之意也。」〔註39〕而松潘、威茂等邊若失守，西番則可進入四川心臟地帶長年流動，莫可防禦〔註40〕。因此四川早在成化、弘治年間，已普設兵備道於

〔註32〕 明‧郭應聘，《威茂邊防紀實》（台北：中央研究院歷史語言研究所藏明嘉靖四十三年刊本），卷上〈藩憲一〉，頁2。

〔註33〕 明‧陸鏊，《肇慶府志》（台北：漢學研究中心景照明崇禎十三年刊本），〈事紀二〉，頁11下：「弘治九年，復設整飭高、肇、雷、廉四府。至是巡按御史華璉奏，四府連接廣西猺獞，宜設兵備以責其成。」《明孝宗實錄》，卷一一八，頁3下～4上，弘治九年十月辛巳條，亦有相關記載。

〔註34〕 《黔記》，卷二十四〈公署〉，頁514。

〔註35〕 《大明會典》，卷一二八〈兵部十一‧督撫兵備〉，頁1835。

〔註36〕 明‧譚綸，《譚襄敏公奏議》（台北：中央研究院歷史語言研究所藏明萬曆二十八年刊本），卷四〈議設兵備官員以圖善後疏〉，頁15上。

〔註37〕 《小草齋文集》，卷一〈屯田趙君備兵蜀中序〉，頁16下。

〔註38〕 謝忠志，〈明代的五行都司〉，《明史研究專刊》十六期，頁111、123。

〔註39〕 明‧楊守阯，《碧川文選》（《叢書集成續編》，上海：上海書局，1994年，據明嘉靖乙酉（四年）安慶知府陸鈳刊本），卷三〈送羅憲副赴敘瀘兵備序〉，頁785～786。

〔註40〕 《明憲宗實錄》，卷一五五，頁6上，成化十二年秋七月乙卯條。

四川。

明代少數民族作亂的最大禍源實來自苗族。曾爲總督湖廣、川、貴都御史的張岳（1492～1552）嘗言：「貴州諸苗，旋撫旋叛，湖苗因之二心，若貴苗不誅，則湖苗之撫不固。」〔註41〕兵備道參與平定苗事可溯源至正德十一年（1516），貴州苗賊阿傍等糾各寨爲亂地方，盤據山頭，並轉掠湖廣偏橋等處，守官即命湖廣、貴州兵備三司官整備兵糧，全力抵禦苗賊〔註42〕。嘉靖十一年（1532），貴州都勻府岩埋寨苗首徵咬、阿毛、阿實等伺險爲亂，都勻諸寨繼而效尤。兵備副使張庠督兵進剿，斬殺、生擒多人，並使苗寨俱奉約束〔註43〕。四川、貴州、湖廣諸苗寨相領，明代於川、黔接攘處，職權並未完全劃分清楚，如播州土司由四川統轄徵稅，但其領地在貴州，屬思石兵備管轄，使兩造處理夷情十分不便〔註44〕。川、黔二省兵備道必須相互配合，以維持地方治安。嘉靖七年（1528），貴州芒部、烏撒、毋饟苗夷隴革等攻畢節屯堡，焚燒盧舍，殺掠土民，世宗責令川、黔兵備及守巡等官俱住俸待罪。〔註45〕

兩廣之地，自景泰初年調廣西官軍從征廣東，各山洞賊乘機竊發。「高山之瑤，日下平地；深洞之壯，時近近村。」〔註46〕廣西府江瑤壯自天順、成化以來大肆猖獗，恃險殺掠。兵備副使劉穩請調大兵剿滅，並參以各州縣、各司土官兵與峒哨，成功破數十巢寨。始於隆慶六年（1572）的進剿猺壯行動，直到萬曆元年（1573）才暫告一段落〔註47〕。廣東雷廉、高肇二兵備道，亦爲整飭猺亂而設立。肇慶府內以陽春瑤最難平服，正德七年（1512），兵備僉事欲以石綠僮子爲導，深入瑤境，然卻被其出賣，死傷甚眾，自此不敢言兵！〔註48〕

孤懸海上的瓊州，境內多黎族，瓊州因黎亂而設置兵備道。成化七年（1471），首任兵備副使涂棐，以「誅首惡」的方式處理儋州落窯峒黎搗毀村

〔註41〕 前引書，卷三五〇，頁3上，嘉靖二十八年七月乙亥條。

〔註42〕 《明武宗實錄》，卷一三九，頁1下，正德十一年秋七月乙酉條。

〔註43〕 《黔記》，卷三十九〈官賢列傳〉，頁776；《明世宗實錄》，卷一四〇，頁2上～2下，嘉靖十一年七月壬子條皆有載。

〔註44〕 《明世宗實錄》，卷五一三，頁7上，嘉靖四十一年九月丙午條。

〔註45〕 前引書，卷八十六，頁8下，嘉靖七年三月甲午條。

〔註46〕 《明孝宗實錄》，卷一三九，頁7下～10下，弘治十一年七月壬戌條。

〔註47〕 《明神宗實錄》，卷十，頁9下，萬曆元年二月甲戌條。

〔註48〕 《肇慶府志》，〈事紀二〉，頁12下。

寨一事〔註49〕。自後，處理各峒黎亂，成爲瓊州兵備道的首要職責。弘治十四年（1501）、嘉靖二十年（1541）與二十九年（1550），朝廷大舉調兩廣官兵十餘萬，費銀數十萬兩，仍無法使黎屬服。楊理在〈上盧兵備書略〉中則提出治黎的方法：「黎分黎、岐，黎所懼者岐也。」〔註50〕楊理認爲採取「以夷制夷」的方法可行，尤重錢糧、軍馬二事，但也必須避免軍情外洩。海瑞（1515～1587）爲瓊州人士，他認爲黎難平靖在於當地官員心態：「武臣憚難畏寇，文臣養望待遷，圖目前苟安，不爲地方永久謀慮。黎小寇害，則隱匿不申請；大寇害調兵，又苟且奏功，姑以應事塞責。」〔註51〕海瑞建請世宗以群臣中知識事機、力可大任、不貪富貴、志在立功者，來擔任兵備副使，以專治黎人。儘管海瑞曾以嚴厲的口吻批判兵道，但其言亦表明兵備道在地方上，仍有其無可取代的位階。

　　兵備憲臣在處理民事，通常較爲被動或消極，也就是亂事有警才派兵平定。亂事的出現，皇帝怠政與荒淫必須擔負部分責任，但政令鞭長莫及，兵備身爲地方官一員，其心態才是事件解決與否的關鍵。如四川鹽井衛與雲南麗江、永寧二府的夷民，於嘉靖初年多次爲爭奪村寨而搆兵讎殺，釀成邊患，當地居民慘不可言。即使兩省委官耗費兵糧，經年撫斷，雙方仍各執一詞。四川建昌兵備副使與雲南瀾滄兵備僉事決心聯手合作，撫處夷情。爲讓雙方平服，兩兵備官以正統元年（1436）與弘治九年（1496）兩次斷案結果爲依據，作出分撥村寨、退領管業等補償方式，並要求雙方不得再犯，否則「罰白米五千石，運赴口外邊倉上納」，依此制定「合同」〔註52〕。兵備道以積極的態度，居中幹旋，使沿邊重新恢復平靜。

　　「弭盜所以安民，而安民者弭盜之本。」〔註53〕雖說「撫勦並行」，但用以軍事武力來壓迫民亂，絕非長久之計：

〔註49〕《明憲宗實錄》，卷九十四，頁8下，成化七年八月丁卯條。及清・張岳松，《瓊州府志》（台北：成文出版社，1966年臺一版，據清道光二十一年修光緒十六年補刊本景印），卷二十二〈海黎・黎議〉，頁483均有載。

〔註50〕《瓊州府志》，卷二十二〈海黎・黎議〉，頁497。

〔註51〕明・海瑞，《海瑞集》（北京：中華書局，1981年8月二刷），上編〈平黎疏〉，頁7。

〔註52〕明・彭汝寔，《六詔紀聞》（《四庫全書存目叢書》史部，據中國科學院圖書館藏明嘉靖吳郡袁氏嘉趣堂刻金聲玉振集本景印），頁390～396。

〔註53〕明・王守仁，《王陽明全集》（上海：上海古籍出版社，1997年8月一版三刷），卷二十七〈與王晉溪司馬〉，頁1006。

> 夫馭夷之道，固在乎撫剿二端。然湞者撫之，健之懷吾恩而不吾叛；
> 逆者誅之，使之畏吾威而不吾犯而已。但邊徼之事貴在防微杜漸，
> 綏遠之術宜因時制宜。〔註54〕

兵備道臣與少數民族相處的過程中，雖以備兵為本職，實際上則是以撫治為名。「撫而治之，非徒嚴而威之。」〔註55〕不以武力脅迫，儘量採取懷柔政策。固原兵備副使劉敏寬確實做到此點，成功撫番，番族以氈皮牛羊交易當地居民的米穀〔註56〕。雙方不僅各取所需，同時坐收和平共處的功效。兵憲以文人統兵，「撫」重於「剿」，以「攻心為上」。一味逞兵威，專恃攻治，終不可行遠。

兵備官必須強化地方武力，才能駕馭桀傲不訓的少數民族與存心作亂的流民、盜賊。在強化武力之前，首重養兵，充實倉廩。楊守阯（1436～1512）字維立，號碧川，官至南京吏部右侍郎，曾言：

> 蓋兵備非難，而足兵食為難；足兵食非難，而能惠養兵民為難。誠
> 能惠養兵民，使家給人足，則倉廩以實，武備以修。而信乎於眾，
> 戎夷小蠢，皆憚威慕義，而無不思服矣！〔註57〕

事實上，兵備道官所能調集的兵力相當有限。流賊、山賊及諸番夷多佔有地利之便，使兵憲無法迅速集軍平定亂事。如嶺南地方盜賊橫肆，雖設兵備控制要害，但地方遼邈，加上按察司官掌分巡、兵備二職，勢難兼攝。嶺南分巡道的隨捕民壯原有一千三百名，若照數分撥，每道只有六百五十人，比起廣東嶺東、嶺西兵巡道足足少了半數，如此的兵力僅足以備禦防守之資〔註58〕。西南地帶，地闊人稀，「賊多軍少」。每有警，「守備官往往嬰城自守，不敢出應，及至誤事，動加重譴。老成者盡被降黜，乃以新襲少年代之，不教而殺，尤非所宜。」〔註59〕即使設有兵備專守其地，招撫流亡，控

〔註54〕明・艾穆，《艾熙亭先生文集》（《四庫未收書叢刊》五輯二十一冊，北京：北京出版社，2000年，據明萬曆刻本影印），卷一〈條奏事宜疏〉，頁23下。

〔註55〕明・余繼登，《淡然軒集》（《文淵閣四庫全書補遺》，北京：北京圖書館出版社，1997年），〈贈郡伯定余劉公備兵西寧敘〉，頁671。

〔註56〕清・王學伊，《固原州志》（台北：臺灣學生書局，1967年12月初版，據清宣統元年鉛印本景印），卷二〈官師志〉，頁244。

〔註57〕《碧川文選》，頁786。

〔註58〕明・談愷，《平粵錄》（《中國野史集成》，成都：巴蜀書社，1993年，據玄覽堂叢書三集景印），〈更復分巡兵備官員職掌〉，頁493～494。

〔註59〕《明孝宗實錄》，卷一一八，頁3下，弘治九年十月辛巳條。

制盜賊，然而兵源不足仍是兵憲處理亂事的一大隱憂。

以贛州府爲例，地處江西、福建、廣東和湖廣四省之界，山溪峻險，林木茂深，盜賊潛處其間，不時出沒剽劫。一日不除，終是地方官的心頭大患。當時的贛州府「財用耗竭，兵力脆寡，衛所軍丁，止於故籍；府縣機快，半應虛文。」〔註60〕因此，兵備道臣擔負起召募民兵的重責：

> 近據江西分巡嶺北道兵備副使楊璋呈，將所屬各縣機快，通行揀選，委官統領操練，即其處分，當亦漸勝於前。但此等機快，止可護守城郭，隄備關隘；至於搗巢深入，摧鋒陷陣，恐亦未堪。爲此案仰四省各兵備官，於各屬弩手、打手、機快等項，挑選驍勇絕群，膽力出眾之士，每縣多或十餘人，少或八九輩；務求魁傑亦材，缺則懸賞召募。大約江西、福建二兵備，各以五六百人爲率；廣東、湖廣二兵備，各以四五百人爲率。中間若有力能扛鼎，勇敵千人者，優其廩餼，署爲將領。召募犒賞等費，皆查各屬商稅贓罰等銀支給。各縣機快，除南贛兵備已先行編選外；餘四兵備仍於每縣原額數內揀選精壯可用者，量留三分之二；就委該縣能官統練，專以守城防隘爲事；其餘一分揀退疲弱不堪者，免其著役，止出工食，追解該道，以益召募犒賞之費。所募精兵，專隨各兵備官屯箚，別選素有膽略署官員分隊統押。教習之方，隨材異技；器械之備，因地異宜；日逐操演，聽候徵調。各官常加考校，以核其進止金鼓之節。……如此，則各縣屯戍之兵，既足以護防守截；而兵備募召之士，又可以應變出奇。盜賊漸知所畏而革心，平良益有恃而無恐，然後聲罪之義克振，撫綏之仁可施，弭盜之方，斯爲其要。〔註61〕

正德十一年（1516）八月，武宗擢王守仁（1472～1529）爲右僉都御史，巡撫南、贛。王守仁有其整兵之道，他先就地選取民兵，精簡官軍，淘汰老弱，使其各司其職，武力較孱弱者得以防禦城池，兵力較精實者用以圍剿流賊。精兵歸兵備所屬，證實兵備官確有帶兵之實權。巡撫、兵備官兩大文臣軍事領導體系的相互配合下，有效攻破賊窟，保全地方平靜。〔註62〕

〔註60〕《王陽明全集》，卷十八〈選揀民兵〉，頁527。
〔註61〕《王陽明全集》，卷十八〈選揀民兵〉，頁527～528。
〔註62〕王守仁巡撫南贛之時，巡撫、兵備官兩大文臣軍事領導體系多次配合，成功剿滅境內盜匪。可參見前引書，卷三十八，黃綰〈陽明先生行狀〉，頁1406～1430。

　　兵備道一旦督理治安不周或追捕不力，巡按御史彈劾後，皇帝將視情況降旨予以懲戒。如隆慶四年（1570），陝西西鄉流賊行劫四川諸處，安綿兵備僉事史闕疑因未能蕩平賊寇，而被罰俸一月〔註63〕。朝廷的處置通常不會將兵備官罷黜或調職，多以停俸處罰，或要求其「戴罪立功」〔註64〕。若擒盜有功，朝廷自有獎賞。正德十三年（1518）七月，兵備副使楊璋與知府季斅率兵攻破禾沙、石路坑等賊巢一十九處，並擄獲賊屬，奪其牲畜器械。擢升為都察院右副都御史的王守仁，即刻獎勵所屬的贛州府官兵：

> 為照各賊肆毒無厭，名號不軌，若使遂其奸謀，得以趁虛入廣，其為患害，何可勝言。副使楊璋乃能先事運謀，潛行剿襲，一夕之間，攻破巢穴，撲燎原之火於方然，障潰岸之波於已決。知府季斅、指揮馮翔等親領兵眾，屢挫賊鋒，相應獎勵，以旌功能。其各營將士，俱能用命效力，奮勇擒斬，亦合一體賞勞。為此仰贛州府官吏，即便支給商稅銀兩，買辦後開禮物，及將發去銀牌、羊酒，就委府衛掌印官，備用綵亭鼓樂，迎送各官，用旌勤襲之功，以明獎勵之典。仍將發去賞功銀兩，照名給賞，其陣亡、射傷兵夫，亦各查給優恤。各官務要益竭忠貞，協謀并勇，大作三軍之氣，共收萬全之功。〔註65〕

因公傷亡的士兵獲得朝廷撫恤，而負責帶兵的兵備道臣皆有銀兩、布匹之賜予，戰功輝煌者，則可升為太僕寺少卿或轉任布政司參政、參議〔註66〕。無論賞罰與否，做到弭盜息兵、維護社會秩序，才是兵備道在地方上被賦予的責任所在。

　　隆慶時期，溫純（1539～1607）屢遷至兵科都給事中，鑒於廣東與山西督撫、兵備等官變動頻繁，向朝廷提出必須久任責成的建議：

〔註63〕《明穆宗實錄》，卷四十二，頁11上，隆慶四年二月壬戌條：「陝西西鄉縣流賊何勉餘黨，行劫四川紫陽諸處，拒傷官兵。上命以四川都司指揮孫繼武、參將王恩、遊擊吳繼祖、守備田世武等下巡按御史按問，罰安綿利保兵備僉事史闕疑，川北道僉事李江俸各一月。仍命四川、陝西、鄖陽巡撫官督令剿賊，務期蕩平。」

〔註64〕《明世宗實錄》，卷三九七，頁4下，嘉靖三十二年四月壬午條，及卷四〇八，頁1下～2上，嘉靖三十三年三月癸卯條皆有此例。

〔註65〕《王陽明全集》，卷三十〈批兵備道獎勵官兵呈〉，頁1077～1078。

〔註66〕《明武宗實錄》，卷七十五，頁5下，正德六年五月壬申條：「升整飭天津等處兵備山東按察司副使陳天祥為太僕寺少卿，仍管兵備銜。初，天祥以擒巨盜有功，升俸一級。」

四方多盜，宜加意督撫、兵備等官久任責成。今二、三年間，兩廣
總督、大同巡撫及廣東監軍、兵備皆四、五易矣。更置頻數，地方
何由底定？又言：人材不同，或有宜於彼不宜於此者。廣東之勢，
危如累卵，各道兵備半熟半生，當此多事之秋，不亟求魁磊壯猷之
士，一大振刷之臣，知其不可也。〔註67〕

於是井陘兵備崔近思、陳州兵備傅霖、臨清兵備喬應光、穎州兵備劉得寬，
皆以不適任罷歸候補。

第二節　防制外患

明朝自立國以來，十分重視北邊防禦，特設「九邊」〔註68〕，防止蒙古
勢力南下。九邊重鎮，是隨著北部邊防情況變化而逐漸建立。它始於洪武時
期，基本完成於弘治年間，定制於嘉靖初年。正統之後，韃靼、瓦剌內犯加
劇，北疆防務吃緊。在九邊之上，設有薊遼、宣大山西、陝西三邊總督，總
督軍務，監理糧餉，節制鎮撫等官，從而在邊防形成三大防區。此防禦體系
改變了明初諸王統馭將領——都司——衛所的體制編制，形成了總督——巡
撫、總兵——兵備、參將、游擊將軍、守備、備御——把總——管隊的新體
制編制〔註69〕。明代衛所制已名存實亡。

明代邊防的重點，是對付北方的蒙古勢力，「國家外夷之患，北虜爲急，
兩粵次之，滇、蜀又次之，倭夷又次之，西羌又次之。」〔註70〕除以九邊爲
防禦重鎮外，洪武時起，於邊地設立都司與行都司，如遼東都司、陝西都
司、陝西行都司及山西行都司等。它們具有軍事性質，並兼理民政，負責
屯田、徵收賦稅等事宜，以便於對邊地的管轄。同時在朵顏、泰寧、哈密、
安定等地設置羈縻衛所，使東北與西北構成兩道屏障，捍蔽蒙古的進犯與
騷擾。

〔註67〕《明穆宗實錄》，卷四十四，頁3上，隆慶四年四月乙巳條。
〔註68〕明・許論，《九邊圖論》，(《叢書集成續編》二四二冊)，〈九邊總論〉，頁5上：
「初設遼東、宣府、大同、延綏四鎮，繼設寧夏、甘肅、薊州三鎮，專命文
武大臣鎮守提督之，又以山西鎮巡統馭偏頭三關，陝西鎮巡統固原，亦稱二
鎮，遂爲九邊。」
〔註69〕范中義，《中國軍事通史・明代軍事史》(北京：軍事科學院，1998年10月初
版)，頁623。
〔註70〕《明經世文編》，吳晗〈影印明經世文編序〉，頁5。

　　明人的「禦戎之道」，首在「先定國是」。「國是定，而後修攘制禦之策，安邊固圉之畧，可次第而舉矣。」〔註71〕但明中葉後，朝廷荒嬉莫逆，官僚因循敷衍，邊防軍隊的訓練視同兒戲。此際，北邊蒙古族的韃靼部逐漸強盛，促使朝廷對邊防的重視。「邊務至重，各有司存，提衡則督撫諸臣，分部則兵備各道。」〔註72〕明中葉後，除廣設巡撫，也在九邊地區逐步設置兵備道。據《皇明九邊考》所記，山西鎮設置四員兵備道：三關（雁門、寧武、偏頭）、潞安、河東與苛嵐道〔註73〕；甘肅鎮有兩員：西寧與肅州道〔註74〕；固原鎮則有七員：延安、固原、洮岷、臨鞏、涇邠、潼關與鞏昌〔註75〕。隨著時代愈後，九邊皆有兵備的設置〔註76〕，同時也表示蒙古族襲擾有加劇之勢。

　　山西、陝西二處的兵備道在成化、弘治年間並未受到重視。成化二十二年（1486），正式設立的雁門兵備道，其實早於成化元年（1465），即以葉盛為備兵使專督邊防：〔註77〕

　　　敕諭山西整飭雁門等關兵備副使，代州、偏頭、雁門、寧武等處，界乎大同、延綏兩鎮間，與豐州、東勝等處接壤。北賊夏秋以為巢穴牧住，冬春於此過河入套，實為賊眾經行緊要之地。今特命爾常川往來前項地方整飭兵備，操練軍馬，修理城池、墩台、隘口，督理糧草，兼理軍民詞訟，禁革姦弊。〔註78〕

兵備道凡事仍需與各該鎮守巡撫、分守、守備等官共同計議，主要原因在於西北沿邊為明朝防禦重點，駐有重兵，軍事行動規模較大，巡撫的作用相對較為重要。〔註79〕

〔註71〕 明・陳建，《治安要議》（《叢書集成續編》五十冊，台北：新文豐出版公司，1989 年，據聚德堂叢書本影印），卷六〈備邊禦戎十議〉，頁 1 上。

〔註72〕 明・汪道昆，《太函集》（合肥：黃山書社，2004 年 12 月一版），卷九十四〈舉劾兵備官員疏〉，頁 1919。

〔註73〕 明・魏煥，《皇明九邊考》（收錄於《四部叢刊》），卷三，頁 70～71。

〔註74〕 前引書，卷九，頁 94～95。

〔註75〕 前引書，卷十，頁 108～109。

〔註76〕 如宣府鎮於嘉靖三十五年設懷隆兵備道，嘉靖四十年設赤城兵備道，詳見：明・孫世芳，《宣府鎮志》（台北：成文出版社，1960 年 4 月，據明嘉靖四十年刊本景印），卷二十七〈職官表〉，頁 315。

〔註77〕 清・吳重光，《代州志》（台北：臺灣學生書局，1968 年 2 月，據清乾隆五十年刊本景印），卷二〈職官〉，頁 378～380。

〔註78〕 清・魏源樞，《寧武府志》（台北：臺灣學生書局，1968 年 2 月，據清乾隆十五年刊本景印），卷六〈職官〉，頁 350～351。

〔註79〕 羅東陽，〈明代兵備初探〉，《東北師大學報》，1994 年一期，頁 21。

　　兵備道設置之初，常因故擱置未行。成化十九年（1483），時任戶科給事中的李孟暘，奉使山西巡查糧儲，見代州等處武備不飭，建請憲宗特設整飭兵備副使，以專其責。憲宗應允，但吏部卻寢而未行。察其原因，卻是因一鄉人覬覦京職，不欲外升，欲越次他升，恐機密外洩故止〔註 80〕。自嘉靖中葉以後，俺答汗的勢力興盛，興兵大舉南下，威脅內地，兵備道才逐步被強化。如嘉靖十九年（1540）後，俺答頻歲入侵郊壇。鑑於山西太原防務過虛，乃設寧武兵備使，並改偏寧為苛嵐，與雁平道成鼎足。〔註81〕

　　李攀龍（1514～1570）於〈新設寧武兵備道題名記〉，進一步闡釋山西三關的設置原因與時間：

> 山西三關，先是蓋止雁門一兵備，苛嵐兵備實協理之。其於防秋，尋加守巡冀、寧二道。嘉靖三十三年（1554），復以清軍、屯田、驛傳若守巡冀南、河東，諸道迭出而分區監督焉。三十七年（1558），改雁門為雁平，苛嵐為偏寧，其五道監督如故。明年（1559），仍以偏寧為苛嵐兵備，以偏、老、苛嵐、河曲四守備，西路參將、老營游擊、地方兵馬屬之。雁平兵備仍駐代州，以廣武、北樓、平刑三守備，東路北樓、太原參將、地方兵馬屬之。其八角、利民、神池、寧武四守備，中路參將、地方兵馬則設今道云。從御史楊公美益之請也。惟三關與大同相為表裏。〔註82〕

翁萬達在擔任宣大總督期間，修築宣大邊牆，此為山西的外邊〔註83〕。翁萬達另外修築內邊，由東至西恰好為雁平、寧武與苛嵐三個兵道，用以保衛京畿。大同府為抵禦俺答的第一道防備，因此才說：「惟三關與大同相為表裏。」山西三關地理位置的重要是無庸置疑的，兵備道深化邊疆防備。與李攀龍同為「後七子」的謝榛（1495～1575），感念整飭兵備道的安定疆防，特以詩文贊頌：「憲臺時有山靈護，不許胡兒窺雁門。」〔註84〕

　　「庚戌之變」是促使世宗加強邊防的原因之一。嘉靖二十九年（1550）

〔註80〕《菽園雜記》，卷八，頁 103。

〔註81〕《代州志》，卷三〈考前明秋防〉，頁 449。

〔註82〕明・李攀龍，《李攀龍集》（濟南：齊魯書社，1993 年 12 月第一版），卷十九〈新設寧武兵備道題名記〉，頁 448～450。

〔註83〕《明史》，卷一九八〈翁萬達傳〉，頁 5145。

〔註84〕明・謝榛，《謝榛全集》（濟南：齊魯書社，2000 年 2 月第一版），卷十三〈雁門頌贈李兵憲廷實〉，頁 428。

夏天，俺答興兵犯大同，明軍一觸即潰。八月，俺答由薊鎮從間道攻古北口入犯，都御史王汝孝率薊鎮兵抵禦，仍以兵潰收場。蒙古軍隊接著進犯北京，雖急調宣府、大同、遼陽、薊州諸鎮兵入援，但兵疲馬困，軍糧缺乏，加上總兵仇鸞（？～1552）、都御史楊守謙（？～1550）等人軟儒不戰，只得任憑俺答部在北京城內外燒殺擄掠八日〔註85〕，京畿及北邊一帶人民的生命與財產受到嚴重摧殘。京師韃虜既退，廷議增設兵馬，「以知兵有勇者授兵備副使，駐扎畿輔。」〔註86〕而山西布政司除潞安兵備道外，其餘皆位處冀北，近於邊牆。足見「庚戌之變」使上位者有所頓悟，開始重視邊防。

薊鎮是另一個加強的重點軍區。薊鎮防禦體系一旦不固，京城則岌岌可危。隆慶元年（1567），工部給事中吳時來，建請皇帝以抗倭名將譚綸、戚繼光二人進京練兵。隆慶二年（1568）三月，穆宗任譚綸為總督薊遼、保定軍務〔註87〕。譚綸帶兵，認為「秋防」是秣馬厲兵的好時機：

> 防邊之時在春與秋，而秋日之防，則視春為更重。故當春防稍緩之
> 時，則必修臺扼險以為守，而戰在其中；於秋高風勁之日，則宜屬
> 兵秣馬以代戰，而守在其中。〔註88〕

在譚綸的堅持下，薊州、昌平、永平、密雲四兵備，必須時刻監督修葺墩臺、城堡的工作，並呈報落成數量。兵備道也必須貯蓄及具報修築城牆所需官帑，以便譚綸依此分發官銀〔註89〕。其它軍務還包括：與鎮守、總兵等官考察主、客官軍兵之強弱、多寡，訓練客兵與班軍等工作。譚綸加強設防與組織精銳部隊等工作，使邊備大飭，俺答不敢來犯。

俺答騷擾地區，還包括「河套」。河套有廣闊肥沃水草牧地，適合遊牧民族棲息、居住，因而使得蒙古部族積極圖謀佔領此地。為爭奪水草牧地，不時侵擾明邊，形成「套寇」。明朝在此防衛不甚強大，多依賴邊牆，主要原因是重兵多在京師、山西地區駐紮。雖說如此，如（表2）所示，明代在陝西一省，設置高達十九個兵備道，為各省之冠，防區重要性可見一斑。明人張廷玉曾根據陝西兵備道的佈防做一述論：

〔註85〕《明史》，卷三二七〈韃靼傳〉，頁8480～8481。
〔註86〕《松窗夢語》，卷一，頁11。
〔註87〕《明史》，卷二二二〈譚綸傳〉，頁5835。
〔註88〕《譚襄敏公奏議》，卷五〈分布兵馬以慎秋防疏〉，頁25上。
〔註89〕前引書，卷六〈增設重險以保萬世治安疏〉，頁23上～28上及〈議處薊鎮緊
　　　要事宜以防後患疏〉，頁29上～32下。

夫關中以延郡爲要塞，郡南據二百公里，治兵使者備鄜坊；東距六、七百里，治兵使備兵榆林、神木；北距三百公里，治兵使者備靖邊。鄜坊以榆林、神木爲左右臂，而靖邊去虜僅跬步，虜騎霄旦突馳，軍士荷戈披甲，走橫草如鶩，日廩廩□是虞，蓋急猶神木、榆楊。〔註90〕

關中一帶的防禦系統，延安道爲中心，以神木道、榆林道及靖邊道爲屏障，此三兵備道隸屬於九邊系統的「榆林鎮」，邊牆與兵備道互爲表裡，相互馳援。

明代在陝西沿長城邊牆，亦設置寧夏管糧道和兵糧道（駐花馬池）等。以寧夏管糧道爲例，由於地處黃河沿岸，其職掌多與倉糧、水利、屯田有關。兵憲必須對轄區內諸軍政單位的倉糧進行稽查，避免糧斛屯放過久，以致虧折泡爛〔註91〕。至於邊牆，朝廷命其每年二次閱視點閘，若有損壞，即命官員修理。其職責並不完全以飭邊爲主，與山西地帶或北直隸地區兵道相較則權掌較輕。

隆慶改元後，蒙古韃靼各部因多年用兵及內部紛爭不斷，消耗其勢力不少。另一方面，高拱（1513～1578）等十分注重九邊建設，俺答入犯往往遇到明軍強烈抵抗。俺答深感發動掠奪戰爭反不如與明朝修好更爲有利，遂有隆慶五年（1571），「俺答封貢」的和解局面〔註92〕。然而明代邊防對蒙古族並未因此鬆懈。張居正於隆慶二年（1568）上〈陳六事疏〉，其中一條就是「飭武備」，他認爲國家諸事莫不以邊防爲首要〔註93〕。張居正留心邊事，在〈答楊兵憲〉一文中，深知兵備道的重要性：

近邊兵憲，待次撫臺。比者借重，實遴選也。願益展猷爲，以需崇簡。薊事久不振矣，頃雖加意整飭，蔑聞實效。弊在人心不一，議論煩多，將令不行，士氣難作。此雖督撫將領之責，然司道實分任其事，幸公留意焉。〔註94〕

〔註90〕明・張廷玉，《張石初也足山房尤癯稾》（《四庫禁燬書叢刊》集部一六一冊，北京：北京出版社，2000 年，據中國科學院圖書館藏明崇禎刻本影印），卷五〈贈劉弘宇兵憲晉秩大參序〉，頁 42 下。

〔註91〕明・管律，《寧夏新志》（收錄於《天一閣明代方志選刊續編》六十八），卷一，頁 23 上～24 下。

〔註92〕楊國楨、陳支平，《明史新編》（台北：雲龍出版社，1995 年 8 月初版），頁 245～246。

〔註93〕《張居正集》，卷一〈陳六事疏〉，頁 1～10。

〔註94〕前引書，卷十四〈答楊兵憲〉，頁 101。

張居正告知楊兆，兵憲一職乃是審慎選擇而來，在邊區的地位也僅次於巡撫，因此責任不輕。張居正對薊鎮邊備非常注重，在另一封寫給楊兆〈答憲長楊晴川〉的書信裡，不斷詢問城中軍備狀況，要求兵憲必須省察和詳加考核，不可因時局寧謐而有所鬆懈〔註95〕。張居正加強整頓邊疆防務，王崇古、譚綸、戚繼光、李成梁（1526～1615）等均為一時之選，對穩定晚明社稷有很大的作用。

　　此時，位於遼東半島的女真部族，已悄悄地拓展勢力範圍。明朝建立後，在遼東首先設置「遼東都司」，洪武四年（1371），設立遼東衛與遼都衛指揮使司。成祖即位後，進一步加強對東北的經營與管轄，於永樂七年（1409）閏四月，設置「奴兒干都司」，是軍政合一的地方行政機構。但這些機構並未能有效管理女真部族，建州、海西及野人三大部，不斷的發生相互兼併、掠奪財物和擴張領地。明朝既無法直接控制女真各部，自嘉靖、萬曆以後，對女真採取分而治之的政策。「分其部眾以弱之，別其種類以間之，使之人自為雄，而不使之勢統於一」〔註96〕，藉由各部落的矛盾，相互牽制，達到「借女真以制北虜」、「設海西以抗建州」的目的。〔註97〕

　　嘉靖年間普遍設置兵備道，然在成化朝即設有遼東兵道。成化十四年（1478），兵部奏請憲宗，「遼東邊務廢馳已久，山東按察司可增僉事二員，於府州正佐官內，推服勤練事者，量陞試職。請敕聽巡撫官節制，整飭東、西兩路兵備，凡邊牆墩堡一切事宜，皆從鎮守官等官規劃已定。」〔註98〕隨著女真的壯大，明朝實感芒刺在背，而「邊情叵測，人民頑野，弊端易積，詐偽橫生」〔註99〕，世宗遂於嘉靖二十二年（1543），設立開原兵備道；嘉靖

〔註95〕 前引書，卷二十一〈答憲長楊晴川〉，頁 118。

〔註96〕 《明經世文編》，卷四八〇，熊廷弼〈答友人〉，頁 5287。詳參楊暘，《明代遼東都司》（鄭州：中州古籍出版社，1988 年 12 月第一版）；楊暘等，《明代奴兒干都司及其衛所研究》（鄭州：中州書畫社，1982 年 12 月第一版）。

〔註97〕 前引書，卷四五三，楊宗伯〈海建夷貢補至南北部落未明謹遵例奏請乞賜詰問以折狂謀疏〉，頁 4982～4984。

〔註98〕 《明憲宗實錄》，卷一八四，頁 5 上～下，成化十四年十一月丁亥條：「陞山西石州知州齊經、陝西延安府同知王璿為山東試僉事。兵部奏，遼東邊務廢馳已久，山東按察司可增僉事二員，於府州正佐官內，推服勤練事者，量陞試職。請敕聽巡撫官節制，整飭東、西兩路兵備，凡邊牆墩堡一切事宜，皆從鎮守官等官規劃已定。俟明年春暖，邊境寧謐，次第為之，三年後有成績者，實授。吏部覆奏，詔可。」

〔註99〕 李毅，《開原縣志》（台北：成文出版社，1974 年，據民國十九年鉛印本景印），

四十二年（1563），設置寧前、金復、海蓋兵備道，負責修整邊隘、補練兵馬及糾察姦弊等邊務〔註100〕。由於苑馬寺事簡權輕，得以加憲職兼領金復、海蓋兵備〔註101〕。遼東地勢孤危，兵備道等官的添設，強化邊境防禦。然而，努爾哈赤的出現，讓明朝在東北統治僅維持短暫的和平。努爾哈赤（1559～1626）利用二十餘年時間統一女眞各部，同時對政治、軍事、經濟等方面加以革新，其中最重要的是創建「八旗」。萬曆四十四年（1616），努爾哈赤稱汗登位，國號大金，建元天命，史稱後金。後金的崛起，成爲明代後期最強大的反抗勢力。

　　努爾哈赤的日漸強盛，對遼東統治是一個嚴重的威脅。明朝於是採取一些限制措施，如停止朝貢貿易、關閉馬市及禁止漢人進入女眞地區等，然而這些措施相當軟弱無力。隨著後金政權的建立，與明朝的矛盾也日益加深。萬曆四十六年（1618）二月，努爾哈赤以「七大恨」告天，起兵反明。隔年，明朝抽調各地軍隊，以楊鎬（？～1629）爲遼東經略，正式向後金宣戰。「薩爾滸之戰」中，楊鎬採取分進合擊，四路進攻的戰術，並以金復、海蓋兵備副使康應乾、寧前兵備副使張銓〔註102〕、開原僉事潘宗顏等人監軍〔註103〕。但明軍被各個擊破，以慘敗收場，開原僉事潘宗顏因而戰死〔註104〕。此戰役後，明朝在遼東只能採取被動的防禦策略。

　　楊鎬戰敗下獄後，改命熊廷弼爲遼東經略。熊廷弼早在萬曆三十六年（1608），巡撫遼東，他會同開原兵備副使石九奏實地勘查李成梁放棄的土地〔註105〕，還走遍遼東各地，提出一系列固遼措施。但他的主張並未被落實，導致明軍爾後在薩爾滸戰敗。再次來到遼東時，熊廷弼發現官吏「憚不肯行」，於是他親自巡歷，「所至招流所，繕守具，分置士馬，由是人心復固。」〔註106〕接著他上疏要求神宗斬殺逃將，以正軍法。在處罰將帥、官軍的過程中，武將失陷城寨者被處以斬殺，兵備道卻無同等罰責。道臣職重罰輕，無

　　　　卷十一〈開原兵備道題名記〉，頁1035。

〔註100〕王樹楠等，《奉天通志》（瀋陽：瀋陽古舊書店，1983年1月第一版），卷二三七〈敕寧前兵備道〉，頁5093。

〔註101〕《國朝典彙》，卷七十七〈吏部〉，頁4341。

〔註102〕張銓身兼寧前兵備道與遼海東寧分巡道副使二職。

〔註103〕《明神宗實錄》，卷五八〇，頁2上，萬曆四十七年三月乙酉條。

〔註104〕前引書，卷五八〇，頁4上，萬曆四十七年三月癸巳條。

〔註105〕《熊廷弼與遼東》，熊廷弼〈撫鎮棄地陷虜疏〉，頁49～58。

〔註106〕《明史》，卷三五九〈熊廷弼傳〉，頁6693。

法做到公平的原則：

> 兵備、守巡官駐箚本城者，罷職爲民；若非駐箚處，止降一級調
> 用。苟武縱文，恐非法之平也。原國初以來，重武輕文，如撫鎮曰
> 鎮巡，三司曰都布按，有司曰衛府之類，一切防守事務，專責守邊
> 將帥甚重，故律例亦重。自正統後，始設守巡，然亦不過爲查錢
> 糧、理詞訟、釐姦弊而設，其責輕，故律例亦輕。及後改兵備，奉
> 有無事修整邊隘、補練兵馬，有事督率兵將，相機戰守之敕，而責
> 繫重矣。今且奴隸將帥，一兵一卒，一器一械，無不出於兵備之
> 手，而責極重不返矣。兵備要作將帥，誰敢不作；兵備不行將帥，
> 誰敢擅行。以致今日事事廢壞，不曾設一守備者，皆兵備官怠玩不
> 任之過也。〔註107〕

熊廷弼認爲，各邊兵備守巡官，應與守邊將帥同論，則人人知責無可諉，法
無可逃，有裨於邊務防備。

在安人心、正軍法、定官守後，熊廷弼要求朝廷必須解決糧餉缺乏、兵
備道臣不足的窘況，因爲「誤遼東事者，在缺餉，在缺道臣，而非地方官之
過也。」〔註108〕惟有二者補闕，遼東才有堅守下去的希望。正當熊廷弼欲恢
復遼東之際，朝廷誤信讒言，改以袁應泰（？～1621）爲遼東經略。雖然熊
廷弼於天啓元年（1621）三度赴遼，但遭王化貞（？～1621）處處掣肘，以
致廣寧失守。熊廷弼罷官受審，最後慘遭魏忠賢（1568～1627）誣害。

曾擔任兵備道臣多年的袁崇煥（1568～1630），實是明朝挽回頹勢的最後
關鍵。袁崇煥字元素，東莞人，萬曆四十七年（1619）進士，常以邊才自許。
天啓二年（1622），時任邵武知縣的袁崇煥循例進京覲見，暢談山海關防形勢，
並自請：「予我軍馬錢糧，我一人足守此！」〔註109〕獲朝廷破格升爲山海關監
軍道僉事〔註110〕，同時發銀二千兩，命其募兵。袁崇煥出關後，成功收撫遼
西流民，深得經略王在晉（？～1643）器重，題他管寧遠、前屯二衛兵備僉
事。袁崇煥並不盡遵王在晉號令。王在晉認爲，山海關無險可守，竭力主張

〔註107〕前引書，熊廷弼〈正軍法定官守疏〉，頁103～104。
〔註108〕前引書，熊廷弼〈遼左將帥同盟文武和附疏〉，頁162～163。
〔註109〕《明史》，卷二五九〈袁崇煥傳〉，頁6707。
〔註110〕萬曆四十七年十月，遼東經略熊廷弼議設監軍道。至天啓二年，開原、遼陽、
　　　　金復、海蓋、廣寧等地均失，兵備道名存實亡，而監軍道取代兵道原有的執
　　　　掌。《奉天通志》，卷一二九〈職官八〉，頁2944、2949。

在關外八里舖築城，以保護關門。袁崇煥以爲非策，建議在寧遠築城，禦守關門，但不獲採納。袁崇煥因此越級奏報首輔葉向高（1559～1627），葉向高以大學士孫承宗（1563～1638）行山海關考察，而駁築重城之議〔註111〕，袁崇煥的意見才受到支持。在獲得新任遼東經略孫承宗的肯定下，袁崇煥於天啓三年（1623），往寧遠築城，寧遠遂成關外重鎮。袁崇煥備受重視，甚至「丁憂奪情」。其父逝世，他三乞守制疏，仍遭拒絕〔註112〕。天啓四年（1624）九月，「尋以五防敘勞」〔註113〕，進兵備副使，再進右參政。

然而，朝廷政爭卻與邊防策略相互牽連，造成孫承宗去職，改以閹黨人士高第（？～1641）代爲經略，遂下令棄守關外。袁崇煥力陳不可：

> 兵法有進無退，錦、右一帶既安設兵將，藏卸糧料，部署廳官，安有不守而撤之？萬萬無是理。脫一動移，示敵以弱，非但東奴，即西虜亦輕中國。前柳河之失，皆緣若輩貪功，自爲送死。乃因此而撤城堡、動居民，錦、右動搖，寧、前震惊，關門失障，非本道之所敢任者矣。〔註114〕

高第不僅不聽規勸，而且決意併撤寧遠、前屯二城。袁崇煥抗命說：「我寧前道也，官死，當死此，我必不去。」〔註115〕高第仍驅屯兵入關，袁崇煥則號召士卒堅守寧遠。天啓六年（1626）正月，努爾哈赤趁高第撤退之機，舉大軍渡遼河，圍攻寧遠，袁崇煥與總兵滿桂（？～1630）等人誓死與城共存亡。努爾哈赤見久攻不下，只好撤圍。自此役後，朝廷支持袁崇煥的聲浪高漲，兵部尚書王永光言：

> 八年來，賊始一挫，乃知中國有人矣！蓋緣道臣袁崇煥，平日之恩威有儆之維之也。不然，何寧遠獨無奪門之叛民，內應之奸細乎？本官智勇雙全，宜優其職級，一切關外事權悉以委之。〔註116〕

久未升遷的兵憲袁崇煥，此時被加銜右僉都御史，但仍管寧遠等處兵備，直到三月才再拔擢爲遼東巡撫。袁崇煥的戍守遼東，雖然最後以悲劇收場，但

〔註111〕閻崇年，《袁崇煥研究論集》（台北：文史哲出版社，1994年5月初版），頁284～285。

〔註112〕閻崇年、俞三樂，《袁崇煥資料集錄》（貴陽：廣西民族出版社，1984年4月第一版），下冊，頁132～133。

〔註113〕《明史》，卷二五九〈袁崇煥傳〉，頁6708。

〔註114〕《袁崇煥資料集錄》，〈寧前兵備袁崇煥揭〉，上冊，頁237。

〔註115〕《明史》，卷二五九〈袁崇煥傳〉，頁6709。

〔註116〕《明熹宗實錄》，卷六十八，頁2下，天啓六年乙亥條。

他與女眞族對抗的經過，除代表邊區兵道是無可取代外，也再度表明兵備道已從監督軍務轉變成實際帶兵的角色。

　　明朝對西北地區的經營，被包含在北部邊境防禦體系的一部份。最靠近西域諸國的陝西行都司，明朝因該區在萬山之中，道路偏僻，上司少到，「守備撫夷官，不無陪剋漁獵，且兼番族眾多，反徹難制。」〔註 117〕而莊浪、古浪、涼州、西寧及鎮番等五衛所，路當番虜，人性不常，亦難控馭，所以特設西寧、莊浪兵備道，固守城池兼撫治番夷。肅州兵備道所轄的嘉裕關，爲西北邊牆控西域諸國的防線，地理位置十分重要，自嘉靖以來，築城禦虜一直是肅州兵備的第一要務。自武宗正德十一年（1516），土魯番速壇滿速兒，引兵直犯肅州嘉裕關，兵備副使陳九疇發現土魯番以哈密回夷爲內應，悉捕戮之。同時採取「內附夷兵劫其營，外結瓦剌使據哈密」，而擊敗土魯番。〔註 118〕

　　穩定安南等中南半島各國藩屬，則爲雲南兵備道的責任。成化十二年（1476），王恕（1416～1508）爲左副都御史，巡撫雲南，置臨元（《大明會典》稱臨安）、瀾滄、金騰（騰衝）、曲靖四兵備道以飭戎〔註 119〕。其中金騰、臨安設在邊境，防邊任務尤關重要：

> 雲南要害之地，所當嚴者有三：東南八百、老撾、交趾諸夷，以元江、臨安爲鎮鑰；西南緬甸諸夷，以騰越、永昌、順寧爲咽喉；西北吐番以麗江、永寧、北盛爲阨塞。知扼塞則吐番遁，守咽喉則西夷寧，固鎮鑰則南夷靖，三要得而雲南可安枕矣。〔註 120〕

隨著安南黎氏逐漸強盛，雲南東南、西南情況日趨嚴重。鎮守雲南總兵官沐氏劃臨安府邊境爲勳莊，不歸府州徵收賦稅，自委掌寨經管，因界連安南，黎灝（1442～1498）覬覦此地，意圖侵占。同時黎灝勾結鎮守太監錢能，以用雲南道進京爲名，欲窺雲南〔註 121〕。憲宗見黎灝事以昭著，臨安邊事緊迫，聽從雲南巡撫王恕之言，設立兵備道。「雲南所轄二十二衛，見操官軍內，量調四千，分爲二班，更番於臨安戍守，復增設按察司一員於此專飭兵

〔註 117〕《重刊西寧志》，〈整飭西寧兵備道副使〉，頁 23。
〔註 118〕明‧粟在庭，《九邊破虜方略》（台北：漢學中心景照明萬曆十五年刊本），〈兵備陳九疇敗土魯番〉，頁 26 上～26 下；清‧黃文煒，《重修肅州新志》（台北：學生書局，1967 年 12 月），卷九，頁 405。
〔註 119〕《萬曆‧雲南通志》，卷一〈地理‧沿革大事考〉，頁 22 下。
〔註 120〕前引書，卷一〈地理‧論全省形勢〉，頁 29 下～30 上。
〔註 121〕《明憲宗實錄》，卷一四一，頁 4 下，成化十一年五月辛酉條。

備。」〔註122〕臨安兵備道的設立，主要是應付安南的侵擾。駐劄永昌的騰衝兵備道，近臨緬甸，緬軍常於夏熱之際犯滇，造成他處馳援軍兵經常熱死半數，這些士兵不諳戰陣，而流兵又耗銀過鉅，成效不彰。且雲南地區山勢險峻，運米轉餉不易，種種因素造成藩臬以至士民無不畏用兵，雲南巡撫與騰衝兵備道官均云：「今日失一寨，十年後亦追謂某撫某道乎失也，而兵不得不用，彼無職掌者司高儀不用兵也。」〔註123〕兵備道在雲南佈防，常因氣候、地形與經濟等現實考量窒礙難行。

　　兵備道在邊防的地位，雖不似總督、巡撫、總兵等官位高權重，但它對邊疆深具安定作用。「崇禎間，明祚告終，惟番夷不敢蠢動，儷於邊防故也。」〔註124〕

第三節　抵禦倭寇

　　嘉靖二年（1523），世宗罷市舶司，日本與明朝的官方貿易管道斷絕。貪求厚利和中國貨品的日本海盜商人，他們與武士、浪人相勾結，貿易不成而走私，走私不得而劫掠，形成海上的一股新興勢力。另一方面，明朝土地兼併日趨劇烈，賦稅日重，無法承擔的百姓於是下海謀生，成為海盜；而許棟、王直（？～1559）、徐海、陳東等人則勾結倭寇剽劫沿海。倭寇既有其國內的社會基礎，又與漢奸、流民互通一氣，在明朝海防廢弛的情況下，倭寇、海盜的猖獗日益嚴重。

　　海氛不靖，於是朝廷特設兵備道。「嘉靖中，倭寇猝發，設參將一員，駐劄乍浦；兵備一員，駐郡城。」〔註125〕兵備道往往因事增設，在倭寇擾邊之際，即有兵備使加入抵倭的行列〔註126〕。即使最初非因禦倭設置的兵備道，最後仍以防禦倭寇為重點。所謂：「防陸莫先于防海」〔註127〕，「巡海道」的設

〔註122〕前引書，卷一六六，頁11上，成化十三年五月庚寅條。

〔註123〕明・王士性，《廣志繹》（北京：中華書局，1997年12月第一版），卷五〈西南諸省〉，頁125～126。

〔註124〕《松潘縣志》，卷三〈邊防〉，頁401～402。

〔註125〕清・徐瑤光，《嘉興府志》（台北：成文出版社，1975年，據清光緒五年刊本景印），卷三十一〈武備〉，頁754。

〔註126〕清・李琬，《溫州府志》（台北：成文出版社，1975年，據清乾隆二十五年刊民國三年補刻本景印），卷八〈兵制・溫州衛〉，頁437：「有兵巡道駐府城監督之。」

〔註127〕《明經世文編》，卷三九一，余有丁〈浙江巡視海道副使題名記〉，頁4233。

置也是禦倭重要的一環。沿海地區皆有海道設置，其中淮揚海防道〔註128〕、浙江海道（寧紹兵備道）也因倭警而設。無論是兵備道或巡海道，所管仍以巡歷海防為主：

> 敕巡視海道兼理寧紹兵備：協同總兵官經營沿海衛所，管理水、陸兵糧，嚴督各該備倭把總官員，并沿海軍衛有司關防姦弊、禁捕盜賊。若遇倭寇出沒，事體重大，仍呈撫按衙門并行都布按三司從長計處。……每年春汛自貳月起至伍月中，小汛玖月起至拾月終，巡歷寧紹、台溫、海寧、嘉興一帶，全浙沿海地方。〔註129〕

再者，如廣東惠潮兵巡道，亦名「整飭嶺東道兵備兼管分巡」，所轄潮州、惠州沿海諸縣，平時操練兵船，稽察奸弊，催督錢糧；遇有警報，會同各該參將，督率各寨兵船，出海緝捕，以靖地方〔註130〕。因此沈德符言：「至嘉靖末年，東南倭事日棘。於是江、浙、閩、廣之間，凡為分巡者，無不帶整飭兵備之銜。」〔註131〕沿海各省兵備道多以分巡兼理兵備，朝廷的說法是「以省軍餉，以寬民力。」〔註132〕但事實上，明朝此時處於俺答「庚戌之變」的傷痛中，多數的軍餉與兵力全部集中在九邊，無暇顧及東南沿岸；另一原因是沿海衛所糧餉不足，造成軍伍空虛、軍備廢弛。軍士的逃亡，使軍屯制逐漸被破壞。衛所軍隊的數目少、素質差，根本無法阻止倭寇入侵，僅能仰賴兵備道防禦沿海。

　　首先遭受侵擾的地方為南直隸。太倉崇明縣，負江阻海，土豪世業私鹽，避罪盜徒亦業居此處，穿梭販鬻於蘇、松、常鎮四郡中，捕官莫敢奈何，形成「崇明賊」。嘉靖十八年（1539）兵備副使王儀於海賊可通舟楫之處，欲盡捕之，但官至賊散，官離賊出，無法盡除，後知州以降將為內應，才以慘勝收場。明人檢討此役，認為「承平日久，人不堪戰」實乃主因〔註133〕。南都沿海一帶，佈防甚為薄弱，嘉靖三十二年（1553）三月，倭寇三十五人於

〔註128〕《揚州府志》，卷八，頁 1：「嘉靖間以倭警，准巡撫都御史鄭曉奏設海防兵備。」

〔註129〕明・范淶，《兩浙海防類考續編》（收錄於《四庫全書存目叢書》史部，據北京大學圖書館藏明萬曆三十年刻本景印），卷二〈申明職掌〉，頁312。

〔註130〕明・高拱，《掌銓題稿》（《高拱全集》，鄭州：中州古籍出版社，2006 年 12 月第一版），卷七〈改參政陳奎兼潮州兵備疏〉，頁229。

〔註131〕《萬曆野獲編》，卷二十二〈司道・整飭兵備之始〉，頁569。

〔註132〕《兩浙海防類考續編》，卷二〈申明職掌〉，頁312。

〔註133〕《七修類稿》，卷四十六〈崇明賊〉，頁675～676。

青村登岸，因承平已久，沿海地方民不習兵，而衛所官軍根本無法禦敵，只得任其縱橫海上。蕭顯為主的海賊，由浙江至寶山登岸掠奪，蘇松兵憲調發鎮江二百名民兵、三百名快手抵禦，但這些民兵久未訓練，一戰即聞風四散〔註134〕。上海的情況更加慘烈，上海城被賊攻破，百里為墟，而新城守備能力弱，蕭顯等海賊見有機可乘，決定進攻上海。海防兵備僉事董邦政嬰城自守，並以神槍守備新城，海賊大敗而逃〔註135〕。海賊仍據黃埔，蘇松兵備僉事任環率三百民兵、八十僧兵來援，再敗賊於翟家墳。嘉靖三十四年（1555），任環督參將解明道等人，與倭寇戰於南沙野茅洪，斬殺倭寇一百零八人〔註136〕；同時，三丈埔倭賊分眾劫掠常熟，任環再度以土兵千餘人，命知縣、指揮等統官民兵三千，成功破其巢，斬首一百五十餘人，燒賊船二十七艘〔註137〕。在蘇松兵備任環率領下，明軍終得勝利。

　　嘉靖三十三年（1554）設置的淮揚海防道，也在此時發揮功效。首任兵備副使張景賢上任時，倭寇以七十餘人犯海門縣，他以火攻方略盡殲其眾〔註138〕。繼任兵憲劉景韶，用計將倭寇圍於海灣，但賊始終不出。劉景韶乃令水兵焚其船，賊為救船而出，劉景韶於是分水、陸二路進擊，佔據其巢，餘寇不能復戰，只有乘洋而去，江北倭寇因此靖平〔註139〕。原屯三沙的倭寇，突然由海門七星港登岸，欲犯揚州。海道劉景韶與參將丘陞併力禦敵，斬首二百八十餘人，再度以火攻保障東南安定。〔註140〕

　　浙江省的情況也十萬火急。嘉靖三十四年（1555），杭嘉湖兵備副使劉燾，以五千兵分三道進攻陶宅倭巢，倭寇只派二百餘人應戰，但是士兵懼戰，劉燾僅以身免〔註141〕。次年三月，以徐海、陳東為首的柘林賊沿海而來，欲取乍浦為巢，進而侵擾杭州、蘇常，以至南京。劉燾疾馳應援，與賊相持，最後明軍取得勝利。但為取得乍浦，海賊再度以一萬餘人圍城，日夜

〔註134〕明・張鼐，《吳淞甲乙倭變志》（《叢書集成續編》，上海：上海書局，1994年），卷上，頁2下。

〔註135〕明・方岳貢，《松江府志》（台北：漢學研究中心景照明崇禎四年刊本），卷三十二〈宦績〉，頁35上～下。

〔註136〕《明世宗實錄》，卷四二〇，頁4上，嘉靖三十四年三月甲寅條。

〔註137〕前引書，卷四二一，頁7上，嘉靖三十四年四月戊子條。

〔註138〕《揚州府志》，卷十，頁4上。

〔註139〕《明世宗實錄》，卷四七二，頁7上，嘉靖三十八年五月甲午條。

〔註140〕前引書，卷四七四，頁5下～6上，嘉靖三十八年七月丙申條。

〔註141〕前引書，卷四二六，頁8下，嘉靖三十四年九月甲寅條。

攻擊。劉燾督官兵抵禦，賊不得而去〔註142〕。嘉靖三十五年（1556），倭寇五十餘人自衢山登岸，海道副使王詢立即誘而擒之〔註143〕。嘉靖三十八年（1559）二月，倭寇自象山登岸，進犯浙東，海道副使譚綸督兵剿之，斬殺百餘人，賊流竄至海寧，並與其他海賊會合。譚綸協同參將戚繼光統兵再度進擊，「復得級七百餘」。取得勝利後，譚綸與另位參將牛天賜共同剿滅寧海倭寇。〔註144〕

倭寇侵擾南直隸、浙江不成，部分轉戰到福建。福建巡海道因「漳州海寇縱橫」，早在嘉靖九年（1530），都御史胡璉奏請設立，用來「主司海禁，春、秋防汛，耀其戈甲。」〔註145〕興泉兵備道是由分巡福寧道所分出，嘉靖三年（1524），即有兵備駐箚泉州，直到嘉靖三十八年（1559），倭寇進入府州郡邑，朝廷才急設兵備專官。嘉靖四十一年（1562）三月，倭寇陷永寧衛，再破永寧城，大殺城中居民。六月，浙江溫州來者，會同福寧、連江諸寇，攻陷壽德、政和、寧德等縣；廣東南澳來者，會合福清、常樂諸寇，攻陷元鍾所，災情甚至蔓延到龍嚴、大田、興化、松溪等地〔註146〕。總督浙、直、福建都御史胡宗憲（1512～1565）以福建災情慘重，乃以戚繼光率軍援閩平倭。戚繼光追隨譚綸多年，在譚綸的任用下，以浙東良家子弟悉心教導，遂成一股勁旅。此勁旅大破海寇，將閩賊殲滅殆盡。未幾，海寇增援，遂陷興化城，至是全國遠近震動〔註147〕。世宗於是起復丁憂守制的參政譚綸，以原官兼兵備僉事，統浙兵一千兩百人，與都督劉顯、總兵俞大猷同心共濟，以收其功；浙江新募的義烏兵，交由戚繼光統轄。嘉靖四十二年（1563）四月，譚綸大敗海賊，攻克興化府，福建以南諸寇斂跡。世宗為此

〔註142〕明・胡宗憲，《籌海圖編》（台北：中央研究院歷史語言研究所傅斯年圖書館藏明天啓四年重刊本），卷五，頁37上～37下。

〔註143〕《明世宗實錄》，卷四四六，頁5下，嘉靖三十六年四月庚子條。

〔註144〕清・曹秉仁《寧波府志》（台北：成文出版社，1975年，清雍正十一年修乾隆六年補刊本景印），卷十八〈名宦〉，頁1415。

〔註145〕明・袁業泗，《漳州府志》（台北：漢學研究中心景照明崇禎年刊本），卷十一〈秩官二〉，頁1下。

〔註146〕王儀，《明代平倭史實》（台北：中華書局，1984年3月初版），頁153～154。有關海防問題，可詳見黃中青，《明代海防的水寨與遊兵——浙閩粵沿海島嶼防衛的建置與解體》（台北：中國文化大學史學研究所碩士論文，1996年6月）。

〔註147〕自明朝以來，海寇逞亂東南數年，破州、縣、衛、所、城，凡百數，而未嘗破府城。難怪興化府城被陷，造成明朝極大震撼。

告謝郊廟，大行賚賞，詔加譚綸右副都御史。譚綸以延平、建陽、汀州、邵武等縣殘破不堪，特請緩徵蠲賦〔註148〕。他同時恢復福建舊有五水寨，募集新兵、民壯，以兵備使巡視汛地、監督訓練。隔年，譚綸再度剿平海寇萬餘人，福建倭亂悉平。

　　山東除倭寇外，亦有島寇。山東海島星羅棋布，島寇往往駕船入島嶼採木貿易，攜家帶眷以居，並招募亡命之徒，強佔諸島，當地土人深感「此其患視倭為甚」。朝廷立即要求嚴督海道、備倭等官，整飭登萊戎務，操練快壯軍兵，修整墩堡城寨等〔註149〕。至於島寇，明朝多用招安方式將其置於軍伍之中。萬曆七年（1579）八月，招安的島賊邢才甫、白應時復逃故島為賊，劫掠高麗，遼東苑馬寺卿吳道明、山東巡海道蔡叔逵協同登州備倭都督、把總等官兵協力擒解〔註150〕。自萬曆二十年（1592）起，日本豐臣秀吉（1537～1598）侵略朝鮮，山東海防道除負責起遼東到山東沿海防禦外，同時也肩負朝鮮境內的防備。天啓元年（1621），海防道陶朗先，讓遼東、登州官兵合操於旅順，使其「技相習，貌相識，心相和」，設水兵三萬，日習水戰，並聽遼東調援；以五千人駐兵朝鮮，共同抵禦日本，其餘兵力駐劄遼東、山東沿邊〔註151〕。陶朗先的作為，使遼東半島面向黃海的防境增強。

　　雖然倭寇依然猖獗，但自勾結倭寇的海盜王直、徐海被殲滅之後，逐漸往下坡走，嘉靖四十五年（1566），吳平的被殲，東南沿海十幾年的倭患勢力被消弭不少。但是，萬曆到天啓、崇禎年間，隨著國內形勢的變動，沿海貧民逃至海上為盜。而貿易商人為對抗官府的查禁和西方殖民者的劫掠，自備武器，再度形成海寇橫行。隨著航海時代葡萄牙、西班牙與荷蘭等國的東來，出現新興海商集團，如李旦、許心素、顏思齊（？～1625）、鄭芝龍（1604～1621）等人，他們與洋人關係較為親近，以至「外通賊寇，內洩軍情，私貨絡繹海上，紅夷闌入於內洋，使官兵不敢問。」〔註152〕更甚者，官府恣意殺

〔註148〕《明史》，卷二二二〈譚綸傳〉，頁5834。

〔註149〕《明世宗實錄》，卷五六三，頁2下～3上，嘉靖四十五年十月癸酉條。

〔註150〕《明神宗實錄》，卷九十，頁2上，萬曆七年八月辛巳條。

〔註151〕《明熹宗實錄》，卷十，頁15上～16上，天啓元年五月癸丑條。詳參：李光濤，《朝鮮「壬辰倭禍」研究》（台北：中央研究院歷史語言研究所，1972年9月初版）。

〔註152〕中央研究院歷史語言研究所編，《明清史料》（台北：中央研究院歷史語言研究所，1972年3月再版），〈戊編‧第一本‧兵部抄出江西道御史周昌晉題〉，頁6。

害平民上功者時有所聞〔註153〕。無論是海盜、海商集團或冒功殺民的官吏，均是兵備道官打擊的對象。

蕭基擔任浙江海道副使時，鄭芝龍黨羽周三，攻打寧波府昌國、石浦、爵溪等處，蕭基遣將援兵象山，自己則親督郡兵守城，海賊見有備而去，蕭基即以火器焚燒其舟船，並夜襲賊巢，終擊潰海寇而歸〔註154〕。崇禎五年（1632）九月，福建海寇劉香老率眾數千人，船一百七十餘艘，直犯閩安，「焚劫搶殺，比舍一空，鎮民逃散，省會震動。」福建兵備道沈萃禎、巡海道潘融春同心戮力，褐蹶撐持〔註155〕。崇禎七年（1634），劉香老流劫海上，兩廣總督熊文燦（？～1640）命惠潮兵備副使洪雲蒸入賊船招降，但卻被劉香老留置。隔年，熊文燦命鄭芝龍會同廣東官兵進攻劉香老。劉香老無法抵擋明軍，以洪雲蒸作為要脅，希望換得鄭芝龍止戰，洪雲蒸立即大呼：「我兵備副使洪雲蒸也！將軍速來，賊伎窮矣，急擊勿失。」雖然洪雲蒸因此而犧牲，但劉香老於此役自焚溺水而死，廣東海盜因而盡平。〔註156〕

「西北沿邊防備多在巡撫官，東南防備多在兵備官。」〔註157〕而「國朝設憲臣一人，專行海，曰海道副使，常弭節武林。」由於明州去武林，延袤四百餘里，若以一憲臣遙制，鞭長莫及，於是明州始設憲署。兵備官是在「防陸莫先於防海」的考量下設置的〔註158〕。所以，一遇海盜、倭寇作亂，立即奏請設立兵備道。如嘉靖十四年（1535）八月，給事中朱隆禧奏請兵備憲臣駐箚太倉，世宗因當地海賊猖獗，決定復設：

> 太倉州先年一員駐箚該州，不惟隄備倭寇，亦以緝捕鹽徒。近年以來，太倉、崇明、江陰、通泰沿海居民，視海洋為莊衢，據沙洲為巢穴，往往亡命，聚集宄奸，興販私鹽，流劫商賈，而其海船駕使，來如鬼魅，去如風雨。及至官軍知而捕捉，則以得利而歸，動經千里，莫曉蹤跡。〔註159〕

蘇松常鎮四府一帶，海盜、倭寇聚集。如江洋大盜施天泰、侯仲金等人，皆

〔註153〕《艾熙亭先生文集》，卷四〈五可堂記〉，頁16下。

〔註154〕《寧波府志》，卷十八〈名宦〉，頁1416。

〔註155〕《崇禎長編》，卷六十三，頁3下～4上，崇禎五年九月丁酉條。

〔註156〕清・周碩勳，《潮州府志》（台北：成文出版社，1967年，據清光緒十九年重刊本景印），卷三十三〈宦蹟〉，頁796。

〔註157〕《張文忠集》，〈論館選巡撫兵備守令〉，頁14上。

〔註158〕前引書，卷三九一，余有丁〈浙江巡視海道副使題名記〉，頁4233。

〔註159〕《條例備考》，兵部卷二〈復太倉兵備〉，頁24下。

出於太倉、崇明、常熟沿海一代居民，而江陰、通泰等州縣沙上之民「每每撐駕雙桅大船，招納亡命，聚集遊手，興販私鹽，因而乘機劫掠，上抵九江，下至蘇常，不由盤詰，任意來往。」〔註160〕東南沿海的倭寇，與明朝海盜相結合，使兵備道誅不勝誅。浙江都御史，於嘉靖三十二年（1553）奏請海防賞格四事，用以激勵士氣：

一、擒斬眞倭從賊一人，賞銀十五兩，次從賊首二十五兩，渠魁五十兩。

一、擒斬漳寇、海寇爲從者，賞銀三兩，次劇賊首五兩，船主渠魁二十兩；酋首爲眾所服者，五十兩；其專獲賊艘，大者五兩，中者二兩，小者一兩，俘獲男婦每五名賞銀一兩；若誅戮所俘冒功者及殺來降者，治如律。

一、善用火器擊殺舵工賊首，令其引遁及擊破寇舟于未接之先者，大舟賞銀二十兩，次者十兩，小者五兩；若有獻奇取捷批亢搗虛者，雖無斬獲，並以功論。

一、臨陣被創者，給銀一兩；被殺者，給銀五兩，復其家；有先登陷陣而死者，給銀二十兩。〔註161〕

立意雖好，但衛所戰船不修，軍隊缺額，所存者又是老弱殘疾不堪作戰之輩，使得海防如同虛設。雖可調用廣西狼兵、少林僧兵、湖廣土兵等，但只能解一時之警。「召客兵即不如練土兵，募新兵不如覆舊伍。舊伍未必可用，則宜略倣古牙兵，別募精銳爲軍鋒。」〔註162〕兵備道臣最實際也是最重要的工作，還是加強訓練僅存官兵，或者募集當地人民爲兵。

汪道昆（1525～1593）於嘉靖二十六年（1547）三甲進士及第，十二月除授浙江義烏知縣，於治內建議招募義烏「戚家軍」。嘉靖四十年（1561）陞任福建按察副使，備兵福寧。汪道昆長於籌策，任兵備官之際，多次與戚繼光密切合作，對防倭頗有見地。汪氏嘗言：「島夷之謀，利在預防，不防則其禍大。」其〈備倭十策〉，最重「擇帥」，因得將最難，練勁兵而爲首要。其中第十策爲「增列戍」，汪道昆認爲，倭酋志在深入，若舟師飛揚，勢必突奔內地，因此近海府縣皆當防範，「宜行各兵備道，相度要害，修築隘口，分兵把守，譏察非常，鄉遂郊壄，力行保甲，各城務在積穀，以備不虞，各盜務

〔註160〕《王廷相集》，卷三〈請處置江洋捕盜事宜疏〉，頁1250。
〔註161〕《明世宗實錄》，卷三九三，頁1上～下，嘉靖三十二年正月戊寅條。
〔註162〕《明經世文編》，卷四四〇，馮琦〈答陳兵憲〉，頁4289。

在剪除，以絕內應。」〔註163〕備倭與防盜實爲表裡，汪道昆將備兵與保甲緊密結合，以絕亂事。

兵憲練兵過程中，朝廷犒賞巡海道的軍餉較其他兵備道多。浙江巡海道在春、秋二汛開操之際，獲得犒賞銀一千三百二十九兩，台州兵巡道則獲銀五百七十兩，溫處兵巡道獲銀七百三十六兩，杭嚴兵巡道僅獲銀二百餘兩〔註164〕，巡海道的犒賞遠遠超過其他兵道。主要的原因除朝廷較重視海防外，巡海道在浙江仍兼理寧紹兵備、分巡兩道之故。兵備道臣在海防的體制之中，他們必須督導船隻的建造，同時悉心查訪「素有勇力、身家服眾之人」〔註165〕，率領舟師抗水賊。兵備道在海防體制中的地位甚高，以溫處兵巡道爲例，兵憲統有中軍名色把總一員、哨官五員及團練民壯兵一總。但事實上，包含哨官、什長、名兵、火藥匠、旗手等官兵皆由把總負責統領，當然也包括漁船、網船及舵兵等海戰相關的人與物。此時兵備道無實際統兵權，只爲負責監督軍務的角色。

可是，隨著倭寇擾邊加劇，原有士兵不堪一擊，募兵成爲維持沿海治安的重要權宜措施。譚綸在擔任浙江海道副使時，選募年少力強、能舉二百斤以上者千餘人，進行嚴格訓練，「教以荊楚劍法及方圓行陣」，數月之後，童子、壯夫皆能出入擊刺。加上其部將戚繼光練「義烏兵」，這些軍隊在東南抗倭戰爭中立下不少汗馬功勞。神宗萬曆五年（1577），瓊州兵憲舒大猷令各州縣各立鄉兵，共練有鄉勇一萬零四百八十人、精兵三千四百七十一人。這些鄉兵在日後成爲對抗海寇林道乾的主力，並且多次擊敗林道乾〔註166〕。無論是募兵制亦或團練鄉兵，兵備道官皆直接參予練兵與帶兵，使他們成爲軍隊的真正主宰。

在剿寇的過程當中，各個單位必須相互協調、分配任務，以期亂事迅速被平定。惠潮二府緊連福建，提督軍門都御史塗澤民要求惠潮海防道、福建巡海道必須與總兵、參將協謀計議，勿相阻撓。惠潮海防道如要越境平亂，必先曉諭當地居民，並以伶俐諳曉路徑的民快爲嚮導。爲防奸細，「閩兵箚營不許廣兵私到營內，亦不許箚營相近。」〔註167〕兩省官兵互相策應，才不會

〔註163〕《太函集》，集外文〈備倭議〉，頁2792。
〔註164〕《兩浙海防類考續編》，卷四，頁405～407。
〔註165〕《明經世文編》，卷三三五，塗澤民〈行福州兵備等道〉，頁3821～3822。
〔註166〕《瓊州府志》，卷十七〈經政‧兵制〉，頁395。
〔註167〕《明經世文編》，卷三三五，塗澤民〈行惠潮海防道〉，頁3819～3820。

有職權不明、相互推諉，而有剿倭未盡全功的憾事發生。

倭寇的出現，除因日本正值戰國紛爭的時期外，主要原因在於明朝取消市舶司，使得貿易由明轉暗，成為走私。倭寇並非為海盜的主體，「蓋江南海警，倭居十三，而中國叛逆居十七也。」〔註 168〕明朝海盜的出現，與朝政的腐敗、奢華有直接的關聯。沿海居民以海維生，賦稅的繁重壓得他們喘不過氣，而朝廷不顧及人民權益，頒布海禁，當然迫使人民入海為盜。「乃今浙中瀕海處，所習於番舶之利，而禁令不行，民心士論亦多搖惑於其間，而制使重臣亦率為制肘。寇之滋蔓，實由於此。」〔註 169〕自周、秦以來，歷朝各代無不在國防上傾全力捍衛邊疆，倭人不曾來犯，因此才疏於沿海防備〔註 170〕。明朝承平已久，備禦咸弛，「賊小試而披靡，遂大舉而無忌耳。」〔註 171〕萬曆年間，時為禮部尚書的馮琦（1558～？）指出，「時時戒備」就是御倭的不二法門：

> 愚以倭來亦備，不來亦備；有倭亦備，無倭亦備。修郭固圉，飭戎除器，自是守臣常職，不因倭為輕重也。備不緣倭設，而可以待倭。
>
> 有事可以為用，而未事不覺其擾，乃為勝耳。〔註 172〕

倭寇侵擾沿邊數十年，最大的原因還是在明朝東南沿海地區的軍事力量薄弱所致。洪武初年的二十四衛海軍、永樂年間鄭和（1371～1433）下西洋的艦隊，都具威懾力的水軍，是明初倭寇未釀成大患的原因之一。遺憾的是，這些海防體系後來都沒有堅持下去，以致嘉靖年間倭寇連年入侵，釀成巨大後患。明廷沒有接納俞大猷（1503～1580）的意見建立水軍，以致抗倭戰爭多靠陸兵，使東南財賦之區受到很大傷害。明代雖然有巡海道的設置，但他們身兼多職，士兵多不習水戰。面對剽悍、善游擊戰的倭寇、海盜，當然處於劣勢，無法完全根除亂事。

〔註 168〕《明世宗實錄》，卷四〇三，頁 7 下，嘉靖三十二年十月壬寅條。

〔註 169〕明・薛應旂，《方山先生文錄》（收錄於《叢書集成續編》），〈送陳兵憲序〉，頁 744。

〔註 170〕《明文海》（收錄於《四庫全書補遺》），薛甲〈與王鑑川兵憲書〉，頁 51。

〔註 171〕明・董份，《泌園集》（收錄於《叢書集成續編》），〈答兵憲笠洲王公〉，頁 140。

〔註 172〕《明經世文編》，卷四四〇，馮琦〈答王兵憲〉，頁 4289。有關明代海禁、倭寇問題，可詳參陳文石，《明洪武嘉靖間的海禁政策》（台北：國立台灣大學文學院，1966 年 8 月初版）；陳尚勝，《「懷夷」與「抑商」：明代海洋力量興衰研究》（濟南：山東人民出版社，1997 年 6 月第一版）。

第四節　江湖防備

　　長江，自三國時代以來一直是江南地區的重要屏障。明太祖朱元璋崛起於江、淮一帶，與張士誠（1321～1367）、陳友諒（1320～1363）的交戰過程，使他對長江形勢了然於胸。他以地處長江沿岸的南京為首都，對江防問題自然特別重視。隨著洪武二年（1369）倭寇的入侵，明朝逐漸注重長江的防禦〔註173〕。與邊防、海防相較，江湖防看似稱緩，但茅元儀（1594～1640）稱：「迫海而亘中區，外潰則為門戶，內訌則為心腹，故江之要與邊、海均。」〔註174〕江防與邊、海防實為並重。而長江沿岸湖澤密佈，不僅是水陸交通的要衝，也是盜匪嘯聚的理想巢穴。流賊、鹽徒、苗夷等利用長江伺險為亂，使地方官員防不勝防。長江的治安問題，在明中葉後逐漸被突顯出來，迫使明朝必須加緊整頓江防。孝宗弘治十二年（1499），兵部尚書馬文升因長江沿岸盜賊肆虐，奏請設兵備道：

> 江西九江府，當長江上流，實荊、蜀、江西之襟喉，南京之藩屏。
>
> 比來湖廣、江西盜起，沿岸亦有鹽徒為患。請增設江西按察司副使一員，專理九江、安慶、池州、建陽等府衛地方，整飭兵備。〔註175〕

雖然九江兵備道隨即被革去〔註176〕，但弘治十五年（1502）八月，馬文升再度請求增設九江兵備道，以固鄱陽湖〔註177〕，孝宗並未答應，僅答：「覽奏具見忠愛，所司其即看詳以聞。」正德六年（1511）春，「盜起旁午，江南為甚，

〔註173〕《明太祖實錄》，卷四十一，頁5下，洪武二年四月戊子條：「倭寇出沒海島中，數侵掠蘇州、崇明，殺傷居民、奪財物，沿海之地皆患之。」有關江防問題，詳見林為楷，《明代的江防體制》（台北：中國文化大學史學研究所碩士論文，1998年6月）。

〔註174〕明・茅元儀，《石民四十集》（《續修四庫全書》集部一三八七冊，上海：上海古籍出版社，1995年，據北京圖書館藏明崇禎刻本影印），卷四十六〈江防〉，頁5下。

〔註175〕《明孝宗實錄》，卷一五三，頁10上，弘治十二年八月己酉條。明・張萱，《西園聞見錄》（台北：成文出版社，1971年），卷五十八〈江防〉，頁12下～13上：「余（馬文升）任兵部尚書時，每常慮此，奏准于九江衛添設副使一員，專一整救自九江直抵南京沿江一帶衛所兵備，以防不虞。尋被言者，革去，誠非遠慮也。且天下之兵備可有可無，而九江之兵備決不可無。」有關江湖盜問題，可參吳智和，〈明代的江湖盜〉（《明史研究專刊》第一期，1978年7月），頁107～137。

〔註176〕《明經世文編》，卷六十二，馬文升〈題為因災變思患豫防以保固南都事疏〉，頁515～516。

〔註177〕《明孝宗實錄》，卷一九〇，頁11上，弘治十五年八月壬戌條。

兼北寇出沒江漢。」九江知府請求設置按察司憲臣一人〔註178〕，此時九江兵備才真正成爲定制，也是長江流域最早設置兵備道的地方。九江素有「長江之脊」稱，九江兵備擔負起防備鄱陽湖盜賊的職責，其案例史不絕書，如嘉靖末年，副使陶承學（1518～1598）治兵於湖口，與江洋大盜劉三戰於黃石磯，陶承學斷其船繚，遂盡殲之。劉三於江湖諸寇中最稱劇盜，諸將屢討皆不得，陶承學因而獲賚白金。〔註179〕

　　明人認爲，長江中游的首要防備在湖廣洞庭湖一帶，因此兵備道臣的角色備受重視：

> 天下設兵備數十道，使者必以才望選，重要害也。……湖廣兵備數處，而江防最稱要害。夫荊、岳、漢、沔之間，固英雄所爭也。洞庭雲夢，寇宄之藪，部使者乘艦旁午，駭江出入，若遇敵，奇衺民伺其才高下以爲跳伏。內蔽襄、鄧，外壓衡、沅，橫過夔、峽，跨形勝負險。爲天子守要害，北向呼應者，飭兵使也。嗚呼！任亦重矣。〔註180〕

趙貞吉同時提到，自從國都北遷之後，大將也多至北邊戍守，湖廣的江防則必須仰賴兵憲，必須記取元末教訓，務必鞏固江防，以爲朝廷後盾〔註181〕。岳州府，東北瞰洞庭湖，西南爲楚之上游，境內諸郡多瀕江、湖。多年以來，常有不登無籍之徒藉水澤盤據爲地，騷擾郡邑數十年，莫敢奈何。有鑑於此，朝廷於嘉靖七年（1528），命兵備僉事陸釴整飭江防〔註182〕。嘉靖十三年（1534），蘄黃盜聚，析爲上、下二道，但並未有備兵使駐箚。嘉靖三十五年（1556），巡撫請設江防，未行；事隔二年，巡撫陸杰復請，「始命僉事飭下江防兵備，駐蘄州。」〔註183〕有鑑於江防的重要，陸釴上任之後，即令指揮

〔註178〕明・何棐，《九江府志》（台北：新文豐出版公司，1985年，據明嘉靖六年刊本景印），卷九，頁673。

〔註179〕清・江殷道，《九江府志》（台北：成文出版社，1989年，據清康熙十二年刊本景印），頁806。

〔註180〕《明經世文編》，卷二五五，趙貞吉〈送湖廣上江防張兵憲明嚴序〉，頁11上～下。

〔註181〕前引書卷，頁12上～下。

〔註182〕《隆慶・岳州府志》，〈建置考〉，頁51上～下。

〔註183〕明・徐學謨，《萬曆・湖廣總志》（收錄於《四庫全書存目叢書》史部，據福建省圖書館藏明萬曆刻本景印），卷三十〈兵防二〉，頁87。陶晉英，《楚書》（《學海類編》本），頁4：「洞庭水漲，延袤八百里，盜賊竊發，乃於岳州立上江防兵備，轄三哨官兵。」上哨：自岳州府南津港至長沙湘陰縣，哨約三

一人巡江，自郡東德山潭，歷龍陽、天心小河抵沅江哨；又自沅江之鄒家窖，南抵長沙，歷洞庭夾而至洪沾哨；又自洪沾哨，南越石潭，而至明山哨。陸釴深知洞庭夾易爲盜賊巢穴，夏聚多散，姦滑易生，所以加強巡檢司的調發緝捕的工作，殆無虛日。隆慶元年（1567），姜兵備僉事議設水操軍二百四十人，置戰船十二艘。湖廣的江防警備已日趨嚴密。〔註184〕

　　地處長江下游的南直隸，所設兵備道中，徽寧池太、蘇松常鎮及淮揚海防三兵道既要防制外倭，也要剿滅內賊。蘇松常鎮兵道地處江運、漕運、海運三大水路要衝，其防區太倉州「今天下重鎮，則孰有踰婁江也者，外枕三江，內控五湖，東南財賦之咽喉，而西北兩畿之藩籬也。」〔註185〕因此責任重大，不僅防備倭寇，亦以緝捕海寇、鹽徒：

> 凡江浙糧運，自蘇、常裏河取道者，從來由鎮江京口閘抵儀眞，其間河土疏易淤，府縣必歲時浚治，然後糧運無阻。是年，京口閘淤阻，漕糧咸撥民船出孟子河，多爲海寇所掠，甚至執戮官吏。南京兵科給事中楊雷，以其事聞，請治鎮江知府張鞞、丹鳳知縣周寧，失時不濬河道之罪。詔下其疏都察院，令并參守土巡江諸臣。於是，院參鞞、寧及守備儀眞都指揮解明道、總督金山備倭指揮童揚、蘇松兵備副使王儀及水利巡司等官，宜行巡按御史提究，操江都御史王學夔、巡江御史胡賓，宜罰治。〔註186〕

因漕運淤積，無法運行，造成江海盜賊橫行，所有江防體制官員皆被懲處。江湖防備不僅僅只是消極地帶兵敉平亂事，更要積極地去預防亂事的發生原因。遲至隆慶六年（1572），設立的徽寧池太兵備道，設置的起因也與江防有關。提督操江兼管巡江南京都察院右僉都御史張鹵，請復設應安徽寧池太廣德兵備副使：「應天六府一冊，幅員四千里之地，中間山谿鬱盤，江面遼闊，殊爲要害之區。數年以來，戎伍廢弛，盜賊橫生。」〔註187〕世宗對每遇賊警，各官不思如何取勝，反而動輒增官的政策大感不滿。但鑑於該區地理遼曠、

百餘里。中哨：自君山後湖至常德傳家圻，約三百六十餘里。下哨：長江一帶，自岳州至嘉魚界墩子口，約三百餘里。
〔註184〕前引書，卷三十〈兵防二〉，頁97。
〔註185〕明‧謝汝韶、謝肇淛，《天池先生存稿》（台北：漢學研究中心景照明萬曆三十六年序刊本），卷十〈郡守江公擢蘇松兵憲序〉，頁10下～11上。
〔註186〕《明世宗實錄》，卷二三八，頁2下～3上，嘉靖十九年六月庚午條。
〔註187〕明‧吳時來，《江防考》（台北：中央研究院歷史語言研究所藏明萬曆五年刊本），卷五上〈請復憲臣以固邦圻事〉，頁1上～2上。

江面遼闊，仍允許添設徽寧池太兵道，駐箚池州，以「操練兵馬，巡緝盜賊、撲捕礦徒，兼理錢糧庶務」爲職任。

神宗萬曆三年（1575），操江御史何寬（1514～1586）、巡撫都御史宋儀望條列〈江防事宜〉，其中一條「課功罪」，強調兵備在江防的監察權：「兵備道將各地方守備、把總、各府江防、各衛巡江等官，及哨官、督捕員役，稽查功罪，並報操江訪查，以定賞罰。」〔註188〕神宗要求兵備必須著實舉行，若有怠玩誤事者，撫按可立即參奏。可見兵備道在江湖防備中，除監理軍務、追剿盜賊外，並負有考核江防官員的權利。

長江沿岸中，南直隸的地理位置相當重要。它控長江出口，在嘉靖年間倭寇猖獗之際，兵備道同時擔負海防、江防的工作，避免海盜、倭寇由長江進入內地，形成更大的災患。嘉靖三十五年（1556），徐海率倭寇大舉入侵南直隸、浙江一帶，兵備道官立即督兵進剿：

> 直隸提督張景賢，同兵備參政任環，駐箚松江、金山，督率將婁宇、
> 王倫、田九霄，同知熊桴等水陸官兵，謹備吳淞江出海及蘇州要害，
> 以夾攻江左。……當陣擒斬賊首三百餘名顆，奪回被擄男女七百餘
> 人，賊眾大敗。〔註189〕

在倭寇大舉進犯時，江防體制中官員的協調與配合是必要的，否則無法達到事半功倍的效能。嘉靖三十七年（1558）六月，原任安慶守備黃佐爲江盜所殺，巡按直隸御史董鯤，疏奏守備指揮、下江指揮及安慶、池州二府同知，守禦不嚴，宜之罪。由於江防汗漫，守臣易互相推諉，董鯤奏請以池州府及安慶守備，并聽九江兵備道節制〔註190〕，以利於江防的確實運作。

承如前述，江防的疏漏在武宗時期就存在，正德七年（1512）六月，流賊劉七等人駕船十三艘，自黃州順長江而下直抵鎮江，所過之地皆被殘掠。朝廷傾南直隸、江西、湖廣三地江湖防備加以圍剿：

> 盜劉七等駕船十三艘，自黃州下九江，經安慶、太平、儀眞以達鎮
> 江，所過殘掠。南京守臣乞奏增兵防禦，兵部議，鎮江四達之地，
> 東南抵浙江，西北抵山東，逆流而上抵湖廣，沿江沿海俱宜防守。
> 宜令彭澤、仇鉞率兵自湖廣而下，駐南京以東；陸完自山東、淮揚

〔註188〕《明神宗實錄》，卷三十六，頁2下～3上，萬曆三年三月辛亥條。
〔註189〕明‧趙文華，《趙提督奏疏》（台北：國家圖書館藏明嘉靖間刊本），〈提督疏七〉，頁14上～18上。
〔註190〕《明世宗實錄》，卷四六○，頁6上～下，嘉靖三十七年六月癸巳條。

而南，駐蘇常；浙江便地督操江坐營、鎮巡、巡視、備倭、巡海兵
備及三司府衛等官，募水工弩手，集鹽船、沙船隨賊所往水陸並進，
務求殲滅。〔註191〕

劉七所過之處，幾乎等於明代江防全部範圍，動用江防官兵、衛所官軍及各
州縣民壯，甚至調動山東、湖廣官軍加入剿滅，傾全力圍剿劉七的結果，但
仍未收全功。因此，包含九江兵備副使周廷徵在內的江防官員，皆列於懲處
名單之內〔註192〕。劉七的黨徒不過百餘人，但南京官兵「竟不敢發一矢」
〔註193〕，官兵久未訓練，怯懦無謀，江防的敗壞可想而知。兵備副使周廷徵
協同都禦史陳世良佈防九江，後因過勞疽發而卒，但任內建造戰船，實爲江
防奠定基礎〔註194〕。

　　江湖防備迫在眉睫，官兵難堪重任，兵備道臣通常採取招募民兵與加強
官兵訓練雙管齊下的辦法，以維持水道安靖。以蘇松兵備道下四營爲例：

> 正德七年，兵備副使謝琛，奉旨募民間壯勇，號爲「民壯」。嘉靖十
> 四年，兵備副使李士元，添募三百名，自後屢有增益建立。陸營：
> 官軍民兵共六百六十四員名。天啓元年，軍門團營抽去民兵十一名，
> 又內河總巡官請去水兵三十四名。二年，又請去中軍官一員，水兵
> 六十名，分立水寨。……
>
> 水營：天啓二年，分立中軍守備一員，水兵一百十四名。
>
> 中權營：崇禎十年，立領兵官一員，兵一百十八名；十四年，續補
> 新兵八十一名，詳抽蘇屬各營兵六十八名。
>
> 標營：萬曆十九年，召募浙兵一百三名，分爲三哨，充本道親兵。
> 天啓二年，添置兵一百四名。〔註195〕

在衛所屯田敗壞，士兵怯懦畏戰，招募民壯維持江湖治安，已成爲兵備道兵
力來源的主途。除此之外，徽寧道設立後不久，兵備馮叔吉以徽寧道所轄應
天、安慶、徽、寧等府，周遭數千里跨據長江，依阻林巒，礦徒嘯聚，江寇

〔註191〕《明武宗實錄》，卷八十九，頁3下，正德七年六月丁巳條。

〔註192〕《揚州府志》，卷十三，頁1上～5下。

〔註193〕明・儲巏，《柴墟文集》（台北：國家圖書館藏明萬曆四十二年刊本），卷十五，
　　　　頁12下～14上。

〔註194〕〔日〕小林尚，《明代都察院体制の研究》，頁185。

〔註195〕清・沈世奕，《蘇州府志》（台北：漢學研究中心景照清康熙二十二年刊本），
　　　　卷三十五，頁10下～11上。

竊發，採取一連串鞏固江防的措施：

> 議將州、蕩、鄉村軍民，各編保甲，立長分鄉，使協力防詰。兵備
> 該道，分發旗牌，如有急，許其便宜行事。黃山、良禾、大啵三嶺，
> 添設巡簡一員，太平縣添設巡捕縣丞，以資緝捕。分徵郡民壯千人，
> 以六百往休寧，四百往婺源，各統以材官，屬督軍同知操練，以便
> 策應。及備器用，懸賞格諸議。〔註196〕

王廷相認為：「緝捕於沿江，治其標者也；預防於巢穴，治其本者也。」〔註197〕
兵備馮叔吉除招募民壯外，並將所屬軍民編立保甲。為避免盜賊因剿捕而四
處流竄，不僅固江防，同時連陸上礦徒、流寇皆有巡捕、巡檢等官詳加緝
捕，以完全杜絕禍患。

雖說明代江湖防備在立國時即有，但兵備道真正參與江湖防備，則始於
弘治十二年（1499），九江兵備既管江防，也理湖防，九江兵備分巡九江、南
康、饒州三府，不僅控扼長江通往鄱陽的水船陸車，同時將整個湖區牢牢掌
握，長江中下游湖澤滿佈，使湖廣、江西與南直隸等地，因長江而富庶，但
也因長江而盜賊叢生。「大江上下曾無數年寧靜者，蓋弭盜之術，歷年以來未
曾畫有定規之故。」〔註198〕明朝對江防並沒有全盤規劃，長江沿岸的防備也
不被重視，「故督河有大司空，而江防、海防、湖防僅以藩臬之貳。」〔註199〕
文翔鳳，字天瑞，廣東三水人，萬曆三十八年（1610）進士，由於朝廷以都
御史總理河道，但江湖防備卻以臬副督責，這樣的安排令文翔鳳甚為不平。

自嘉靖朝倭寇侵擾沿海、內陸流民四竄，兵備道相形之下更為重要。兵
備道官必須抵禦倭寇以此進入內地，也必須防止流賊依長江四處為亂。萬曆
末年，操江耿定力認為：「長江千餘里，上江列營五，兵備臣三；下江列營五，
兵備臣二。宜委以簡閱訓練，即以精否為兵備殿最。」〔註200〕一疏之後，至
崇禎中，雖復以勳臣任操江，然已形成「偷惰成習，會哨巡徼皆虛名，非有
實矣。」〔註201〕因此趙錦主張江防要制度化，並謂總兵官不必設，認為：「防

〔註196〕《明神宗實錄》，卷三十六，頁2下～3上，萬曆三年三月丁未條。
〔註197〕《王廷相集》，卷三〈請處置江洋捕盜事宜疏〉，頁1250。
〔註198〕同註192。
〔註199〕明‧文翔鳳，《皇極篇》（《四庫禁燬書叢刊》集部四十九冊，北京：北京出版
社，2000年，據天津圖書館藏明萬曆刻本影印）洛書之四子之二卷二十二〈于
役錄‧伊洛〉，頁27上。
〔註200〕《明史》，卷九十一〈江防〉，頁2249。
〔註201〕同註191。

禦之制，下則州、縣、府、衛分地以守巡；上則守備、兵備各據其要害，而又有兩巡江御史分行于上下，提督操江文武重臣總轄于中流。」〔註202〕如此建議奏請頗多，然朝廷積習難改，卒莫能行。

　　鄱陽湖、洞庭湖的防備常與江防串連，但太湖卻經常被忽略。太湖「雄跨蘇、常、湖三境，自宣歙以東，富陽以北，諸溪山之水，咸吐納焉，全吳巨浸無大于此。論水利則三郡田賦豐歉係焉，論兵防則三郡封疆安危係焉，全吳利害亦無大于此。」〔註203〕太湖區橫跨南直隸蘇、常二府，爲國家財賦之源，湖面安靖的重要性不言而明，申時行（1535～1614）也認爲太湖是百姓衣食仰賴，但卻也容易造成盜寇淵藪：

> 吳水國也，而震澤匯其中。洪流巨浸襟帶三州，瀰沲數百里。所產魚蝦、螺蛤、薪荛、菓木之饒，民衣食之，網罟于是，斧斤于是，故稱利藪。然而洲渚盤互，島嶼紆迴，逋逃亡命，椎剽之奸，亦往往窟宅于是，故亦稱盜藪，有司者蓋嘗憂之。然自國家經畧以來，沿江置戌，歲時操閱海上備倭，壁壘相望，其防最嚴且密。而獨太湖之防闕如日斯內地，無動爲大，爾而頃年多盜。閭閻村塢之間，抉關肱篋，越人于貨者，所在竊發，官司逐捕逸而之太湖，風檣浪舶，騰踔出沒于煙波浩渺之中，莫可蹤跡，蓋防之爲尤難。〔註204〕

鄭若曾字伯魯，崑山人，他認爲太湖西近留都，東南、北面則跨蘇、湖、常三郡，賊寇易於縱橫，宜與鄰近鎮江、松江二府共維，「賊至境也，則當禦之；賊過境也，則當追之；賊犯鄰境也，則當援之。」〔註205〕太湖防區實由兵備道總轄、督責。防區佽大，僅能以蘇松常鎮兵備道就近調發、戒備。相對明朝其他各地防務，長江沿岸算是一個比較平靜的區域，雖然在史料上並未就兵備道之功績大書特書，但相較之下，在穩定南方經濟與社會的功能則是不容抹滅。

〔註202〕《西園聞見錄》，卷五十八〈江防〉，頁21上～下。
〔註203〕《明經世文編》，卷二七〇，鄭若曾〈湖防論〉，頁15上～下。
〔註204〕明・申時行，《賜閒堂集》（《四庫全書存目叢書》集部一三四冊，台南：莊嚴文化事業有限公司，1997年，據北京大學圖書館藏明萬曆刻本），卷十六〈湖防公署記〉，頁32上～下。
〔註205〕明・鄭若曾，《江南經略》（《文淵閣四庫全書》史部七二八冊），卷一上〈太湖之防〉、〈四郡〉，頁1上。

第五章　兵備道的職掌

　　隨著中央監察權的擴張，使得地方按察司的主要職權相對變少，其附帶職權反而被強化。按察司各種附帶職權的產生，乃由分巡監察性質而來，包括兵備、提學、撫民、巡海、清軍、驛傳、水利、屯田、招練與監軍等事務〔註1〕。換言之，兵備道的出現，意味著按察司的監督權，已從地方行政延伸至監督軍政。但地方不靖，外有寇虜，內有民亂，使兵備道進一步握有實在的兵權，與當初設按察司、分巡道的原意已不盡相同〔註2〕。按察司各分道皆有其專責，正如其名，兵備道以整飭軍務，提學道以整飭學風，巡海道以巡視海防，清軍道以清理軍伍，驛傳道以督導驛遞，水利道以興修水利等。然而，按察司僅有分巡、兵備兩道為定制，且普遍設置，其餘各道多因事而設，事畢即罷，其原有職責多為分巡、兵備道兼領之。以延安兵備道為例，其職掌所及通常包含如下：

> 時常操練軍快，修理城池，緝捕盜賊，撫安軍民，問理刑名，禁革奸弊，一應地方事務，務要區畫詳明，處置周悉，仍聽撫巡等官節制。〔註3〕

主要任務仍以督軍、帶兵平亂為多，修理城池、撫安軍民等與軍事方面相關職責，問理刑名、禁革奸弊則為按察司原有職掌。

　　整飭兵備道的設計，是企圖以戎馬之權，「鏟姦剔蠹，斥貪刑暴，肅吏治，綜錢糧，固邊糧，以翼廉訪使弗及者。」〔註4〕兵備道因所在地區不同，工作

〔註1〕《明史》，卷七十五〈職官志四〉，頁1840～1841。
〔註2〕李國祁，〈明清兩代地方制度中道的功能及其演變〉，頁149。
〔註3〕《皇明九邊考》，卷十，頁108。
〔註4〕《萬曆・臨洮府志》，卷二十四，暴夢奇〈臨鞏兵備道題名記〉，頁47下。

—99—

性質也有差異，如西北和西南內地負有督理糧餉的義務，兩直隸、山東與浙江則以水利、漕運為要務。根據近人統計，九邊地區四十四個兵備道中，帶管屯田的有二十六員，兼馬政者十一員，兼驛傳者七員，兼鹽法者三員。而山東武定、曹僕、沂州三兵備帶管屯田，沂州和臨清兵備道兼理馬政；河南大梁、磁州兵備道則帶管馬政〔註5〕。很明顯地，因地制宜的結果，使原本並非兵備職掌之權限，必須帶管水利、屯田、馬政、驛傳、鹽法等工作。明朝此舉是避免冗員過多，然而兵備職掌過泛，使兵備道的權限擴展。地方上整飭兵備道與人民休戚相關，成為不可缺少的要角。

第一節　整飭文教

兵備道臣為文官，多為進士出身，平時整飭文教，戰時率軍參與作戰。明代於英宗正統元年（1436）始設提學官〔註6〕，其正式官方全銜為「欽差提督學校某某等處提刑按察司副使或僉事」，簡稱提學副使或僉事，或稱督學、學使、學憲、學道、學政、學臺等〔註7〕。提學官每年務要巡視考校一遍，並巡歷所屬官吏是否違法，其他的職掌還包括主管生員的相關應試、升降停革及充貢應舉等〔註8〕。然而，提學官於每省僅設一員，巡歷不夠周及，學政推展停滯不前，改以分巡道官或巡按御史帶管。兵備道兼理學校也是此因應辦法之一，如湖廣辰沅兵備副使負責辰州府與靖州等地的學政〔註9〕，廣東瓊州府即以兵巡道兼提學，藉以專督海南學校〔註10〕。各級學校如府學、州學與縣學在地方上具有教化的示範作用，學校興則社會風氣良善，學校廢則社會風氣頹敗〔註11〕。所以學校的地位十分被看重，兵備道整飭文教，一般多先

〔註5〕 羅東陽，〈明代兵備初探〉，頁18。

〔註6〕 明‧文徵明，《文徵明集》（上海：上海古籍出版社，1987年10月第一版），卷十六，頁450：「（督學）憲臣之所趨，士亦趨之，憲臣之所格，士亦格之，有不待文教法令，而自無不及者。蓋其職專，而其地又近，故其於士也親，而為之化之也易。」

〔註7〕 關於提學官在地方教育上的權責，詳見吳智和，〈明代提學的教育生活〉，《淡江史學》第十期，1999年6月，頁125。

〔註8〕 《大明會典》，卷七十八〈學校‧風憲官提督〉，頁1247～1249。

〔註9〕 前引書卷，頁1249。

〔註10〕《瓊州府志》，卷七〈建置‧學校〉，頁170～171。

〔註11〕吳智和，《明代的儒學教官》（台北：臺灣學生書局，1991年3月初版），頁106。

從興建書院與整修廟學著手。

一、修葺學校與興建書院

儒學的興建與修繕，雖非兵備之專職，然兵備為地方文官體系的一環，必須擔負起興學的責任。各地文廟、學舍等常歷經戰亂傾圮不堪，必須加以修葺、整理。南直隸徐州地區的儒學，於武宗正德七年（1512）由督學御史黃如金、兵備副使柳尚義、知州張行甫及學正楊和增建齋宅，但工未竣，尋並遷去，直至隔年新任御史、副使加以修飭才得以完成。世宗嘉靖六年（1527），兵備副使趙春命知州郭天錫，拓學前基泊廟廡堂齋詳加整飭；嘉靖十二年（1533），何鷔則命學正李憲屬，再度修葺；嘉靖二十六年（1547），兵備副使王埏，將啟聖祠加以修繕。然而，徐州歷二十餘年黃河頻決，使州學基窪成沼，雖有意於戶部所轄永福倉址改建，但直至隆慶五年（1571），兵備副使馮敏功上任才完工。〔註12〕

山西寧武府，直到嘉靖七年（1528）才建府學與諸衛等學，始有廟學規制。嘉靖四十、四十一兩年間，兵備副使殷仁嘉、沈紹德及總兵佟登相繼修葺，「且增造銅祭器二百，銅爵七十，燭敬屏壁之屬，先未有者，至是悉具。」〔註13〕偏頭關縣學，於弘治年間在歷任巡撫的上請下，朝廷才允許設學，並以兵備王學謨力任其事。王學謨斥東城，平其崗阜，以其地為廟學，歷任兵備楊綸、趙彥、李從心等人皆加以修整。設學校教育英才、移風易俗的美意，在兵備憲臣等人的努力下，使「太原之北，廟學之宏鉅，蓋未有也。」〔註14〕

陝西肅州儒學，雖有堂齋，但規模卑狹。正德元年（1506），兵備副使李陟、李端澄遂有擴建之意。「重建明倫堂五間、主敬齋五間、窮理齋五間，義門、禮門相對舊堂，並齋置於明倫堂後，為教授官廨舊宅，一所為訓導廨堂。」〔註15〕嘉靖十一年（1532），兵備副使孟易，置敬一亭於戟門前，下作泮池一區。嘉靖二十六年（1547），兵憲唐寬，毀號房實蔬圃，建「酒泉書

〔註12〕清·葉騰鳳，《徐州志》（台北：漢學研究中心景照清順治十一年刊本），卷三〈儒學〉，頁1上～2上。有關兵備道官休葺學校史例，可參見簡蕙瑩，《明代的儒學制度——浙閩粵地方教育體制的發展》（嘉義：國立中正大學歷史研究所碩士論文，1999年6月）。

〔註13〕《寧武府志》，卷四〈學校〉，頁261～262。

〔註14〕前引書卷，頁268～269。

〔註15〕清·黃文煒，《重修肅州新志》（台北：臺灣學生書局，1967年12月，據清乾隆二年刊抄補本景印），伍冊〈學校〉，頁240～241。

院」。嘉靖三十五年（1556），副使陳其學，見學宮可觀，但規模未備，且廟堂逼近居民，於是委中軍指揮盧漢、訓導邱燿及千戶佘佐，計財鳩工，發價五兩，買廟旁兩傍之隙地，爲門拓其基址。並在廟門列石獅、石鼓，以壯偉觀，由是學校煥然一新〔註16〕。位於陝西九邊的靖遠兵備道，兵備副使楊冕在〈建設學宮碑記〉中強調：「學校治化本原，有天下者，不可一日而無也。」楊冕於成化五年（1469）奉命至靖遠整飭兵備，同時負有「謁廟餘，視殿堂」之責，但他發現齋舍年久失修，恐有廢墜之危，而文昌祠則尚未修建，立即命掌衛事指揮路昭輩補葺、修建〔註17〕。靖遠雖位於羌、戎邊地，「今則斯學一興，人皆陶淑禮樂，篤於倫理。漓者淳，薄者厚，文事、武備二爲兼盡。」〔註18〕

洪武二年（1369），朱元璋詔天下郡縣皆立學，廣西賓州儒學自此時創建，歷年來皆有增修。正德八年（1513），兵備副使陳陽重修；正德九年（1514），兵備副使徐海，繚以周垣；隆慶三年（1569），兵備副使鄭一龍，重建殿門簾舍。萬曆十二年（1584），兵備副使郭棐重修，「易櫺星門而高之，麗以丹塈，濬泮池而深之，環以石闌，撤兩廡而新之。」〔註19〕而陳陽、郭棐任內則重修、增建先師廟。先師廟的泮池，舊在櫺星門內，陳陽改闢於門外，並豎立鳶飛、魚躍二坊。郭棐到任後，見其歲久頹圮，即命知州饒敬承重修。同樣位於廣西的梧州府鬱林境內未曾有書院，始自萬曆年徐大任奉璽備兵蒼梧。徐大任「循故事，每歲一行部至州，考證問俗，百廢具舉。暇則進諸文學掌故，陳說先王相與探身心性命之旨，而嫌於無專所也」，而有建書院之意，未幾徐大任擢官而去。代爲治兵使者爲蘇濬，益修其教，增飭頹圮黌舍，將窪地改爲泮池，浚西北之泉引入，而有「興文書院」的產生。蘇濬召諸生講學，「一時士益兢兢靡然向風矣，會不佞宦謫是邦，諸生踵至，問業前後數十輩。」〔註20〕雖然書院於崇禎中葉時早已蕩然無存，但兵憲金九陞命太守潘起鵬另建「瑞泉書院」，以不沒徐、蘇二人之善意。〔註21〕

〔註16〕前引書卷，頁241～243。
〔註17〕清・石一焯、李一鵬，《重修靖遠衛志》（台北：臺灣學生書局，1968年1月初版，據清康熙四十八年刊行抄本景印），卷五〈建設學宮碑記〉，頁569～573。
〔註18〕前引書卷，頁573。
〔註19〕郭棐，《賓州志》，卷七〈學校志〉，頁270。
〔註20〕清・馮德材，《鬱林州志》（台北：成文出版社，1967年，據光緒二十年刊本景印），卷二十〈興文學記〉，頁290～291。
〔註21〕前引書卷，〈建瑞泉書院記〉，頁291～292。

廣東瓊州兵備副使涂棐，則以「修學舍，崇儒術，舉墜興廢」爲其首務，在提倡文教上不遺餘力：

> 成化辛卯（七年），奉璽書來按於瓊，政肅風清，百蠹以消，百廢以舉，民用安輯。觀射圃，思闢而新之，不欲勞民，乃自爲措置。材選其良，覺選其堅，工選其能，法制備具，誠可耦進退，比禮、樂，而施弧矢矣。又自損益大射鄉射之禮，注爲射儀一通，俾諸生習而射之，瓊士大夫觀者、聽者，莫不欣然，頌其能宣德意，以翼文化也。〔註22〕

由於涂棐的卓越貢獻，而被當地峒黎尊稱「涂公」。萬曆七年（1579）後，瓊州兵備皆兼提學，歷任兵憲林如楚、舒大猷、蔡孟說等人皆注重學校，立社學教化黎童，「境內晏然」〔註23〕。另外，惠潮兵備任可容，下車首建尊經閣、養賢堂教育士子，使當地士風丕變〔註24〕。崇禎十六年（1643），上任的惠潮兵備魯元寵，尤以振興文教爲己任，「葺學官，選師儒，崇尚古學，浮華之習爲之一變。」〔註25〕

兵備憲臣興學在明代各地皆有，不勝枚舉。如擔任江西九江兵巡的陸夢龍，「善談文章關鍵，月進諸生，講藝陽明書院。仍親爲論說，定其高下，士風翕然丕變，咸相繼鵲起。」〔註26〕天啓四年（1624），任湖廣衡永郴兵備使的周士昌，捐俸課士以獎勵學風，並每月兩試，手定甲乙〔註27〕。淮揚兵備熊尚文，「主盟道學，日臨講院，集士民與語，環橋門者肩摩踵接，風俗大丕變焉。」〔註28〕

二、纂修方志

何棐於嘉靖五年（1526），以南京太僕寺少卿改江西按察副使，奉敕飭兵九江，進而參與纂修《九江府志》〔註29〕。嘉靖二十六年（1547）霸州兵備

〔註22〕 《瓊州府志》，卷三十〈官師・官蹟〉，頁699。

〔註23〕 前引書卷，頁712。

〔註24〕 《潮州府志》，卷三十三〈宦績〉，頁795～796。

〔註25〕 前引書卷，頁796。

〔註26〕 清・江殷道、張秉鉉，《九江府志》，頁823。

〔註27〕 清・張奇勳，《衡州府志》（《北京圖書館古籍珍本叢書》三十六，北京：書目文獻出版社，1998年，據清康熙十年刻二十一年續刻本景印），卷十一，頁381。

〔註28〕 《揚州府志》，卷十，頁5上。

〔註29〕 清・江殷道、張秉鉉，《九江府志》，卷十四〈九江府志序〉，頁1657：「《九江

副使周俊復，則於《霸州志》內，特立〈武備志〉：「考他志武備多缺陷，霸州置有兵備道，特立武備一志，明體統也。」〔註30〕〈武備志〉內容包含官屬、兵役與戎器，戎器裏載霸州計有佛朗機一百六十三架。由於霸州兵備道爲京師南面第一道防線，顯然是爲了強化防衛而添設。嘉靖四十一年（1562），兵憲郭應聘，因四川威茂「壞鄰荒服，全蜀具屏」，並鑒於兵備設立六十年間，「諸臣獻猷，樹蹟斑斑可考」，便依方志體例，著《威茂邊防紀實》〔註31〕。陝西固原兵備董國光，相當重視學風推廣，除捐俸補修欞星門、泮池、牌坊與廡殿外，並與總督劉敏寬修《固原州志》，董國光亦撰〈明志建置跋〉、〈明志祠社置跋〉、〈明志田賦志跋〉、〈明志兵戎志跋〉、〈人物志跋〉及〈文藝志跋〉等文〔註32〕。萬曆十三年（1585），右江兵備道郭棐，以州舊事無所考，乃自纂輯，成十四卷，爲賓州有志之始〔註33〕。他同時也撰寫〈賓州後龍記〉、〈賓州水利志〉二文。萬曆五年（1577），廣東瀧水縣升爲羅定州，羅定兵備僉事鄭人逵因瀧水縣未曾修志，特纂《羅定州志》。崇禎六年（1633），兵憲張國經修纂增補十卷〔註34〕。崇禎八年（1635），張國經陞爲雷廉兵備參議，亦修《廉州府志》〔註35〕。多數修志人員，官宦方面通常只載巡撫、知府、知州等官，兵備官員多被省略不提。兵備道親自參與方志纂修的特點，在於對兵備道設立時間、原因及歷任官員等沿革鉅細靡遺地記載〔註36〕，同時也載入兵憲在學校、水利、屯田、藝文等方面的貢獻，將「道」這個介於省與府間的地方行政機構突顯出來。但其缺點在過於重視文翰，如《九江府志》除〈詩文志〉外，於〈方輿志〉、〈學校志〉及〈外志〉中蒐編前代詩文較多，無法確實反映地方狀況。〔註37〕

志》纂自童守潮。嘉靖中，何兵備棐再修之。」

〔註30〕 明‧唐交，《霸州志》（《天一閣藏明代方志選刊》六，上海：上海古籍書店，1982年8月），〈凡例〉，頁1下。

〔註31〕 《威茂邊防紀實》，卷上〈藩憲〉，頁5下～6上。

〔註32〕 清‧王學伊，《固原州志》，卷九〈藝文志〉，頁1008～1013。

〔註33〕 明‧郭棐，《賓州志》，卷首，頁207。

〔註34〕 清‧劉元祿，《羅定州志》（《稀見中國地方志匯刊》四十七，北京：中國書店，1992年12月，據清康熙刻本景印），〈舊序〉，卷首，頁1上～10下。

〔註35〕 明‧張國經，《廉州府志》，卷七〈秩官志〉，頁93。

〔註36〕 如《賓州志》內有兵備莊朝賓所撰〈右江兵備道題名記〉，《廉州府志》收有兵備僉事張士純的〈海北道題名記〉，兩篇文章對當地環境、兵備設置原因、時間及權限等，皆有詳盡的描述。

〔註37〕 明‧何棐，《九江府志》，敘錄，頁1。

三、著述紀錄

　　除修葺學校、興建書院及纂修方志外，進士出身的兵備道臣在任地方官時，他們往往以詩文來描寫當地民情風俗，也對自身情感做一抒發。如寧夏道兵備僉事孟逹，有一首〈寧夏〉詩：

> 百萬喑貅善守攻，胡塵靜掃草茸蒙；威加朔漠龍沙外，人在春臺玉燭中。山限華夷天下設，渠分漢唐古今同；聖君賢相調元日，塞北江南文教通。〔註38〕

寧夏地區以防備蒙古族爲要，因此所寫的詩多闡述胡漢敵對關係，但最後作者仍不忘期盼塞北能與江南一樣文教鼎盛。歷任西寧兵備副使也同樣留下不少詩賦，如路珠〈邊城感懷詩〉：

> 路懶慵成癖，苦寒今始嘗；三春未放柳，六月以飛霜。食爲浮濡進，歡因夢寐狂；胡笳不斷耳，何計靜邊疆？〔註39〕

路珠詩中表達對西寧惡劣氣候的難以適應，然而只要外患不除，邊疆就永無寧日。所以，惟有強化自身武力，才能擊敗強敵。他如范瑟〈塞上詩〉云：「旄團赤日驄追風，將士如雲虎豹雄，只有壺中白羽箭，不須重問黑山戎。」〔註40〕表現明代邊防守將，「不教胡馬渡陰山」的氣概。

　　兵備也將其任官時帶兵平亂經過，或所見所聞加以記載，收錄文集之中。如朱紈（1494～1550）字子純，長洲人，於嘉靖十五年（1536），擔任四川兵備副使，與副總兵何卿，共平深溝諸砦番，因述其措置始末，作四六文一篇，而各以崖略分注其下，遂有《茂邊紀事》一書問世。又附以紀事詩五十章，及李鳳翔〈靖柔編〉、王元正〈平蠻或問〉各一首，彭汝實等詩二十一首〔註41〕。而蔡逢時任浙江溫處兵備副使，撰寫《溫處海防圖略》二卷。他認爲溫處爲兩浙海疆門戶，明季倭寇出沒，號曰「要衝」。此書作於萬曆二十四年（1596），皆據當時文移冊籍編次成峽，凡地形、船械以及戰守選練之法，無不畢載。共爲圖四，子目四十有三〔註42〕。兵憲在經學上也有諸多貢獻，

〔註38〕明・管律等，《嘉靖・寧夏新志》（《天一閣明代方志選刊》六十八，據明嘉靖刊本景印），卷七〈文苑志・詩詞〉，頁397。

〔註39〕《重刊西寧志》，〈邊城感懷詩〉，頁70。

〔註40〕前引書，〈塞上詩〉，頁70。

〔註41〕明・朱紈，《茂邊紀事》（中國野史集成）二十三，成都：巴蜀書社，1993年）。

〔註42〕明・蔡逢時，《溫處海防圖略》（《四庫全書存目叢書》史部，據北京大學圖書館藏明萬曆澄清堂刻本景印）。

如贛州兵備副使薛甲，著有《易象大旨》、《四書口譯》與《心學淵源錄》諸書〔註43〕；瓊州兵備顧可久，則著有《在署讀禮》、《溫陵處州珠崖在澗諸集》〔註44〕；淮揚海防兵備王象晉，常招諸生相與闡發聖賢經旨，「自圖書而外，泊然一無嗜好」，在任上編有《群芳譜》二十八卷、《操弧剿說》一卷〔註45〕。兵備在任官期間作詩文，不僅可抒發情懷、陶冶一己性情，紀錄當地風土民情，更重要的是帶動當地學風，端正善良風俗，藉此發揮兵備道以文化武的最大功效。

第二節　興修水利

　　成祖遷都北京以來，不斷的建設北方與防禦邊疆，爲維持北方政治、軍事的需要，必須仰賴江南經濟。江南爲明朝國家財賦的重要地域，爲溝通南北，使「南糧北運」，惟有依靠「運河」。在黃河不穩定，常常決口、改道的原因下，保全漕運成爲治河的最高原則之一。所謂保全漕運，就是維護會通河航道的暢通，不受黃河的侵擾〔註46〕。明代花費大量錢財與精力，進行運河的擴建與保養等工作，如在淮安開鑿清江浦、修整徐州與呂梁二洪的水道等，但上位者僅重視漕運，對黃河災害附加給百姓的疾苦卻漠不關心。從正統到弘治時期，黃河多次向北決口，衝壞張秋一帶的運河。丘濬看出漕運的重要，也了解仰賴運河輸送的危險，他說：「會通一河，譬則人身之咽喉也。一日食不下咽，立有死亡之禍。」〔註47〕因此主張並行海運以降低運河的危機，而孝宗並未採行，只是盡全力把威脅運河的黃河徹底修治〔註48〕。南、

〔註43〕明・余文龍，《贛州府志》（台北：漢學研究中心景照天啓元年刊本），卷八，頁32上～下。
〔註44〕《瓊州府志》，卷三十〈官師・宦績〉，頁706。
〔註45〕《揚州府志》，卷十，頁5上～下。俞揚，《泰州舊事摭拾》（南京：江蘇古籍出版社，1999年一版一刷），頁85：「《群芳譜》，二十六卷，海防兵備道王象晉之所作也。凡一花、一草、一樹、一木及五穀之類，種植之法，古驗之術，詳悉搜羅，足資考證，洵爲農圃者不可不讀之書也。」
〔註46〕方楫，〈明代治河和通漕的關係〉，《歷史教學》，1957年9月號，頁17。
〔註47〕明・丘濬，《大學衍義補》（京都：中文出版社株氏會社，1979年1月初版，據景日本寬正四年（1792）和刻本景印），卷三十四〈漕輓之宜〉，頁420。
〔註48〕吳緝華，《明代海運及運河的研究》（台北：中央研究院歷史語言研究所，1961年4月初版），頁172。另參蔡泰彬，《明代漕河之整治與管理》（台北：台灣商務印書館，1992年1月初版）；鮑彥邦，《明代漕運研究》（廣州：暨南大學出版社，1995年12月第一版）；彭雲鶴，《明清漕運史》（北京：首都師範大

北直隸與山東等處兵備道，在督軍平靖地方亂事之餘，必須協助清理運河淤塞及治理黃河，以維持明王朝統治的生命線。

　　許多隸屬於九邊的兵備道，原本就負有「督理錢糧」的任務，如弘治十八年（1505），潮河川、石塘嶺等八營俱缺糧，戶部議覆郎中趙鶴所言，宜令密雲兵備副使，「以所積贖罪紙米價，發彼處備官軍月糧，能積三千石以上，移文吏部，如例旌擢其事，則令管糧郎中監督之。」〔註49〕然而明代的經濟重心在江淮流域，北方的政治軍事中心必須仰賴江淮漕糧的運輸才能支撐下去。弘治三年（1490）十一月，增設山東按察司副使整飭天津等處兵備一員，以丁憂服闋的陝西副使劉福爲首任，孝宗於敕書中要求劉福必須詳加管理河道：

> 天津三衛係畿內重地，東瀕大海，北拱京師。因無上司鈐束，以致姦盜竊發，軍政廢弛，地方騷擾不寧。今特命爾整飭彼處兵備，專在天津駐箚，自天津至德州止，沿海附近軍衛有司衙門悉聽管轄。爾須不時往來巡歷，操練兵馬，修理城池，禁革奸弊。……兵夫吏役人等時常點閱，河道淤淺，與巡河御史、工部管河官會議疏濬。
> 〔註50〕

開府濟寧州以「總理河道兼提督軍務軍門」爲最高首長，節制南北直隸、河南與山東各道。正德以後，武宗遣尙書、都御史等官行事，專理漕河。隆慶四年（1570），加提督軍務職銜。山東省沂州、曹濮、臨清與濟寧兵備道等，皆爲其統轄，協理漕河相關事務，其中曹濮、濟寧二兵備道均因漕河而設。弘治十二年（1499）設置的曹濮兵備道，分署曹州，以按察司副使整飭兵備兼管河道，直隸、河南與山東曹濮接境諸軍衛有司皆屬節制。

　　濟寧兵備道添設則晚於曹濮。嘉靖間因漕河淤塞，世宗遂添設河道副使一員，兼管鹽法，駐箚濟寧〔註51〕。隆慶六年（1572）萬恭（1515～1591）被任命爲欽差總理河道兼提督軍門、兵部左侍郎，他認爲山東濟寧州爲：「萬里舟車之會，中原水陸之衝，河道從中而宰制焉，誠中原一重鎭也。」但自河道開府以來，濟寧無一兵卒，曹濮道在二百里之外，沂州道更遠在五百里

　　　　學出版社，1995 年 9 月第一版）。
〔註49〕《明武宗實錄》，卷三，頁 6 上～下，弘治十八年七月甲午條。
〔註50〕《明孝宗實錄》，卷四十五，頁 3 上～下，弘治三年十一月乙未條。
〔註51〕明・于愼行，《萬曆・兗州府志》（濟南：齊魯書社，1985 年 4 月第一版，據明萬曆二十二年刻本景印），卷十七〈兵戎志〉，頁 1 下～3 上。

外，每遇漕船有警，水陸多虞，曹、沂二兵備調發曠日費時，因此萬恭建議穆宗，宜令濟寧河道副使加銜兵備：

> 即今管河副使原與臣同駐濟寧，若即就便令兼管濟寧兵備，以沂州兵備道所轄濟寧州、寧陽縣從東而屬之；又以曹濮兵備道所轄魚臺縣從南屬之，汶上縣從北屬之，是曹、沂二道割遙地而畀之中制者，則利於攝管。管河道駐濟寧，得一州三縣，而聽臣同城節制焉，則有利於彈壓。一州三縣無奔走之苦，得管轄之便，則利于統攝。糧運盛行，鬥爭盜賊直登岸而告理之，毋遠奔走也，則利于挽輸。萬一漕河通衢有阻撓河運及四省不靖者，濟寧兵備道直中制而擒之，朝發夕至耳，則利于輯寧，此完計也。乞敕下該部查議，上請將山東道改駐兼兵備職銜，則官不必加設，而事體悉安；法不必變，則水陸俱便矣。〔註52〕

濟寧兵備官原為河道副使，該地實為水陸要衝，興修水利成為該兵備職掌之首要。

　　除上述外，明代各處兵備道中兼管河道亦有霸州兵備〔註53〕。正德六年（1511）始置的徐州兵備道，「嘉靖初增督屯田、河道、漕運」，因而徐州兵備道又稱「兵河道」〔註54〕。換言之，不管其緣由是否因河道而設，兵備道轄區若在漕河沿邊，兼具防護運道的職責：

> 敕都察院右副都御史潘季馴，近年沛縣迤北漕河屢被黃河衝決，已經差官整理。但恐河勢變遷無常，漕河不時淤塞，有妨糧運。今特命爾前去總理河道，督率管河、管洪、管泉、管閘郎中、員外郎、主事，及該三司、軍衛、有司掌印官、守巡并管河副使，臨清、沂州、大名、曹濮等處兵備等官，時常往來親歷，多方經畫。……各該山東濟寧各臨近地方，南直隸淮揚州、潁徐州，山東曹濮、臨清、沂州，河南睢陳，北直隸大名、天津各地方聽其督理，各兵備道悉聽節制。務要保護運道以保無虞，如遇盜賊生發，即便嚴督該道率領官兵上緊緝剿，毋致延蔓。如各官若有縱寇貽患者，指名參

〔註52〕 明・包大爟，《萬曆・兗州府志》（《天一閣藏明代方志選刊續編》五十三～五十六冊，上海：上海書店，1990 年第一版），卷三十二〈武衛部・兵防〉，頁552～555。

〔註53〕《大明會典》，卷一二八〈兵部十一・督撫兵備〉，頁 1827、1835。

〔註54〕《徐州志》，卷二〈兵防〉，頁 27 上。

奏處治。〔註55〕

江南各地兵備道，先運糧至徐州，再從徐州沿會通河運往京師。「每年浙江、江西、湖廣、應天蘇松四道督糧兵備等道管押重運糧船過洪，畢日回任，每道仍各委通判二員，押運至徐，立法精詳，足稱至善。」〔註56〕嘉靖中葉後，俺答入侵北方，倭寇侵擾東南沿海，而各地盜賊也時常盜搶漕糧，使漕糧因災傷折銀過多，實際運往北方的漕糧不過一、二百餘石，比起明中葉訂定漕運歲額四百萬石相差甚多〔註57〕。漕糧供應不足，惟有再加強修治運河與黃河。

嘉靖十三年（1534），自濟寧至徐、沛，數百里運河道又告淤塞。劉天和採取消極辦法，以「濬淤修閘」為主，分段挑濬運河，修築隄岸，抽調十四萬民夫從事工作，才使運河通復。但這種單純治標的工程是無法起太大的作用，而產生了兩個新的情況：一是作為調劑運河水量的徐州、呂梁二洪乾沽，妨礙漕運；另一個是黃河水衝向渦河，明祖陵的所在地鳳陽受到侵淹的威脅〔註58〕。嘉靖二十一年（1542），再度以強抑的方法，維持短暫的安全。但洶湧的黃河，得不到適當的河道宣洩，支流漫散，又受著東阻西遏，在許多地方伏下橫流的危機。朱衡建議在昭陽湖東岸改鑿新運河，避讓黃河的沖塞，保持漕運，「乃接六年所鑿故跡，役夫濬之，為南陽新河。」〔註59〕明代大運河的中河一段是利用黃河作為運道。隆慶到萬曆年間，為減少對黃河的依賴，因而開鑿泇河運河，「其議始於翁大立，繼之者傅希摯，而成於李化龍、曹應聘。」〔註60〕泇河運河代替原本自夏鎮經徐州到達直河口的黃河運道，運船的來往安全多了。

自嘉靖八年（1529），令徐州兵備道兼理曹沛、徐淮一帶黃河後，運河與黃河流域之兵備道就擔負疏濬河道淤塞的工作。嘉靖二十一年（1542）九月，督理河道都御史王以旂要求兵備等官疏浚湮塞：

> 漕河仰給山東諸泉水，貴以時疏濬，近已會同各官兵清查舊泉一百

〔註55〕明·潘季馴，《河防一覽》（北平：中國水利工程學會，1936年3月），卷一，頁24。

〔註56〕《明神宗實錄》，卷二九八，頁2上～下，萬曆二十四年六月辛丑條。

〔註57〕吳緝華，前引書，頁199。

〔註58〕方楫，前引書，頁20。

〔註59〕《大明會典》，卷一九六〈河渠一〉，頁2651。

〔註60〕《明史》，卷八十七〈河渠五〉，頁2122。

七十八處，復開新泉三十一處，俱入河濟運，但恐一時疏濬尋以湮塞，主事一員勢難遍歷，乞分隸各地方守巡、兵備等官兼理其事。〔註61〕

而北直隸境內的薊州河，嘉靖初定額夫八千名，每二年一次，由工部官、巡按御史及天津兵備督工挑濬〔註62〕；蘇松常鎮四府運河責之蘇松兵備副使〔註63〕；臨清、沂州、大名與曹濮等處兵備官，「遇有淤塞去處，務要挑濬深廣。」〔註64〕如何避免官員相互推諉，影響河工進度，劃分各地兵備道責成區域，似乎是一個重要的課題。隆慶元年（1567）五月，總理河道尚書朱衡，先將徐州兵備道所屬河段加以劃分：

河工告成，宜分管理，黃河上自灃縣直抵豐縣堤界，新河至南陽起至朱家口而南，及黃河自豐縣堤界而南，可屬之徐州兵備道，其預防黃河繕理新河事宜皆聽計畫。〔註65〕

隆慶三年（1569），總理河道都御史翁大立，進一步確立兩直隸和山東兵備道的權責與劃地：

治河之役，宜以調撥夫役、收發椿草，屬部臣計處，錢糧追徵、工食屬兵備，令畫地責成，則河工可計日而就。於是工部覆議：以儀眞至揚州淤淺、高郵一帶湖堤剝蝕屬淮揚兵備，會同南河郎中、儀眞主事經理；以通濟閘內外、清江浦上下淤淺屬淮揚、徐州二兵備，會同南河郎中、清江廠主事經理；以盧、鳳二府協濟椿草、錢糧、役夫、工食及寶應湖堤岸為潁岸兵備，會同南河郎中經理；以大淮兩岸沙嘴、清河縣東西湖堤、魚溝河以下屬徐州兵備，會同南河郎中經理；以邳州沂、武二河與乾河口淤塞，房村及境山、黑龍潭堤屬徐州兵備，會同南河郎中、管洪主事經理；以沛縣三鋪、四鋪大堤，豐縣縷水堤接華山塞、飛雲橋故道及薛河下流屬徐州兵備，會同夏鎮主事經理；以臨清菜市口、尖塚集、白廟兒等處堤岸屬臨清兵備、會同北河郎中、磚廠員外郎經理；以內黃、南樂二縣正河淤

〔註61〕《明世宗實錄》，卷二六六，頁4上～下，嘉靖二十一年九月庚午條。

〔註62〕《大明會典》，卷一九九〈河渠四〉，頁2678。

〔註63〕前引書，卷一九八〈河渠三〉，頁2674：「蘇松常鎮三府運河責之蘇松兵備副使，浙西運河責之浙江水利僉事，照所轄地方時加疏濬。」

〔註64〕《河防一覽》，卷一，頁24。

〔註65〕《明穆宗實錄》，卷八，頁3上，隆慶元年五月癸亥條。

塞及小灘上下膠淺，黃蘆河、乙字河屬大名兵備，會同北河郎中經
理；以吳橋縣衝決朱官屯、交河縣衝決徐家、馬頭等處，青縣衝決
盤古口等處與滄、景二州南皮、靜海二縣及天津衛堤屬天津兵備，
會同北河郎中經理；以蒙村、蔡村、耍兒渡等處堤岸、河西務上下
淤淺屬壩州兵備，會同通州郎中經理。〔註66〕

然而，「治黃保運」才是根本。黃河的問題一日沒有解決，漕運就無法通暢；
漕運不通暢，漕糧無法運至北方，連帶使國家安定遭受威脅，因此整治運河
與黃河必須同步進行，黃、淮一帶的兵備道官的協理，在整治水患的過程中
扮演關鍵角色。

　　潘季馴挑起治河的重擔後，黃河氾濫、決口的問題才獲得改善。潘季馴
曾任四次河務工作，其中以第三次於萬曆六年至八年（1578～1580）的成績
最突出。當時河決崔鎮，「宿、沛、清、桃兩岸多壞，黃河日淤墊，淮水為河
所迫，徙向南」〔註67〕，而高堰湖堤大壞，淮揚、高郵與寶應間皆為巨浸，
令大學士張居正十分擔憂。在此種情形下，潘季馴被任命為右都御史兼工部
左侍郎。萬曆六年（1578）六月，潘季馴與督漕侍郎江一麟詳細觀察水勢後，
主張「塞決口以束水歸槽」、「築遙堤以束水攻沙」等策略〔註68〕，同時奏上
〈兩河經略疏〉，提出治河的六個辦法〔註69〕，但卻與御史林碧潭等人的治河
方略上針鋒相對。在張居正的支持下，潘季馴的治河辦法得以順利實行。

　　由於兩河工程規模浩大，施工路線又拉得太長，為便於分督管理，潘季
馴將整個工程分為八個施工段，委任八名司道官員分段督理，其中內含三員
兵備道：海道參政龔大器，負責總管徐州北岸自呂梁洪至邳州直河止一帶七
十里遙提工程。徐州道副使林紹，總管自徐州南岸玄黃二舖月堤並靈睢界內
遙提五十里，以及建磨臍溝滾水壩一座。穎州道僉事朱東光，管自睢寧內遙
提四十餘里，並築歸仁集堤三十五里。然而，徐州兵備副使林紹、水利僉事
楊化等人抗命不職，林紹甚至直接上書朝廷，全面攻擊潘季馴的治河政策。

〔註66〕前引書，卷四十，頁9上～10下，隆慶三年十二月乙丑條。
〔註67〕《明史》，卷八十四〈河渠二〉，頁2049。
〔註68〕賈征，《潘季馴評傳》（南京：南京大學出版社，1996年2月第一版），頁79。
〔註69〕潘季馴採取治河的六個辦法為：「塞河以挽正河之水、築堤防以杜潰決之虞、
　　　復閘壩以防外河之沖、創建滾水貝以固堤岸、止浚海工程以免靡費、暫寢老
　　　黃河之議仍利涉」詳見《河防一覽》，卷七〈兩河經略疏〉。另參蔡泰彬，《晚
　　　明黃河水患與潘季馴之治河》（台北：樂學書局，1998年1月初版）；張含英，
　　　《明清治河概論》（北京：水利電力出版社，1986年2月第一版）。

潘季馴也立即奏上〈備陳議河始末疏〉，文中嚴厲批駁林紹的言行，並請求朝廷予以處分。在張居正的贊同下，林紹被革職，楊化等人被錦衣衛逮捕進京拷詢。潘季馴此時請調營田道僉事史邦直、主事陳瑛、眞定副使游季勛等人，並重新劃分施工地段，安然渡過工程起始的第一次人事危機。〔註70〕

明朝的河漕制度規定：「理漕屬於漕司，治河屬於河道」，兩個衙門各司其職，相互牽制。到萬曆初年，由於此項管理制度的弊病，重新規定：「以漕司之而責之天妃閘以南，於河道而責之天妃閘以北。」〔註71〕明朝以「信地劃分」的辦法來取代河道、漕司在職權上的劃分，但仍然沒有解決兩個衙門間相互推諉、不負責任的尖銳矛盾。潘季馴在張居正的支持下，可以自由調度水利體制上的任何官員，也同時統一了水利體系。然而新問題在治河的工程當中衍生，即是水利道與河道的事權相互重疊、渾沌難分。萬曆十六年（1588）六月，神宗添設蘇松水利道，副使許應逵隨亦赴任，潘季馴認爲「漕渠必屬水利」，即命水利官察勘河道，濬淺、築堤、錢糧與人夫作何區處等工作，但該道俱無一字回報。潘季馴於是上〈申明職掌疏〉，他指出蘇松兵備道係兼理河務、水利事宜，而今設有水利專官，河道一事是否應由水利道專管？抑或仍歸兵備道權責？工部的答覆則爲：

> ……續准應天巡撫咨稱，河道、水利原係兩事，河道係兵備李淶兼攝，水利係許應逵管理。故年終敘錄止於兵道，而不水道。……蘇松添設水利副使，一應江南水利皆其職掌。而況漕河上裨國儲，下切農事，尤水利之重要者乎！十六年水道初設，尚未履任，該撫臣以江南旱荒，亟欲藉水利以濟饑民，凡修濬事宜，宜令兵備副使李淶兼攝。及水道既至，業有專責，則漕河事務，自應接管。若歸之兵道，恐非朝廷設官分職之意。況水利近兼督糧，每年押運水次，則漕尤其緊官疏濬，豈宜別委。此後河道年終，仍當水利道舉刺。
> 〔註72〕

工部明確表示，水利與河務皆由水利道接管。而兵備道既爲「兵備」，所管仍應與軍務、平靖亂事有關，否則分職設官就失去意義。從《河防一覽》及兵備道的事權中得知，潘季馴最後能成功整治黃河，淮揚、穎州、徐州、蘇松

〔註70〕費征，前引書，頁155。
〔註71〕《河防一覽》，卷十三〈請遣大臣治河疏〉，頁371。
〔註72〕前引書，卷十二〈工部覆前疏〉，頁358～359。

與濟寧等處兵備官實乃出力甚多。

除了黃河與運河之外，兵備官在各地也興建不少水利工程。陝西潼關兵憲周相，從南水關引潼水入城修渠，一方面爲學官泮池，另一方面於河渠上覆石條，每百步鑿孔，任民取水，民賴以爲生，而稱「周公渠」〔註73〕。景佐於正德六年（1511），任固原兵備道時，城內井水苦鹹，人病於飲，遂與總兵趙文以兵力引西海水，依山成渠，以便民食，時至清朝，人民猶享其利〔註74〕。而閻宗德備兵廣東南韶，因水患而遍築隄防〔註75〕；思宗崇禎十一年（1638）時，王永祚任湖廣岳州兵備道，便以修築隄防來平息長江水患〔註76〕。這些水利防禦工事，雖不似黃河、運河的工程浩大，但兵備官對水利的修濬、疏導與開發，著實對當地人民生活助益不少。

第三節　修築城牆

明朝中葉以後，「北虜南倭」爲患，各地亂事頻仍，「城池」成爲保障居民的最後一道防線。「外而防禦，則以練兵設險爲要；內而保障，則以修繕營堡爲急。」〔註77〕無論是修葺城池或督理城池，皆爲兵備道職責所在。接鄰九邊的各個兵道，則負有修建邊牆、督察關隘等工作，以防止北元蒙古等部族內犯。如遼東金復海蓋兵備道：

> 平時修葺城堡，操練兵馬，備禦海防；有警督率官兵，收斂人畜，
> 相機戰守，保固城池。其所屬境內衛所守備、備禦、掌印、指揮等
> 官，悉聽統轄。〔註78〕

陝西臨鞏兵備道責任亦同如此，也以修理堡塞、設備墩塘爲職，並要求「務要精銳堅固，以防虜患。」〔註79〕許多兵備道的領地都包括長城的關隘，如北直隸昌平兵備道管居庸關、易州兵備道管紫荊關所轄隘口，山西雁平兵備

〔註73〕《潼關縣志》，卷上〈學校〉，頁80；及卷中〈名宦〉，頁107，皆有載。

〔註74〕《固原州志》，卷二〈官師志〉，頁249。

〔註75〕清・宗源瀚，《湖州府志》（台北：成文出版社，1983年，據清同治十三年刊本景印），卷七十二〈人物傳政績〉，頁1378。

〔註76〕清・倪文蔚、顧嘉蘅，《荊州府志》（台北：成文出版社，1970年，據清光緒六年刊本景印），卷三十七〈名宦〉，頁437。

〔註77〕明・譚綸，《譚襄敏公奏議》，卷六〈薦舉兵備疏〉，頁15上。

〔註78〕《奉天通志》，卷二三七〈敕苑馬寺〉，頁5092。

〔註79〕《皇明九邊考》，卷十〈固原考〉，頁108。

道管平型關、苛嵐兵備道管偏頭關等，無一不是抵擋北方外族的重要關口，此即「北京三藩」的第三藩籬關口。嘉靖十三年（1534），右侍郎徐問〈陳武備〉八事中〈經略兵關以防黠虜〉一疏，點出兵備在邊防的角色：

> 居庸、紫荊等關，皆近邊扼塞，為虜所窺伺者，請敕各撫按巡關諸
> 臣及兵備官躬視險隘，有傾圮低薄者，隨時增繕，並嚴戍卒曠逸之
> 罪，及兵備官怠事者，即參治之。〔註80〕

兵備官雖有修築邊牆的任務，然並未親自參與，而是從旁監督，繼而向巡撫、總督呈報與造冊。他們被賦予的工作仍以「整飭地方」為多〔註81〕，也就是維持地方治安。修補府、州與縣的城池，當然也包含在「整飭地方」之中：

> 霸州道兵備副使孟重，督修城四座；永平道兵備僉事王之弼，督修
> 城五座，村堡、墩院四座；密雲道兵備副使王一鶚，督修城二座，
> 村堡八座；薊州道兵備參政羅瑤，任內督修城四座，村堡一十七座；
> 昌平道兵備僉事宋守約，督修城三座。〔註82〕

修繕城池、墩堡等地方防禦工事才是兵備道的第一要務。如易州為畿輔重鎮，城牆完善與否十分重要。「國家都燕，北則居庸，南則紫荊，二關最稱要害。」〔註83〕兵備副使王琔，見該地「城第庳薄不稱，歲久益多傾圮」，與大中丞孟重、巡按御史于鯨相與規劃修城，但孟、王二人遞遷去城，待繼任者才竣工〔註84〕。兵憲李文芝到任後，發現「樓堞雖存，而濠隍坦夷，實不足以禦外而安內」〔註85〕，立刻詳加修濬。李文芝十分著重修建城池，因為「蓋匪城則民孰與守，匪池則城孰與固。城池圮湮廢，政之大者；廢政不修，斯為怠職矣」，即命州判趙夢熊、指揮朱希等人鳩工，使壕隍再度成為易州禦敵的防線。弘治四年（1491），督天津兵道的劉福也同樣認為「城池最重」，而且「必預制於平居無事之日，乃可以保治於無窮」〔註86〕，遂修葺城牆，且

〔註80〕《明世宗實錄》，卷一六九，頁2上，嘉靖十三年十一月甲子條。

〔註81〕 永平、薊州、密雲和昌平四兵道，在秋防的主要任務為「整飭地方」及「同
　　　　總兵官住箚地方監督料理」。詳見《譚襄敏公奏議》，卷五〈分布兵馬以慎秋
　　　　防疏〉，頁25上。

〔註82〕《譚襄敏公奏議》，卷六〈議處薊鎮緊要事宜以防後患疏〉，頁29上～32下。

〔註83〕 清・張登高，《易州志》（臺北：臺灣學生書局，1968年6月初版，據清乾隆
　　　　十二年刊本景印），卷十六〈修城記〉，頁1025。

〔註84〕 前引卷，頁1021。

〔註85〕 前引卷，〈護城堤記〉，頁1027。

〔註86〕 清・朱奎揚，《天津縣志》（臺北：中央研究院歷史語言研究所藏清乾隆四年

搆樓於門，以保京畿重地。

　　陝西潼關城沿山河之勢而建，爲唐代舊址，歷任兵備皆有參與重修城池。正德七年（1512），首任兵憲張鑰，重修舊城；嘉靖十八年（1539），兵憲何鰲重修，並建二門；隆慶四年（1570），兵憲范懋和，增築修更鋪七十二所，並將城堞砌以磚；天啓四年（1624），河水衝毀北水關，兵憲黃和立即修築〔註87〕。固原在弘治中時，守臣請增築內、外城，並宿重兵守之。「軍民、土著城內不能容，乃建徙外城。外城又單薄，聚土爲垣，歲久多廢。」〔註88〕萬曆二年（1574）後，兵備副使晉應槐、劉伯爕等人皆有意改築。繼任的兵憲郭崇嗣，協助巡撫董嵩河建城，新城於萬曆五年（1577）完工，「城高三丈六尺，表二千一百一十七丈，崇墉疊雉鮮次，上下環以水馬二道。」〔註89〕

　　嘉靖十九年（1540），南直隸潁州兵備副使蘇志皋，到任時發現城池早已殘破，因言：「潁城頹然圮矣！池湮然塞矣！遇警，將奚賴焉？」乃呈於兩省撫按，「建門五，爲樓八。城外爲堤，爲河，爲馬路，自東門迤南自西門止。」〔註90〕並於河之兩岸樹柳數萬，河內種植芰、菱、茭、葦等植物，使城河不僅只有防禦功用，也成爲百姓的休憩場合。嘉靖四十年（1561）與萬曆二年（1574）的兩次黃河大水，使得徐州城幾乎被沖潰。兵備副使舒應龍與知州劉順之，於環城外創置護堤口，「又於東南堤建金門閘，北接南隍洩堤內，注潦于南門外。木橋在南者，易以石捍導。」〔註91〕萬曆十八年（1590），城中又患大水，兵備陳文燧開支河引洩。天啓四年（1624），黃河再度決堤，城內外人民溺死者不可勝紀，兵備副使楊廷槐，有意興建新城，但遭刑科給事中反對而作罷。崇禎年後，唐煥、徐標皆將舊城補葺，許標則三面鑿池，於南、北增築四個敵台。

　　廣東潮州三河鎮，西通兩粵，北達兩京，爲嶺東水陸要衝。嘉靖三十九年（1560），巨寇張璉聚眾攻破，大肆荼毒；而倭夷接踵而至，據爲巢穴，鎮民始議築城堡以爲保障。兵憲翁夢鯉，捐俸拓二十二丈，周圍環抱，與地勢

　　　　　刊本），卷二十〈創造天津衛城碑記〉，頁10上～下。
〔註87〕《潼關縣志》，卷上〈城池〉，頁72～73。
〔註88〕《固原州志》，卷八〈固原鎮新修外城碑記略〉，頁941。
〔註89〕《固原州志》，卷八〈固原鎮新修外城碑記略〉，頁941。
〔註90〕明‧甯中立、張鶴鳴，《潁州志》（台北：漢學研究中心景照明萬曆間刊本），卷下〈潁州重修城河記〉，頁30下～31上。
〔註91〕《徐州志》，卷二〈城池〉，頁2上～下。

相稱。繼任的徐甫宰，臨三河周視，諭以「每二丈橫砌磚一堵，以防牽連傾圮之患」〔註92〕，嶄新城堡迅速收到功效。嘉靖四十三年（1564），巨寇藍松山、余大春偕其黨，由三河入閩，雖有民眾被俘，但城池使老弱者藉以避禍，伺機防守固城；而壯者無後顧之憂，持茅以追擊，大敗賊於萬江峽，斬獲以千計。此後，「三河之民，始有恃而不恐也。」〔註93〕

四川威茂地方境內多羌族，所以特設兵備詳加督理。兵備官於威、茂二州多設有墩堡，藉以防制番夷劫掠與作亂。正德十五年（1520），兵備副使吳希由、參將芮錫建「月峰墩」，以防禦水磨兒力大溝諸番。嘉靖十二年（1533），兵備副使韓瑄，為禁止商民出入交易，復設「鎮安墩」；隔年，在白若羅打青片等寨生番出沒險路，設置「永寧墩」。在城堡方面，嘉靖十六年（1537），兵備副使朱紈，增修關子堡、神溪堡，在修築虜門堡方面，朱紈則有傑出的貢獻：

> 兵備副使朱紈，展修堡城，開鑿水井，創建教場，修復神溪、鎮夷兩倉，以省綿竹、安縣倍道輸納，廣備倉腳之費，且使堡軍得以就近關支。〔註94〕

嘉靖四十二年（1563）十月，兵備副使郭應聘，偕同知李司鎮、通判東載議設警舖八座，夜撥官軍巡守，來加強灌縣城的防備。

若無法建置墩堡，則必須人力巡邏，甚至用其他方法來加強防備。弘治十七年（1504），兵部奏請：

> 密雲一帶切鄰虜境，而潮河川口寬漫，無險可守，山水不時潰堤，難立垣堡，獨有設置車輛，可以制賊之沖。請以巡撫及兵備等官考求制度，及時多制，以備防守。〔註95〕

除了防禦工事外，天津兵備道也負有「巡司驛遞衙門損壞，即與修理」的要求〔註96〕。兵備道也必須修整其道署，如天津、廣州、廣西賓州、貴州思南等兵備道，皆有重修道署的記載。而潁州兵備另有修飭皇陵祖陵的工作：

> 命鎮遠侯顧寰掛印充總兵官提督漕運，鎮守淮安地方，鳳陽修理祖陵、皇陵及皇城。……兵備副使張臬、僉事李宗樞、孔天胤各陞一

〔註92〕《潮州府志》，卷四十一〈三河鎮建城記〉，頁1063～1064。

〔註93〕前引書卷，頁1064。

〔註94〕《威茂邊防紀事》，卷下，頁5下。

〔註95〕《明孝宗實錄》，卷二一三，頁13下，弘治十七年六月丁亥條。

〔註96〕前引書，卷四十五，頁3上，弘治三年十一月乙未條。

級，賞銀十五兩、衣二襲。〔註97〕

如果出入不便，兵備官也有修築道路的任務。廣西府江爲百粵通衢地，但「多
箐棘，猺獞竊伏，煙瘴鬱蒸，路絕行旅。」兵備副使韓紹到任後，即募商伐
山，開徑五十餘里，遂成孔道，被當地人尊稱「韓公路」〔註98〕。四川松潘
兵備副使史瓚舜，於天啓年間，由右所屯經沙山、鹿海開新東路，以通葉塘、
木瓜墩之舊路，約七十里，人民稱便〔註99〕。自嘉靖二十九年（1550）的庚
戌之變後，朝廷更加重視北邊防務，邊牆也多於此時加以整修。兵備道的工
作雖爲「修理城池」，但多對地方城牆修補諸多貢獻，可謂將「整飭」二字發
揮得淋漓盡致。

第四節　審理詞訟

明代文學內容豐富，形式多樣，兼具歡娛解悶、諷刺時政與喻警社會等
多項功能。兵備道官審理詞訟的經過，是庶民茶餘飯後的閒談話題，也經常
成爲文學作品的搜羅素材。馮夢龍（1574～1646）《喻世名言》中，有個膾炙
人口的故事〈沈小霞相會出師表〉，其中有段描述聞氏爲保全丈夫沈襄，與兩
名解差鬥智的精采過程：

> 店中閒看的，一時間聚了四五十人。聞說婦人如此苦切，人人惱恨
> 那兩個差人，都道：「小娘子要去叫冤，我們引你到兵備道去。」……
> 婦人一頭哭，一頭走，眾人擁著張千、李萬，攪做一陣的，都到兵
> 備道前。……聞氏哭倒在地，口稱潑天冤枉。只見門內麼喝之聲，
> 開了大門，王兵備坐堂，問擊鼓者何人。中軍官將婦人帶進。聞氏
> 且哭且訴，將家門不幸遭變，一家父子三口死於非命，只剩得丈夫
> 沈襄。昨日又被公差中途謀害，有枝有葉的細說了一遍。王兵備喚
> 張千、李萬上來，問其緣故。張千、李萬說一句，婦人就剪一句，
> 婦人說得句句有理，張千、李萬抵搪不過。王兵備思想到：「那嚴府
> 勢大，私謀殺人之事，往往有之，此情難保其無。」便差中軍官押
> 了三人，發去本州勘審。〔註100〕

〔註97〕《明世宗實錄》，卷二一一，頁4上，嘉靖十七年四月戊午條。
〔註98〕《湖州府志》，卷七十二〈人物傳政績〉，頁1369。
〔註99〕《松潘縣志》，卷六〈宦蹟〉，頁816。
〔註100〕明・馮夢龍，《喻世名言》（長沙：嶽麓書社，2006年1月第一版），卷四十
〈沈小霞相會出師表〉，頁334～335。

在「三言二拍」中，最令人髮指的，均是以權勢壓迫百姓的故事，如上述嚴嵩父子壓迫沈煉，所涉及的即是貪贓枉法。然而所有的冤案由權勢造成，但洗刷冤案亦需仰賴權勢〔註101〕。兵備道為父母官，為地方百姓仰仗的對象，為沉冤昭雪的關鍵。儘管王兵備瞭解此間關係複雜，但礙於嚴嵩勢大，僅能發落州官勘審，無形中也透露出兵備道官司法權輕的無奈。

兵備道為按察分司，司法與監察權乃是基本職掌。監察權隨著軍事權力的擴大，而轉移到巡撫、巡按御史手中。兵備道官平時督理防務，戰時則監軍，所以本身的監察權力以督理軍務方面為主，如監督糧草、督理城池及督調軍民官兵等。北京附近的薊州、昌平、永平及密雲四個兵備道，地處九邊，為京師邊防之最，特別強化他們的權力，可「監督副、參等官」〔註102〕。至於司法權方面，兵備道設置之初，原本是為分巡「理刑」而設。成為定制後，司法權仍是兵備官被強調的職掌：

> （密雲）華夷雜處，盜賊淵藪，非是官何以彈壓之。但官本風憲，不可無法；政先兵備，不可無威。惟法惟威，則民之命殘矣，所以濟之者，其在權乎。所謂權者，不拘於法，不專於威，惟安民為主，而身之利害，人之毀譽，不以動心為爾矣。〔註103〕

兵備官有「法」有「威」，但需以安民為前提，即使有生命遭受威脅，名譽受到破壞，仍需保持公正的態度。所以，在敕諭中當然有「問理刑名」、「剖理詞訟」、「兼理軍民詞訟」等規定。天津兵備道掌有受理和問理軍民詞訟的職責，倘若官員有犯罪事實，文職五品以下，兵備官可以自行拿問，五品以上并軍職奏聞區處〔註104〕。雖有學者提出「兵備道不負有司法責任」的看法，認為只有在分巡道與兵備道合一後，才有此職權。因為明代的按察司是省級司法機關，分巡道每年要偕巡按出巡地方，審錄罪囚，受理軍民詞訟，並對府州縣審決的案件進行複審。羅東陽進一步以遼東都司為例，遼東分守道和開原兵備道的敕諭中有「分理詞訟」、「問理詞訟」的內容，苑馬寺卿和寧遠兵備道的敕諭則無。〔註105〕

〔註101〕方志遠，《明代城市與市民文學》（北京：中華書局，2004 年 8 月第一版），頁 428～429。

〔註102〕《大明會典》，卷一二八〈兵部十一・督撫兵備〉，頁 1827。

〔註103〕明・熊相，《嘉靖・薊州志》（台北：中央研究院歷史語言研究所藏據明嘉靖三年刊本攝製微捲），卷六，頁 83 上。

〔註104〕《明孝宗實錄》，卷四十五，頁 3 上～下，弘治三年十一月乙未條。

〔註105〕羅東陽，〈明代兵備初探〉，頁 19。

以遼東「開原兵備道兼理分巡」為例，因敕書中有「問理詞訟」的字眼〔註106〕；寧前兵備道（其駐地為寧遠）未有司法權，則是因為領地內已有遼海東寧分巡、分守兩道〔註107〕，此條件也符合原則。然而，此條件僅是代表「兵巡合一」有較大的司法權，而並不表示兵備「沒有」司法權力。從專職的兵備道來看，先前的薊州兵備道即是一例；山西雁平、苛嵐兵備道的敕書中有「兼理軍民詞訟」、「仍理詞訟」的規定〔註108〕；陝西固原、潼關兵備道與寧夏管糧道的敕諭裡，對兵備道臣有「兼理詞訟」、「問理刑名」的規定〔註109〕。雖然兵備兼分巡官的司法職掌較大，但以上例子充分顯示兵備官仍有審理訴訟的權力。再者，如遼東苑馬寺卿兼銜的金復海蓋兵備道，雖非專設，亦非專職，仍要處理來自民眾的投訴：

> 狀人傅景元，年五十歲，□岫岩住人，□□忤逆大變事。元俚傅崇道、傅崇智，萬金土豪，壓（押）與元銀一兩八錢，未月本利還詫。本年四月十五日，欺身良善，帶領人眾，窗元□□□間，恐身告理，返行仗財勢，囑蘆中軍將元男婦四口鎖扣，百般凌虐，峽命難活。徐景祿證。似此豪侄，違禁害人，王□□禁告批法司，研究剪惡，蟻命得生，迫切上告。欽差海蓋兵備道老爺批詳行。〔註110〕

金復海蓋兵備道並非分巡道，仍需理民事，足見兵備道仍擁有自身的司法審查權，但比起軍事相關的權力則相對小得多。

世宗嘉靖二十六年（1547）五月，首任開原兵備僉事黃雲，奉巡按之令，重新審理朱寶等人的罪情，朱寶為海州衛左所百戶下餘丁，奉命在黑窯燒造磚瓦，黑窯每年納窯柴四千斤，朱寶自合照數買辦本色窯柴交納為當，錢財也一併交與海州衛鎮撫郭臣，但為郭臣侵占，朱寶因此被判刑。但新到任千戶項洗接管黑窯後，查出朱寶窯柴未納，乃向朱寶追柴四千斤。朱寶心有不甘，再加上內有在官賒草料等事件，將情具狀赴巡按處告理。黃雲審查後作

〔註106〕《開原縣志》，卷十一〈敕開原兵備道〉，頁997。

〔註107〕《奉天通志》，卷一二八〈職官七〉，頁2909；及卷二三七〈藝文十五〉，頁5092～5093。

〔註108〕《皇明九邊考》，卷六〈榆林考〉，頁71。

〔註109〕詳見前引書，卷十〈固原考〉，頁108～109；《潼關縣志》，卷中〈職官〉，頁105；《寧夏志》，卷一，頁23上。

〔註110〕遼寧省檔案館遼寧省社會科學院歷史研究所編，《明代遼東檔案匯編》（瀋陽：遼瀋書社，1985年6月第一版），〈傅景元為土豪傅崇道等仗勢害人事給欽差海蓋兵備道的訴狀〉，頁1000。

出判決：「朱寶革前罪名不坐外，合依不應爲而爲之事理，重者律仗八十；姜繼宗原欠朱寶料草銀六錢，追給本主收領；郭臣承委監窰，不思守法，欺侵柴價，只徒肥家事，事屬違法，律合論罪。」〔註111〕

　　神宗萬曆二十一年（1593）九月，寧前兵備僉事楊時譽，處理殺人姦淫案。李佐招募寧遠右所遊擊營家丁，流丁王保獲得聘用。王保視李佐妻高氏頗有姿色，用言調戲求奸，雙方屢次偷奸得逞。未免行奸不便，兩人遂私自逃跑。陳得知其來歷，遂向高氏求奸，以後與王保輪奸不絕。李佐伊弟李景松訪尋至前屯衛，撞遇二人，捉拿拴鎖回家，李佐將王保毆打一頓後釋放。陳得不捨高氏，慫恿王保將高氏奪回。以棍打李佐，李佐傷重不治，王保畏罪潛逃。此事件已由前任兵備參議傅霖，審議後發覺此案疑雲重重，如死者傷處過多，不似一人所毆，後由繼任兵備僉事楊時譽，加以檢視案情。楊時譽檢驗傷處，反覆推敲案情，最後作出合理的判決：

犯該故殺人律斬罪犯人一名：陳得。

犯該和同相誘爲妻被誘之人，減一等，律杖□十，徒一年半犯婦一口：高氏。

犯該不應事重，律減等，杖七十犯人三名：稍有力折納工價贖罪犯人一名：徐二；無力的決犯人二名：楊石六、陳天輔。〔註112〕

至於重犯王保，已行經歷司差人分頭緝拿。以上兩條案例，雖爲兵備道審理刑事，但遼東土曠人稀，多爲各衛所所分撥的屯軍，及協助屯田的餘丁。所以，以遼東地方來看，司法審判權仍可以視爲軍事權力的擴張。

　　南直隸蘇松常鎮兵備道，甚至爲方便理刑而設。巡按南直隸監察御史郭宗皋奏稱，蘇松常鎮四府地闊訟繁，係國家財賦去處，議要添設兵備副使一員，「及要將兵備自己有行，死罪參詳如律即行，允發監候巡按御史會審轉詳，不必仍詳巡按，并操江巡江巡鹽等衙門亦不得爭論一節。」〔註113〕王廷相贊同郭宗皋的議論，因爲「政以簡易而弊省，官必專責而治成」，如果所司樣樣皆需參詳，案件審理的速度變慢，也無法做到官員「責成」的功能。朝廷最

〔註111〕前引書，〈整飭遼東開元等處兵備山東按察司僉事黃雲爲朱寶等罪情事給□□的呈文〉，頁943～944。

〔註112〕前引書，〈整飭寧前兵備山東按察司僉事楊時譽遵巡按周批處理殺人姦淫案書冊〉，頁991～996。

〔註113〕明・王廷相，《浚川內臺集》（收錄於《王廷相集》），卷二〈議處兵備官員職守以圖久安事〉，頁1059。

後依循二人的奏請，除設兵備官員外，也對兵備司法權重新劃分：

> 合無依擬，行令兵備衙門，凡一應事宜，原係撫按并巡江操江巡鹽
> 等衙門有行者，止申詳原行衙門定奪；其係兵備衙門自己所行，地
> 方人命強竊盜賊等事，參詳合律，即便允發監候巡按御史會審轉詳，
> 其餘衙門，不必再行申請；其所屬各府州縣等衙門一應事情，於撫
> 按巡江巡鹽操江有行者，申呈撫按巡江巡鹽操江定奪，與撫按各衙
> 門無行者，亦止申呈兵備衙門詳允；庶使事體歸一而無虛文之擾，
> 委任專一而有責成之效。〔註114〕

此條律令強化兵備刑事訴訟權，除與撫按、巡江、巡鹽、操江官員相關外，一般地方性的案件兵備可以自行處理。責任專一的結果，使兵備履行此職權時，不再窒礙難行。

兵備道也必須調解紛爭，防止戰事發生。四川鹽井衛左前二所，與雲南永寧府兩地接壤，時有爭奪。自洪武、永樂、正統、弘治多次勘撫皆未成。嘉靖七年（1528），興兵相攻，彼此捏造情詞，經年不決。嘉靖十三年（1534），命四川建昌兵備副使俞夔、雲南分守金滄道參政黃祺及文武官撫，將歷年文卷圖誌，詳加審查，令其各該村寨應退還者，則令退還；應折毀者，則令折毀。判決雙方以分撥村寨、退領管業等補償方式，雙方不得興兵相攻，否則罰以白米五千石，運往口外邊倉上納。既經公斷，寫立合同文約四紙，發給照收。次年正月簽押文約，俞夔、黃祺及瀾滄兵備僉事辛東山有倡和。〔註115〕

其他各地亦有兵備執法不阿之實例。薊州兵備道張璉，「決訟詳審，多協輿情，克體修憲，勢要斂手。」〔註116〕廣東潮州游擊顧桌，逮獲洋商五十五人，兵憲顧可容審察無明顯罪狀，在訊案後即發現洋商被冤枉，因畏罪誣服為盜〔註117〕。廉州兵備翁溥，「執法不撓，豪強匿跡」；隆慶六年（1572）任兵備的趙可懷，「賦性剛方，不避權勢，積年案牘，剖決如神。」〔註118〕袁繼咸，江西袁州人，天啓五年（1625）進士，性直方，崇禎年間以按察副使備兵揚州，蒞位獎廉抑貪、扶善除姦，污吏不敢恣虐，良民有冤必訴，揚州各

〔註114〕同註113。
〔註115〕詳見《六詔紀聞》，頁 390～396；及方國瑜，《雲南史料目錄概說》（北京：中華書局，1984 年 1 月第一版），頁 288～289。
〔註116〕《嘉靖·薊州志》，卷七〈名宦〉，頁 105 上。
〔註117〕《潮州府志》，卷三十三〈官蹟〉，頁 795。
〔註118〕《廉州府志》，卷九，頁 135。

鄉紳大夫及士庶皆頌其德行。〔註119〕

兵備道可以全權處理的司法案件，不過是一般民事訴訟案件，甚至還是由巡按御史發回更審，本身只能開具所犯事由，實封奏聞。若與其他職掌相較，司法權實屬微不足道，更遑論督撫、巡按與其他道司。在兵備道成為定制後，長駐地方，平時飭文，戰時督軍，儼然為地方上一大統帥。兵備道既要維持地方治安，也要督導文武將官，雖然權力不大，但有限度的司法審判權仍是必要。

第五節　其他職掌

一、屯田與督糧

屯田以「九邊為多，而九邊屯田又以西北為最」〔註120〕。所以，近於邊牆的兵備道，通常領有此兩銜，兩者皆是兵備道的主要職掌。自太祖實施軍屯以來，屯田積粟以備邊為長治久安的國策〔註121〕。軍屯的目的不外乎是解決缺糧與開墾荒地，而為防禦蒙古勢力再度進入中原，北邊要隘為屯田重點區域。搭配「開中法」的實行，解決邊遠、偏僻與路險地區的軍糧。隨著官豪的侵佔、北寇的侵擾，使軍士逃亡甚多，屯糧銳減，軍備也當然日趨廢馳。沿邊屯田全賴邊堡之防護，成化初，葉盛為宣府巡撫，他認為宣府巡撫屯田豐稔，至以餘糧易銀買馬，皆邊堡修飭之功也。這也是九邊兵備道通常負有「修理城池」職責的原因。然不久邊防廢弛，堡寨塌壞不興，韃靼深入殺擄屯卒，劫掠屯田，由是近邊屯田日漸荒蕪〔註122〕。「國家建設以來，若守令、若諸司原以定額，雖時異勢殊，不無置者廢，而廢者置。然兵馬無所節制，則虞其棼；糧儲無所總攝，則虞其匱。」〔註123〕因而設憲臣加以整飭，糧餉

〔註119〕清・雷士俊，《艾陵文鈔》（《四庫禁燬書叢刊》集部九十冊，北京：北京出版社，2000年，據清康熙莘樂草堂刻本影印），卷四〈送兵備副使袁公謫歸江西序〉，頁8上；及卷八〈兵備袁公揚州大政記〉，頁1上。

〔註120〕清・顧炎武，《天下郡國利病書》（《四部叢刊》二十一），〈陝西八・延安屯田議〉，頁6上。

〔註121〕根據《太祖實錄》，卷五十，頁2上，洪武三年三月丁酉條，該條記載鄭州知州蘇琦上疏「屯田積粟」之事。

〔註122〕關於屯田與屯糧的詳細研究，參見孫媛貞，〈明代屯田制研究〉（收錄於《明代經濟》，台北：台灣學生書局，1968年7月初版），頁5～36。

〔註123〕《萬曆・臨洮府志》，卷十二〈官師表〉，頁1上。

管理與監督即為本職，如弘治十六年（1503）五月，增設四川按察司副使一員，整飭威茂兵備，兼理本道糧儲。〔註124〕

部分兵備道實以「督糧」為名，如陝西寧夏管糧道、兵糧道（駐花馬池）及靖虜兵糧道（管安定、會寧等縣），三個兵備道以管理糧儲、屯田等為己任。以寧夏道為例，原屬關西分巡管糧道，弘治十七年（1504）後，設寧夏督儲道，專收糧斛兼管水利。嘉靖中，又兼管鹽法。與其他兵備道最大的不同處，在於敕書中非常強調糧斛的管理：

> 今命爾管理寧夏倉糧，兼提督慶陽、寧夏等七衛屯種。往來巡歷，問理刑名。爾於倉糧，須戒約官攢人等，照數收管，如法囤放，毋致虧折溼爛。於屯種，必督令官軍、餘丁，照依分派地畝，以時耕種，逐年比較，毋令盜賣侵占，游惰荒蕪。該徵子粒，俱要年終完足。衛所管屯官員，敢有剝削軍士，侵欺子粒，及各倉官攢人等出納之際，作弊害人者，爾即拿問懲治。應奏請者，具實參奏；應住俸者，照例住俸。總兵等官，或有倚恃權勢，隱占軍士地畝，妨廢屯種，致誤邊儲，一體參奏處治。〔註125〕

邊牆為防禦屯田的最佳屏障。另一封敕書中規定兵備在修完邊牆後，每年仍需兩次閱視，若有官員怠職，立即指名參呈巡撫衙門〔註126〕。寧夏於宣德至弘治八十年間，在其他地區屯田制受到破壞的情況下，屯田持續發展，相繼開墾花馬池以西、固原以北的荒地〔註127〕，因此弘治十七年（1504）才專設督糧道於寧夏，這也是為什麼陝西三個督糧道有兩個位於寧夏的原因。經過明代二百餘年的屯墾開發，加上兵備等官的監督管理，使寧夏呈現「田開沃野千渠潤，屯列平原萬井稠」的江南風光。〔註128〕

二、鹽　法

洪武三年（1370）六月，實施「開中法」以來，鹽法與屯田、管糧就形成相配套的措施。朝廷徵集商人在邊地屯田，收穫的糧食就近交庫，朝廷依

〔註124〕《明孝宗實錄》，卷一九九，頁 7 上，弘治十六年五月甲申條。
〔註125〕《嘉靖・寧夏新志》，卷一〈寧夏總鎮・藩鎮・按察司〉，頁 35。
〔註126〕同註 125。
〔註127〕陳育寧，《寧夏通志・古代卷》（銀川：寧夏人民出版社，1998 年 7 月第一版），頁 266～267。
〔註128〕《嘉靖・寧夏新志》，卷七〈文苑志・詩詞〉，王瓊〈寧夏關邊〉，頁 403。

照路程遠近與交糧多寡，開給鹽引收據。商人取鹽後，可至指定處所賣鹽，從中獲利。鹽商因有利可圖，願意募人墾田，興辦「商屯」，經營農業。然而，陝西地區道險路遠，趨中者少，寓居官員及軍餘有糧之家改納米、豆與馬匹中鹽〔註129〕。「寧夏之鹽，刮地得之」〔註130〕，陝西靈州有大小鹽池，鞏昌府的漳縣、西和則產井鹽，雖不比兩淮、四川多，但仍能自給自足〔註131〕。花馬池的食鹽，它與明代陝西地區軍民生活有著極密切關係，藉「鹽引」向鹽商索取馬匹與馬價銀，以供邊鎮軍需〔註132〕，對寧夏財政和軍需上也起十分重要的作用，因而設兵備加以督理。陝西兼管鹽法的兵備道，計有靖邊、寧夏管糧、兵糧及西安四處。兵備道最早兼管鹽法的地方，始於河南：「弘治十三年，復設按察司副使一員，整飭懷慶等處兵備兼理鹽法。」至於淮鹽，南直隸徐州、揚州二兵道管鹽，崇禎十七年（1644），甚至將揚州道改稱「兵鹽道」〔註133〕。除此之外，山東濟寧兵備道也專管河鹽。

食鹽為民生必需，神宗於萬曆六年（1578），陞任雲南曲靖兵備李公為該省參政，同時擔負督糧理鹽職責。其蒞位以來，深獲雲南軍民佳評，被讚譽為：「備兵如斯彼，小而米鹽，急而糧餉，而城狐社鼠而敢伏竄其中，而憑陵盤據耶！」〔註134〕

三、馬 政

洪武三十年（1397），置山西、北平、陝西與遼東行太僕寺，「凡邊衛營堡、府州縣軍民壯騎操馬印烙，課較孳牧，以時督察之」〔註135〕，並規定藩臬不得干預馬事。但在整飭兵備道中，山西寧武、陝西莊浪以行太僕寺兼銜，遼東金復海蓋兵備道以苑馬寺卿兼領，而與當初的規定背行。嘉靖三十一年（1552），苑馬寺卿原設於遼陽，遼東守臣以三衛民繁事多，而開原兵備不便

〔註129〕《明史》，卷八十〈食貨四〉，頁 1934。

〔註130〕前引書卷，頁 1935。

〔註131〕前引書卷，頁 1933：「河東所產解鹽，……隆慶中，延安改食靈州池鹽。崇禎中，鳳翔、漢中亦改食靈州鹽。」

〔註132〕陳育寧，前引書，頁 271。

〔註133〕《揚州府志》，卷二十二，頁 22 上。

〔註134〕明・劉伯爕，《鶴鳴集》（《四庫未收書輯刊》五輯二十二冊，北京：北京出版社，2000 年，據明萬曆十四年鄭懋洵本影印），卷十五〈曲靖李兵憲陞本省參知序〉，頁 18 下～20 下。

〔註135〕《國朝典彙》，卷七十〈行太僕寺・苑馬寺〉，頁 4333。

遙制，奏准苑馬寺卿兼轄金復蓋三衛民。嘉靖四十二年（1563）五月，薊遼總督楊選，認爲遼東苑馬寺政事甚簡，奏請以苑馬寺卿兼僉事銜帶理兵備，爲馬政官員領兵之始〔註136〕。管理馬政的兵備道多位於北方邊防，與少數民族接壤，有其特殊任務，如西寧兵備道負責專辦「金牌茶馬」。〔註137〕

除管理馬政外，與大部分的兵備官一樣，他們仍需負責糾察奸弊、修葺城堡與操練兵馬等工作〔註138〕。由於戰爭、驛傳和鞏固邊防的需要，朝廷修舉馬政，加強騎兵操練，所以兵備官帶有督練兵馬之責，尤以九邊爲甚〔註139〕。以沂州兵備道爲例，正德五年（1510），領有馬快手一百五十名；萬曆末年，添兵伍馬、步兵一千人；熹宗天啓二年（1622），因山東白蓮教作亂，增兵馬一千〔註140〕。馬匹成了平亂的最佳工具。兵備督理馬政的範圍，還包括管理馬匹與草場。以京師爲例，京府自正統以後始有馬匹寄養，河間府於隆慶二年（1568）題准各府州縣寄養馬匹，每年止許查點十二次，其中天津兵備道負責二月與八月的點視〔註141〕。至於草場方面，穆宗隆慶五年（1571），丈量陝西苑馬寺牧地，共計熟地三萬頃，養馬一萬匹，餘熟地五萬頃，分三等後，徵銀共四萬五千兩，交由固原兵道收作軍餉〔註142〕。陝西牧馬草場成軍餉的來源之一。但是，隨著明朝廷用馬急、養馬多，使承擔牧馬的軍士與民戶負擔沉重，在待遇低、賠償高的壓力下，終於造成牧馬軍士逃亡和馬政的廢弛。〔註143〕

〔註136〕前引書卷，頁4340～4341。
〔註137〕《關中奏議全集》，卷七〈一爲急缺兵備官員事〉，頁24下～25上：「據西寧衛指揮使司申稱，整飭西寧等處兵備陝西按查司副使蕭翀，於正德元年四月初二日聞父喪，丁憂守制，回還原籍去訖等因，到臣照得西寧僻在萬山之中，地方廣闊，番夷雜處，管轄罕東、安定、曲先、阿端四衛，西納、隆奔、巴哇等一十三族番夷，辦納金牌茶馬。限隔北虜，爲隴右之藩籬。先年既設守備將官，又設按察司副使一員，在彼整飭兵備，防禦撫安，責任之重。」
〔註138〕《奉天通志》，卷二三七〈敕苑馬寺〉，頁5092。
〔註139〕北直隸的除紫荊兵備道外，皆管兵馬；遼東三兵道、陝西苛嵐、寧武，陝西兵糧、靖虜、莊浪，四川靖州，山東沂州、臨清、曹濮，河南睢陳、磁州等處皆也皆管馬政。
〔註140〕《沂州府志》，卷二十一〈兵防〉，頁1上～下。
〔註141〕《大明會典》，卷一五〇〈馬政一〉，頁2099。
〔註142〕前引書，卷一五一〈馬政二〉，頁2111。
〔註143〕陳文石，〈明代馬政研究之——民間牧牧〉（《明清政治社會史論》，台北：台灣學生書局，1991年11月初版），頁1～75。

四、驛　傳

　　明朝建立以後，為使皇帝詔令與朝廷政令及時下達，各級政府官員的奏章與報告及時上呈，明太祖於洪武元年（1368）便積極設立驛遞機構〔註144〕。「在京日會同館，在外日水馬驛站并遞運所，以便公差人員往來，其間有軍情重務，必給符驗以防詐偽。至於公文遞送，又置舖舍以免稽遲。」〔註145〕驛遞機構中以驛站負擔的責任最多，包括宣傳政令、飛報軍情與接待四方使客等，遞運所的工作以運送人員、物資及上供物品為多，急遞舖則專以傳遞公文為主〔註146〕。明朝為方便軍事統御體系使用當地驛站起關水陸交通工具、派遣官吏與差役人等，而給予「符驗」。但隨著中央不斷派出總督、巡撫等京官，領飭出任的武職如副參游擊，文職的分守、分巡二道皆給領符驗，造成符驗浮濫。嘉靖三十七年（1558），世宗題准「凡監鎗、整飭兵備、并一城一堡守備等項官，不許驗領符驗。」〔註147〕藉此來削減持有符驗人員的名額與權限。然而，驛傳仍屬兵備管轄範圍之內，就《大明會典》所載，兵備道兼管驛傳的有八員，其中六員為隸屬陝西兵備道，另二員位於京師的井陘與大名，而遼東寧前兵備道則轄有寧遠、廣寧前屯二衛城堡與驛所，甚至以兵備副使兼驛傳道。此例史載甚少，但仍有蛛絲馬跡可尋。如嘉靖四十五年（1566）四月，「詔併湖廣驛傳道事於清軍，改驛傳道副使駐黃州，整飭武漢、黃州等處兵備，兼制隨州及孝感、應山、雲夢三縣，專弭山寇。」〔註148〕萬曆四十五年（1617）五月，則有「神宗擢陞陝西參議余自強為本省驛傳道兵備副使」之例，足可證實兵備道與驛傳間之互動〔註149〕。驛傳的發達，保證對軍情的傳遞、官員的往來、軍隊的調動與軍需的運輸，對明朝政權的鞏固起積極作用。

〔註144〕明太祖於洪武元年正月，置各處水車站及遞運所、急遞舖，凡六站六十里或八十里，專在遞送使客、飛報軍務、轉運軍需等物，應用馬驢、艍車、人夫，必因地里量宜，設置如衝要處。詳見《明太祖實錄》，卷二十九，頁 12 下～14 上，洪武元年正月庚子條。

〔註145〕《大明會典》，卷一四五〈驛傳一〉，頁 2017。

〔註146〕蘇同炳，《明代驛遞制度》（台北：中華叢書編審委員會，1969 年 6 月初版），頁 7。

〔註147〕前引書，頁 355～356；及《大明會典》，卷一四九〈驛傳五‧符驗〉，頁 2081～2082。

〔註148〕《明世宗實錄》，卷五五七，頁 5 上～下，嘉靖四十五年四月癸未條。

〔註149〕《明神宗實錄》，卷四九五，頁 4 上～下，萬曆四十五年五月庚子條。

第六章　兵備道在地方制度的位階

　　朱元璋取南京後，仿元代置江南行中書省，自總省事。這既是朱元璋從事行政建設的開端，也是明初省級制度建置的嘗試。此後，隨著戰事的進行與領土的擴張，在各地陸續建立行省。明朝建立以後，朱元璋立即在地方推行軍政分離的政治體制。洪武二年（1369）北方戰事平息後，置北平行省，卻未將都督分府併入行省，而是採行省、行府並存。洪武三年（1370）六月，分置陝西、北平、山西三個行都督府，與行省對掌軍事、政事，同時將此制推廣到全國各地〔註1〕。又改都衛為都指揮使司，簡稱都司，直屬中央大都督府。使得各省皆有行政、軍事兩大機構，行省掌民政與財政，都司掌軍政，分屬中央的中書省和大都督府，分領府縣和衛所。洪武九年（1376）六月，改行中書省為承宣布政使司，與提刑按察使司、都指揮使司並稱三司〔註2〕，完成明初地方一級權力機構的部署。

　　為加強地方上的管理，明代以布、按的副貳官至所屬的府州縣，布政司的參政、參議負責派管糧儲、屯田與清軍等事宜，按察司的副使、僉事負責澄清吏治、受理訴訟、打擊豪強等工作，遂有分守道、分巡道的產生。原本為因事添設的兵備道，隨著各地督撫的定制與地方化，成為省、府間無論是在地方行政或軍事上重要的聯繫。而文人知兵為明代軍事領導體制的一大特色，藉文臣來牽制武將，避免武臣專擅。到了嘉靖年間，糧餉不足，兵額減

〔註1〕　如洪武三年十二月，取消行府，分置燕山、青州、太原、河南、西安、江西、武昌、杭州等八都衛指揮使司於北平、山東、山西、河南、陝西、江西、湖廣、浙江等八行省。

〔註2〕　《明太祖實錄》，卷一〇六，頁5下，洪武九年六月甲午條。

少的情況日趨嚴重，加上外有韃靼、倭寇，內有流民、番夷，兵備道成了安定社會最重要的一支力量。兵備道在地方行政上與分守道、分巡道關係密不可分，在軍事領導體制上與總督、巡撫及鎮守太監息息相關，在監察權責方面則與督撫、巡按御史同屬「憲司」。本章的目的即為進一步釐清兵備道與其他官僚體系的關係。

第一節　兵備道與分守分巡兩道之關係

　　明代於省和府間，設立一層官衙曰「道」，其中兵備道、分巡道與分守道依地域分設，為常設的機構。然而，三道間的轄區與職權互有重疊，官員間可以相互轉任與遷調，此為本節探討重點。首先將守巡道職責加以介紹：

> 守巡兩道，非為陪巡設，亦非止為理詞設也。一省之內，凡戶婚、田土、賦役、農桑，悉總之布政司。凡劫竊、鬥殺、貪酷、奸暴，悉總之按察司。兩司堂上官，勢難出巡，力難兼理，故每省四面，計近遠，分守巡，令之督察料理。所分者總司之事，所專者一路之責。〔註3〕

呂坤直言，舉凡「官吏不職，士民不法，冤枉不申，奸蠹不除，廢墜不舉，地糧不均，差役偏累，衣食不足，寇盜不息，邪教不衰，土地不闢，流移不復，樹畜不蕃，武備不修，城池不飭，積貯不豐，訟獄不息，教化不明，風俗不美，游民不業，鰥寡孤獨、疲癃殘疾之人不得其所」，此皆為守巡道的職責所在。

　　兵備道乃是由分巡道演變而來。明初即有分巡道，「按明初制，恐守令貪鄙不法，故於直隸府州縣設巡按御史，各布政司所屬設試僉事。已罷試僉事，改按察分司四十一道，此分巡之始也。」〔註4〕然而，較早置於各地的按察分司，可謂為分巡道前身。按察分司設置時間稍早，如洪武七年（1374）八月，「在外按察分司文卷，總司檢舉；總司文卷，守省御史檢舉。」〔註5〕此即是各地已有按察分司的證明。元代於地方置肅政廉訪司，每司置使、副使與僉事等官，明朝的分巡道即沿此而來。明政權建立之後，即置提刑按察司，並置分司，設官亦沿前代。洪武十四年（1381）三月，因胡惟庸案被罷廢的提

〔註3〕　《實政錄》，卷一〈守巡道之職〉，頁932。
〔註4〕　《明史》，卷七十五〈職官志四〉，頁1844。
〔註5〕　《明太祖實錄》，卷九十二，頁5下，洪武七年八月辛丑條。

刑按察司此時復設，並定各道按察分司。洪武二十九年（1396），改按察分司
爲四十一道，分巡道的制度才正式宣告確立。

　　分守道的制度實爲明代就分巡道的立意而設，與前代關係不多〔註6〕。對
於分守道的源流，史書載明始於成祖時期：「分守起於永樂間，每令方面官巡
視民瘼，後遂定右參政、右參議分守各屬府州縣。」〔註7〕然此記載在時間與
記事上皆不夠確實。太祖洪武九年（1376），改中書省俱爲承宣布政使司，罷
行省平章政事，左右丞等官，改爲布政使、左右參政諸名。並定品秩，布政
使正二品，左右參政從二品〔註8〕，參政成爲布政使的屬官。當時六部尙書僅
正三品，參政的地位比六部尙書來得高，則爲推崇地方官之故。洪武十三年
（1380）發生胡惟庸案，朱元璋廢丞相，罷中書省，陞六部，重新更定品秩，
改六部尙書爲正二品，侍郎正三品；布政使正三品，左右參政從三品。隔年，
於承宣布政使司中增加左右參議一職，爲正四品。雖曾於建文朝再度調整官
秩，但在成祖時一切恢復洪武舊制〔註9〕。至於每布政使司所轄的府州縣分爲
若干道，而以參政、參議駐守處理事務一事，史料記載有限，無法詳細說明，
但此時間應在永樂之後無誤。參政、參議的職權最初以民政爲多，隨著人口
的增加，政務、財務也日漸繁多，各布政司原有官員不敷使用，增員與分道
駐守乃是必然的趨勢。自宣德以後，參政、參議的職權，愈來愈偏向督糧等
財政工作。如宣德元年（1426），令陝西布政使司專委參議一員，監督涼州等
五倉收放糧斛〔註10〕。正統三年（1438），又添設陝西布政使司參議、按察司
僉事各一員於甘肅，監收倉糧〔註11〕。正統七年（1442），則添設湖廣布政司
參政一員，提督屯田〔註12〕。這種情況在成化年間已屢見不鮮。「當在汴時，
凡事屬臬無不分任，而所主在于兵；繼今之閩，凡事屬藩無不分任，而所主
在於食。」〔註13〕足見分守道的職責，以派管糧儲、屯田與水利等與「食」
相關的工作爲主；兵備、分巡二道的職務，則與「兵」相關的軍務爲多。但

〔註6〕李國祁，前引文，頁142。

〔註7〕《明會要》，卷四十〈職官十二・分守道〉，頁710。

〔註8〕《明史》，卷七十五〈職官四〉，頁1840。

〔註9〕李國祁，前引文，頁151～152。

〔註10〕《大明會典》，卷二十二，頁29下。

〔註11〕前引書卷，頁30上。

〔註12〕前引書，卷十八，頁9下。

〔註13〕明・李一元，《李陶山先生集》（台北：漢學研究中心景照明萬曆十四年跋刊
　　　　本），卷四〈贈兵憲安吾楊公陞任序〉，頁17下～18上。

三者在職權上實多相疊。明中葉以後，為加強地方控制與淘汰冗員，分守、分巡及兵備道間皆作重新調整。

在了解兵備、分巡與分守的設置緣由後，三道在職能、轄區與屬官內皆有其異同。首先，在職能方面，三道各專其司，「分守參議以督餉，分巡僉事以理訟，兵備以飭戎。」〔註14〕分巡道設置用意是加強按察司在地方的司法、監察權。隨著撫按官的出現，既有的職能被削弱，附屬的職權反而被突出，其中一個強調整飭軍務的職權，產生出兵備道。分守道的工作原以民政和督糧為主，洪熙元年（1425），仁宗以武臣疏於文墨，命參政、參議等官於各總兵官旁協助整理文書，商榷機密，參謀軍務，督理邊儲，是以襄理軍務的身分監督武職〔註15〕。就兵備道而言，兵備道在聽理詞訟、糾察奸弊與管理軍馬錢糧方面，與守巡道職務上多有雷同。在軍務方面，分守道的參政、參議為監督軍務，多用在九邊；而各地兵備道直接親領軍務，他們平時則操練軍馬，負有緝捕盜賊的工作，並可直接調派巡檢司官吏和兵快加以弭平。

在轄區部分，兵備道的員額遠遠超出其他兩道之上，很明顯與它的職掌有關。從明代兵備、分守、分巡三道比較來看（表2），如南北直隸不設布政司，多以兵備道維持治安，北直隸中唯一的口北分守道仍以兼理兵備為重。山西、陝西由於地接虜寇，兵備道多設於邊牆；四川境內多番夷，設兵備加以控制，此多為專職的兵備道。以山西為例，境內的兵備道位於大同府內即有三員，守巡則各僅有一員，從轄區就可知兵備的重要性。至於分守與分巡二道，除分巡道多了一員外，其餘四員名稱皆為冀寧、河東、冀北與冀南道，其中冀南道身兼兵備、分守、分巡三道，但駐地不同。冀南分巡與兵備駐潞安府，分守則駐汾州。顯然分設諸道之時，立意在使其重疊交錯，以收相互牽制監督之效。沿海地區，山東、浙江、福建與廣東四省，嘉靖中葉後倭寇嚴重，為因應亂事，分巡道多兼兵備。如福建泉州府：

> 洪武八年設按察分司，二十四年改為漳泉道，二十九年改福寧道。嘉靖三年兼兵備，徙鎮於泉。三十八年，倭入寇，郡邑多事，迺分福寧道駐省城，改本道為興泉道，備兵興泉。泉有專道自此始。
> 〔註16〕

〔註14〕《重刊西寧志》，〈請革莊浪參將帶管西寧疏〉，頁45。

〔註15〕《大明會典》，卷七十六，頁6下。

〔註16〕清·懷蔭布，《泉州府誌》（台南：台南文獻委員會，1994年，據清同治庚午（九年）重刊本影印），卷二十六〈文職官上〉，頁36上～下。

原屬福寧分巡道的泉州，因倭寇入侵之故，於嘉靖三十八年（1559）才專設興泉兵備道。再看浙江寧紹道：

> 嘉靖三十九年二月，更定浙東守巡官信地，內以寧紹爲一道，其原設寧紹台兵備副使及參將，俱令止領寧、紹二府，以寧紹分巡事，并於兵備道，從總督胡宗憲請也。……隆慶二年正月，兵部覆浙江撫按官趙孔等奏，寧波既設海道副使，兵備事可以兼設，其紹興兵備可省。令寧紹台分守參議以駐紹興，台州兵備僉事兼巡三府，至寧台紹參將各防禦信地，仍聽總兵官居中調度。〔註17〕

分巡、分守與兵備道的劃分，基本上是毫無制度可依循的。原本寧波、紹興二府有分巡、兵備各一員，後來因故合併爲寧紹兵巡道。隆慶二年（1568），以巡海道兼理寧波兵備，而將紹興兵備併至台州府，使台州兵備必須統轄寧波、紹興與台州三府。一方面是此時海氛平靜，而且沿海地區比起沿邊或內地，所負擔的職責較輕，所以朝廷爲省冗員，只得重新調整區劃。有一點必須要提出來的是，許多兵備最初是由分巡兼任或析出，隨著時間愈後，兵備道因亂事愈設愈多，造成朝廷必須淘汰冗員〔註18〕。兵備道由於職掌軍務，權責較重，以致於眾多分巡道被撤併，遂有「兵巡道」之名。不過，此時分巡道的地位早已遠遠不如兵備道。

以分守道兼兵備道的實例較少。除前述北直隸的口北道外，岳州、蘄州二兵道，所管長江防道，一般多以上、下江防道稱之，但此稱與《明史》所載的分守道名相同，查《隆慶・岳州府志》，岳州兵備道（上江防道）並未兼理分守，爲專職的兵備道，而且並無有關分守「江防道」的史料〔註19〕。據《大明會典》所載：「分守上荊南道一員，駐箚澧州，兼整飭岳州、九永等處兵備，督理軍衛有司。」〔註20〕岳州兵備所管由武昌而上沔陽、岳州、長

〔註17〕 清・李亨特，《乾隆・紹興府志》（台北：成文出版社，1975 年，據清乾隆五十七年刊本景印），卷二十一〈武備志〉，頁 532～533。

〔註18〕 如河南汝南分巡道，兼管整飭兵備：「初，汝南設憲使分巡，再設兵備，已病其贅員，而并之其官，或副使或僉事，建至于申，總協兵刑。」詳見明・崔銑，《洹詞》（《文淵閣四庫全書》），卷十〈汝南兵備道題名記〉，頁 35 下～36 上。

〔註19〕 明・李元芳、鍾崇文，《隆慶・岳州府志》（《天一閣藏明代方志選刊》五十七，上海：上海古籍書店，1982 年 8 月，據明隆慶刻本景印），〈建志考〉，頁 51 上～52 上。

〔註20〕 《大明會典》，卷一二八〈兵部十一・督撫兵備〉，頁 1833。

德、長沙等處，也就是洞庭湖四周重要區域，與分守上荊南道的轄區多有重疊，《明史》的「上江防道」或應為「上荊南道」。史載並無其他兵備兼理分守之例。

按察司道雖無法兼理布政司道，但藩司卻可兼任臬司。分守道的長官由於品秩較高（參政從三品，參議從四品），成為臬司副使（正四品）、僉事（正五品）升遷的最佳途徑。這樣的藩臬職掌兼銜，可推溯至成化中期，陶魯曾以湖廣右布政使兼廣東按察副使。陳全之（1512～1580）名朝鋆，號津南，以字行，為嘉靖二十三年（1544）進士，他認為明朝以藩省大臣兼銜，其兼銜多為兵備職，自嘉靖後實屬常態：

> 國朝藩省大臣兼銜，工部尚書吳廷舉，先任廣東右布政使，時因嶺西道猺獞嘯聚，命兼兵備副使經略其事，此正德年中之事也。山西兵備副使張鎬兼參政管營田，密雲副使王倫兼參政仍僉事，照舊整飭兵備，此嘉靖二十六年、三十年之事也。近日，都御史鄭曉奏捕倭寇八十餘人，副使張景賢陞參政，仍兼兵備。又因倭寇攻劫城池，僉事任環身親戰陣，斬獲功多，陞右參政兼副使，仍舊兵備；山東副使李蓁陞右參政，仍舊兵備，此又嘉靖三十三年之事也。〔註21〕

上述多位兵道官，皆因軍功而升調品秩，而同時兼有原職。王世貞對此現象亦言：「近年以來，不可勝紀。」〔註22〕綜觀青史，如嘉靖十九年（1540）五月，陞湖廣布政使司右參議（從四品）段續為山東按察司副使（正四品），整飭密雲等處兵備〔註23〕；山東右參政（從三品）曹時聘以原官備兵徐州等〔註24〕。有時甚至從參政升調為按察使（正三品），但仍需理兵備。例如萬曆二十八年（1600）三月，山東右參政徐學聚升為河南按察使，仍兼汝南兵備〔註25〕；同年四月，山西右參議同樣也升為按察使，但也兼管遼東、開原兵備〔註26〕；而永平兵備道按察使顧雲程，因深受當地士民愛戴，升為山東右布政使（從二品）後，仍管舊事〔註27〕。天啟元年（1621），海右道參議李邦

〔註21〕 明・陳全之，《蓬窗日錄》（上海：上海書店出版社，2009年1月第一版），卷五〈事紀一・兼銜〉，頁249。

〔註22〕 《弇山堂別集》，卷八〈皇明異典述三・藩臬兼任〉，頁151。

〔註23〕 《明世宗實錄》，卷二三七，頁3下，嘉靖十九年五月壬子條。

〔註24〕 《明神宗實錄》，卷二五〇，頁10下，萬曆二十年七月丙戌條。

〔註25〕 前引書，卷三四五，頁7上，萬曆二十八年三月己未條。

〔註26〕 前引書，卷三四六，頁3下，萬曆二十八年四月壬午條。

〔註27〕 前引書卷，頁1下，萬曆二十八年四月丁丑條。

華（？～1644）改登州兵巡道。分守官與兵備官，也就是藩臬間的遷調，實屬常態。

　　分守、分巡與兵備道官，均為布、按二司重要的佐貳官，卻因省與府間距離過大，及地方行政機構中分工不夠細膩，遂有各式各樣因應而生的「道」。原為臨時差遣性質，日後為溝通省、府，方便處理地方事務，遂成定制。分守道、分巡道及兵備道的性質與布按二司設置由來相同，皆為相互牽制、監督的功能，從而使大明帝國根基更加穩固。

第二節　兵備道與督撫的關係

　　如同巡撫，總督也同樣是由中央派出的文臣統御機構。英宗正統六年（1441），雲南麓川思任發起事，久亂不息，遂命兵部尚書王驥（1378～1460）總督軍務，與定西伯蔣貴等會川、貴、湖廣、南京諸道官軍土軍十五萬人征討，許便宜行事〔註28〕。這是明代首次「總督軍務」的文臣，但這只是為平亂而採取的權宜之計，到了景泰時期才逐漸普設。景泰元年（1450），漕運不濟，特命僉都御史王竑總督漕運〔註29〕。憲宗成化初，兵部尚書王竑（1413～1488）以兩廣苗患積年不靖，總兵官董興、武毅相互推諉，請以翁信、陳旺易之，並推薦左僉都御史韓雍總督兩廣軍務〔註30〕。而王竑總理漕運，直至景泰四年（1453）才罷任，其後由陳泰、滕昭等先後繼任。逐漸具備中央官派駐地方機構的特徵。總督的管轄屬於大行政區的，如總督薊遼、保定等處軍務，總轄順天、保定、遼東三巡撫〔註31〕。然而，也因為此特性，總督的建置需要更長的時間來加以規範，尤其在明代中央集權與地方分權的原則下，總督難以落實制度化與地方化，實際的運作多由其下的巡撫與兵備道辦理。

　　隨著督撫等文官主持軍務後，為輔佐其處理軍務，因而逐漸發展出「兵備道」。以浙江嘉湖兵備道為例，「每遇汛期，督撫、軍門萃嘉湖兵巡道同分守、參將督發兵，出戍海洋。」〔註32〕由於工作性質相近，《大明會典》特在

〔註28〕　《明英宗實錄》，卷七十五，頁7上～下，正統六年正月丙辰條。另參清・谷應泰，《明史紀事本末》（北京：中華書局，內部發行，無出版年月），卷三十〈麓川之役〉，頁453～460。

〔註29〕　《明史》，卷一七七〈王竑傳〉，頁4707。

〔註30〕　前引書，卷一七八〈韓雍傳〉，頁4733。

〔註31〕　《大明會典》，卷一二八〈鎮戍三〉，頁1827。

〔註32〕　清・王彬，《海鹽縣志》（台北：成文出版社，1975年臺一版），頁1227。

〈兵部鎮戌〉裏，專列「督撫兵備」一目：

> 國初，兵事專任武臣，後常以文臣監督。文臣，重者曰總督，次曰
> 巡撫。總督舊稱軍門，而巡撫近皆贊理軍務或提督。詳載都察院。
> 其按察司官整飭兵備者，或副使或僉事，或以他官兼副使、僉事。
> 沿海者，稱海防道；兼分巡者，稱分巡道；兼管糧者，稱兵糧道。
> 今具載之，而仍以所轄督撫領其首。〔註33〕

因而，何良俊（1506～1573）說：「今世將官皆受制於總督，無論賞罰，雖出
師之期，亦必請命而行。……今必請之總督，請之巡按，請之兵備……。」
〔註34〕確定明代文官軍事領導體制。由於文官知兵以督撫領其首，兵備次
之，三者表現在軍務上，可以分三方面來探討：

一、督撫節制兵備

朝廷給予兵備的敕諭中，通常要求兵備官：「凡事須與各鎮守、巡撫、分
守、守備等官公同計議，從常處置。」〔註35〕但更多賜給兵備的敕書中，俱
有「悉聽總督、鎮撫官員節制」、「仍聽巡撫節制」、「仍聽鎮巡官節制」等規
定〔註36〕，如威茂兵備道，「問理其軍中事宜，與分守將官從長計議停當而行，
仍聽巡撫節制。」〔註37〕

在總督、巡撫並存的地區，兵備歸誰調遣，敕書中仍有明載。遼東兵備
道中，遼海東寧道（分巡兼兵備）、金復海蓋兵備道（苑馬寺兼理）與寧前兵
備道的敕書中均載：「仍聽督撫官節制」；惟有開原兵備道「仍聽巡撫節制」
〔註38〕。推究其原因，可能是前三者的防區較靠近薊州，與關內防務密切相
關，而薊遼總督之設，本來就是為了協調遼東、順天及保定三撫的行動，如
此的規定，將使薊遼總督的協調功能落實〔註39〕。有些兵備則專聽總督委
用，如山西大同府陽和兵備道，「專聽軍門委用」。〔註40〕

〔註33〕 前引書，卷一二八〈兵部十一・督撫兵備〉，頁1827。
〔註34〕 《四友齋叢說》，卷十一〈史七〉，頁94。
〔註35〕 《寧武府志》，卷十〈事考〉，頁573。
〔註36〕 《皇明九邊考》，卷十〈固原考〉，頁108～109。明・應檟修、劉堯誨重修，《蒼
梧總督軍門志》（台北：臺灣學生書局，1970年12月初版，據中央圖書館藏
明萬曆九年廣東布政司刊本景印），卷二〈制敕・總督府奉〉，頁2下。
〔註37〕 《威茂邊防紀實》，卷上〈藩憲〉，頁2上～下。
〔註38〕 《奉天通志》，卷二三七〈藝文十五〉，頁5092～5093。
〔註39〕 羅東陽，前引文，頁21。
〔註40〕 《大明會典》，卷一二八〈兵部十一・督撫兵備〉，頁1829。

　　若兵備道的防區和事務涉及到兩個或者兩個以上巡撫，則受多個巡撫節制。如北直隸紫荊兵備道，「仍聽保定巡撫節制，干涉山西都御史，一體呈請施行。」〔註41〕湖廣撫治荊州兼施歸兵備道，因地皆湖廣、四川與貴州三省，「仍聽川貴巡撫、四川撫按節制。」〔註42〕巡撫轄區通常跨越多省，全名為「巡撫南贛、汀韶等處地方，提督軍務」的南贛巡撫，「南」、「贛」為江西布政司轄下的南安府與贛州府，「汀」指的是福建汀州府，「韶」則為廣東韶州府，也就是南贛巡撫的統轄包含贛、粵、閩三省。弘治七年（1494）因邊地有寇警，鎮撫三司議添設江西巡撫，並用以節制三省兵備、守備等官，時時巡視各府〔註43〕。能使兼轄數省的巡撫迅速發揮職能的惟有兵備道官，兵備道可過境拘捕盜賊，使其不至流劫邊境，成為地方治安的死角。〔註44〕

　　在實際運作方面，平時督撫必須督理兵備官操練兵馬，防止盜賊生事。嘉靖十三年（1534），兵部右侍郎徐問在〈陳武備〉八事中「專責委以杜聚寇」，就要求撫按嚴格督導兵備，防止其因少遷轉而怠惰：

> 兩畿諸省設兵備、江防、海道官以弭盜，各有定駐地方。比來多寓省城，趣承撫按營理他務，少需遷轉；又或徒任刑威，不察機宜，以故盜賊滋蔓，莫可禁止。宜令撫按督責各兵備道，俱于原設要地駐箚，表率廉正，虛心咨訪，簡練兵勇，聯屬保甲，務以弭盜安民為功，不得仍襲舊弊養寇成亂。〔註45〕

戰時，督撫則必須率領兵備等官參與作戰，以期儘速平定亂事。嘉靖三十八年（1559）十一月，查勘倭情給事中羅嘉賓等條上海防四事，對督撫在浙江沿海地方防制倭亂的權責加以規劃：

> 一、定督撫駐箚。謂總督之權，關係甚重，必所處適中，仍可相機調度。請今後總督官如值風汛，或移寧、台，或移嘉、湖，悉心區畫，務收戰勝攻取之績。
>
> 一、禁專泥信地。各該將領，平時各照所管關隘，加謹防守，若遇

〔註41〕前引書卷，頁1828。

〔註42〕前引書卷，頁1833。

〔註43〕《贛州府志》，卷四〈公署〉，頁14上～15下。

〔註44〕如南昌兵備道，「專飭南昌、瑞州二府戎事，訓練營鄉等兵，兼制湖廣興國、通城、崇陽、瀏陽、咸寧、平江等六州縣，扼險捕盜。如有盜賊逸過寧武、湖新等，聽守巡武昌道移文會剿。」詳見《大明會典》，卷一二八〈兵部十一‧督撫兵備〉，頁1832。

〔註45〕《明世宗實錄》，卷一六九，頁2上～下，嘉靖十三年十一月甲子條。

賊勢重大，攻劫城池，不論遠近，星馳赴援。如執信地為詞，不行策應者，論罪。

一、修要害衛所。沿海舊有關隘，各設衛所，誠據險扼吭之要策。今兵紀漸廢，請行督行撫兵巡等官，備查各衛所隸關港幾處，原設兵船、火器若干。責其把守防禦，務臻實效。

一、重臨海府分。浙東寧、台、溫三府，實居海衝，一遇風汛，首被其害。然寧溫猶有海道總兵、兵備、參將，而台州一府，未嘗設官總理。請行軍門督令分巡僉事駐箚台州，後有銓授，將駐箚地方分管道分，填注文憑，以示責成。〔註46〕

這段史料充分顯示督撫在軍務中扮演的角色，即是要求兵備等官確實盡到防禦海寇與監察衛所官兵的責任，並將軍力作適當的調度與分配。一旦地方不靖，督撫也必須率兵參與作戰。如穆宗隆慶元年（1567），廣東鎮守總兵官湯克寬縱海寇而釀成民禍，穆宗即切責總督侍郎張瀚率鎮巡兵備等官亟行剿賊，以靖地方〔註47〕。督撫若無法善盡「節制」之責，就必須要負連帶責任。嘉靖二十一年（1542），山西地方多處屯堡被韃靼攻破，並殺擄人口、頭畜，大同、山西巡撫因而更置四人，州縣官亦多見罷斥，但巡撫對兵備間雖議及未盡其法，至於守巡官則全無一字相及。因此，兵部要求巡撫：「以後地方有事，俱要將前項官員通行考究，若能保障無虞，仍論功行賞，干礙得各官指實參究。」〔註48〕所以，巡撫、兵備、守巡及府州縣官同為文官，均為一體，俱有地方責任。

二、督撫監督兵備

總督、巡撫同隸屬都察院，總督多兼都御史職，巡撫則加都御史或僉都御史銜，皆以便宜行事。都御史的職掌即為監察與彈劾：

都御史職專糾劾百司，辯明冤枉，提督各道，為天子耳目風紀之司。凡大臣姦邪、小人構黨、作威福亂者，劾。凡百官猥茸貪冒壞官紀者，劾。凡學術不正、上書陳言變亂成黨、希進用者，劾。遇朝覲、考察，同吏部司賢否黜陟。大獄重囚會鞫於外朝，協刑部、大理讞

〔註46〕《明世宗實錄》，卷四七八，頁4上～下，嘉靖三十八年十一月庚寅條。
〔註47〕《明穆宗實錄》，卷十四，頁4上～下，隆慶元年十一月丁巳條。
〔註48〕《條例備考》，兵部卷三〈查究失事兵巡等官〉，頁37上～下。

平之。其奉敕內地，拊循外地，各專其敕行事。〔註49〕

地方官員一旦魚肉子民，容易造成人心惶惶，甚至釀成民亂。所以在地方上，督撫的監督權更是重要。兵備道若有虧職守，就立即受到督撫的彈劾。如武宗正德十三年（1518）九月，甘肅兵備副使戴書、山東右參議陳溥俱以不職，為巡撫都御史所劾，令致仕〔註50〕。萬曆二十年（1592）四月，河南巡撫吳自新奏：「陳州軍譟，指揮李承教侵費條銀實所致，兵巡僉事楊有仁似宜免究。」兵部答覆：「有仁專職訓練，任憑侵漁，不得無罪。」〔註51〕而將楊有仁調用。萬曆三十三年（1605）八月，廣東惠潮兵巡道右參政朱東光，竟然失職被盜官印，總督戴耀據實上奏，除請鑄新印外，並要求將其予以調職懲戒，朱東光因此被調往貴州分守新鎮道〔註52〕。賞罰必信，兵備一旦討賊有功，督撫也會適時上奏，請求朝廷賜賞升官。如總督兩廣福建都御史劉燾，奏討平海寇林容有功，命賞兵備張士純等銀兩有差。〔註53〕

　　總督、巡撫如遇地方有警，可視情況請奏增設兵備道。貴州於成化中葉設有二員兵備副使，嘉靖八年（1529），藩臬之臣入覲，議增兵備兼分巡。嘉靖十年（1531），撫按覆其議，而使貴州計有四員兵備：

> 於是以威清兼安平，都清兼新鎮，俱副使。設兵備，一于畢節兼貴
> 寧，一于思石兼思仁，俱僉事。咸奉璽書，授以兵馬、城池、邊防、
> 吏治之寄，并司其地之屯政。兼制異省之。皆杭者威清則兼制廣西
> 之泗城，雲南之霑、益二州焉。〔註54〕

而兵備道官缺額與兵備轄區的調整，也為督撫職掌所在。嘉靖四十三年（1564）正月，世宗從撫按官之議，命四川兵備副使仍駐建昌衛城，清軍副使兼管驛傳事，移驛傳副使分巡上川南道〔註55〕。萬曆八年（1580），設置蒼梧兵巡道，但分巡道駐梧州府，巡撫吳文華因此上疏請移兵備駐鬱林。〔註56〕

　　然而，此時眾官僚體系中，衍生出一個新問題，那就是設置總督、巡撫與兵備孰優？督撫和兵備都是因事而設，事畢即罷。隨著時間變遷與地方需

〔註49〕《明史》，卷七十三〈職官二〉，頁1768。
〔註50〕《明武宗實錄》，卷一六六，頁4下，正德十三年九月癸丑條。
〔註51〕前引書，卷二四七，頁3上，萬曆二十年四月戊戌條。
〔註52〕《明神宗實錄》，卷四一二，頁8下，萬曆三十三年八月丁巳條。
〔註53〕《明穆宗實錄》，卷四十一，頁4上，隆慶四年正月戊寅條。
〔註54〕《黔記》，卷二十四〈兵備道題名記〉，頁521。
〔註55〕《明世宗實錄》，卷五二九，頁3下，嘉靖四十三年正月壬寅條。
〔註56〕《鬱林州志》，卷十〈文職〉，頁116。

要，巡撫、兵備逐漸成爲定制，相形之下，總督制度卻尙未成形。添設巡撫或兵備，成爲朝廷百官建言的攻防焦點。如嘉靖朝發生的土寇黃中亂事，吏部回覆湖廣撫按官谷中虛（1525～1585）等奏，添設兵備僉事於施州。繼而給事中邢守庭、主事羅青霄及貴州巡撫陳洪濛，請復設川、湖、貴州總督，陳洪濛又請改添設僉事爲副使，以重其事權。惟獨給事中何起鳴認爲設總督不如專設兵備副使方便。事下兵部，行四川巡撫譚綸會議。譚綸從給事中何起鳴言，改設整飭荊虁兵備湖廣按察司副使一員，而未設總督一職〔註57〕。顯然地，巡撫與兵備的地方化與制度化，實爲設置該官的優先考慮方向。

三、督撫爲兵備升遷的最優途徑

　　高拱認爲，兵乃專門之學，非人人可能，而儲備軍事能臣，當始自兵部。爲達到督撫、兵備等官的久任責成之效，高拱提出一套辦法：

> 今宜特高其選，而以有智謀才力者充之，使其專官於此，練習事務，不復他遷。而又議其升格：邊方兵備缺，即以兵部司屬補；邊方巡撫缺，即以邊方兵備補；邊方總督缺，即以邊方巡撫補。而總督與在部侍郎時出時入，以候尙書之缺。〔註58〕

時代愈後，邊亂愈急，此辦法的實施也就愈徹底。如大同左衛兵備道的鄧林僑、崔鏞及朔州兵備道的王點，皆因此被擢升山西巡撫〔註59〕。防禦女眞族的遼東三兵備，從兵備道臣升任巡撫的例子也不少。開原兵備道薛國用、王化貞，寧前兵備道的李松、袁崇煥、畢自肅及金復海蓋兵備道的閻鳴泰，多以右僉都御史等銜，充任巡撫遼東〔註60〕。其中薛國用再升爲經略遼東軍務，而袁崇煥於崇禎元年（1628），以兵部尙書兼右副都御史督師薊遼、登萊、天津〔註61〕。其他地方兵備的升遷，雖不似邊防迅速，但督撫依然是兵備升遷的管道之一。如四川兵備副使朱紈，世宗嘉靖二十五年（1546）擢右僉都御史，巡撫南、贛，隔年（1547）七月，倭寇起，改提督浙、閩海防軍務，巡撫浙江〔註62〕。王之誥（1521～1590）字告若，嘉靖二十三年（1544）

〔註57〕《明世宗實錄》，卷五六二，頁6下～7上，嘉靖四十五年九月癸丑條。

〔註58〕明·高拱，〈議處本兵及邊方督撫兵備之臣以禆安壤大計疏〉（收入於《昭代經濟言》，上海：商務印書館，1936年6月初版），頁231。

〔註59〕《朔平府志》，卷五〈職官〉，頁681、775～776。

〔註60〕《奉天通志》，卷一二九〈職官八〉，頁2941～2946。

〔註61〕《明史》，卷二五九〈袁崇煥傳〉，頁6712～6713。

〔註62〕前引書，卷二〇五〈朱紈傳〉，頁5403。

進士，後因平亂有功，轉山西布政司參議，旋調大同兵備副使，擢遼東巡撫、兵部右侍郎，再以左侍郎總督宣、大、山西軍務。〔註63〕

　　根據高拱的辦法，兵備若不斷的升遷，甚至可達到兵部尚書之職。曾任江西兵備副使的胡世寧，累官遷至刑部尚書、兵部尚書〔註64〕；雁門兵備副使郭宗皋，從大同巡撫和總督宣、大、山西軍務，屢遷為兵部尚書〔註65〕；譚綸與王崇古也因抵禦俺答有功，終仕至兵部尚書〔註66〕。凌雲翼甚至同時擔任文官統御系統中最高領導者，以南京兵部尚書兼右副都御史總督漕運，巡撫淮、揚〔註67〕。因而，在文人知兵及邊官遷補的原則下，兵備道官只要能升任巡撫、總督，召回京師，成為京官，甚至統領最高軍權的兵部尚書，並非僅是空想。

第三節　兵備道與巡按御史的關係

　　為保證中央對地方的絕對控制，明朝在改革和調整省級行政體制的同時，不斷地派員與派駐機構，來對地方事務進行干預與監督。在所有派出機構中，除了先前提到的總督、巡撫外，巡按御史也是重要的一環。洪武二年（1369）八月，太祖曾派監察御史謝恕，巡按松江，以「欺隱官租」逮繫一百九十餘人至京師〔註68〕，但只是帶有使命，事畢歸命。洪武十年（1377）二月，又遣御史吉昌等十三人分巡山東、廣西等處〔註69〕；七月，再遣御史巡按天下州縣。太祖十分重視此次御史巡按地方，當面諭令：

> 今汝等出巡天下，事有當言者，須以實論列，勿事虛文。凡為治以安民為本，民安則國安。汝等當詢民疾苦，廉察風俗，申明教化。處事之際，須據法守正，務得民情。惟專志以立功，勿要名以取譽。朕深居九重之中，所賴以宣布條章，申達民情者，皆在汝等，汝其

〔註63〕 前引書，卷二二〇〈王之誥傳〉，頁5784。
〔註64〕 前引書，卷一九九〈胡世寧傳〉，頁5262。
〔註65〕 前引書，卷二〇〇〈郭宗皋傳〉，頁5298～5299。
〔註66〕 前引書，卷二二二〈譚綸傳〉，頁5833～5836；及卷二二二〈王崇古傳〉，頁5836～5843。
〔註67〕 前引書，卷二二二〈凌雲翼傳〉，頁5861。又，〈職官志〉，頁1768，云：「其以尚書、侍郎任總督軍務者，皆兼都御史，以便行事。」
〔註68〕 《明太祖實錄》，卷四十三，頁6下～7上，洪武二年六月癸丑條。
〔註69〕 前引書，卷一一一，頁6上，洪武二年二月己巳條。

慎之。〔註70〕

巡按御史的出巡結果，成爲皇帝決策重要的依據。爲落實巡按官職的合理性，洪武二十六年（1393），訂定巡按御史《出巡事宜》，其職權包含四項：一、罪囚審錄與存恤孤老。二、受理軍民詞訟。若告本縣官吏，則發該府；若告本府官吏，則發布政司；若告布政司官吏，則發按察司；若告按察司官吏及申訴各司官吏枉問刑明等項，不許轉委，必須親問。三、體知有司等官。守法奉公、廉能昭著者，隨即舉奏；其姦貪廢事、蠹政害民者，究問如律。四、凡至地方，所有核行事件，著令首領官吏抄案施行〔註71〕。自此之後，巡按御史已成爲中央派往地方的最高監察官員。

但從宣宗宣德以後，御史專行出巡之事，按察司官員也必聽御史舉劾，使得原本按察司官員與巡按「頡頏行事」的立意完全被抹煞，形成巡按御史獨大的局面。巡撫雖然帶都御史之銜，成爲巡按御史的上司，但是地方事務乃由三司向巡按備呈。巡按「歲一更代」，任期一滿，得回都察院本道接受考察，只屬於都察院的「外差」，並未成爲地方機構的一部份。然而，巡按的書判，成爲按察司兵備官升遷與否的關鍵，也是中央制衡地方官專權的另一種手段。

因此，兵備與巡按御史的關係主要表現在監察權上。如成化八年（1472）四月，整飭陝西洮河兵備按察副使吳玘奏：「岷州衛百戶徐貴、劉璽怠於巡哨，番賊入寨擄殺人畜，請治其罪。」事下兵部議，行巡按御史即彼逮問。因劾玘及守備都指揮僉事后泰提督不嚴，亦宜并治。上宥泰、玘，餘如所擬〔註72〕。弘治九年（1496）八月，湖廣流賊黃瑛等聚眾至百餘人攻劫桂陽縣治，後以次就擒。巡按御史曾昂以聞，因劾守備署都指揮僉事王震、兵備副使馮鎮、分巡僉事傅金、分守左參政章銳、茶陵衛指揮使周嵩不能預防，請治其罪。結果王震、馮鎮皆逮問，章銳、傅金、周嵩免逮問，各罰俸三月〔註73〕。隆慶三年（1507）十二月，巡按陝西御史王君賞以賊首何勉餘黨復流劫通江，劾奏守備張文奎、都指揮包文學、丁永臣及參將錢炳玩寇罪，併

〔註70〕前引書，卷一一三，頁5上，洪武十年乙巳條。有關巡按御史，可參見巨煥武，〈明代巡按某處御史與巡按御史〉，《中山學術文化集刊》第三期，1969年3月，頁345～362；氏作，《明代巡按御史與中差御史》，《政治大學學報》第三十二期，1975年12月，頁75～90。

〔註71〕《大明會典》，卷二一〇〈都察院二〉，頁2802～2803。

〔註72〕《明憲宗實錄》，卷一〇三，頁2下，成化八年四月甲戌條。

〔註73〕《明孝宗實錄》，卷一一六，頁2下～3上，弘治九年八月壬辰條。

兵備副使王漸、撫治參議王文翰不職狀〔註74〕。巡按的彈劾權，除布、按二司官員外，鎮守太監與巡撫也在此列。正德二年八月，巡按陝西御史李高奉命閱視邊鎮，劾奏陝西行都司都指揮僉事陳暄、固原兵備副使高崇熙、李端澄、冉羽中等各因循怠玩，戎政廢馳。甘肅監倉太監、巡撫都御史等官皆難辭責。陳暄奪俸兩月外，其餘姑且輕貸，令加意整飭邊務，毋得仍前貪玩〔註75〕。但假若兵備道官並未明顯失職，巡按只是爲了意氣之爭而參奏，皇帝的處置態度則是雙方皆受罰。如萬曆七年（1579）五月，廣東巡按史龔懋賢參劾南韶兵備管志道，並自陳不職求罷。朝廷的處置方法爲：

> 御史、藩臬各官一路，然彈壓之權御史尤重，禮遇文移沿習舊矣。
> 今管志道職司南韶，一應事務直與御史爭較，則彼此頡頏，事權不
> 一，必有廢格掣肘之患。御史龔懋賢宜令供職候代，管志道宜量加
> 裁抑。〔註76〕

管志道因此被降一級。雖然兩邊都受罰，但很明顯在監察權上，朝廷仍比較偏袒御史一方。

　　在考察地方時，巡按御史如同督撫一樣，可視地方需要上奏請設兵備道。嘉靖十一年（1532）七月，陝西巡按御史郭圻，請設四川兵備一員：

> 陝西臨洮、鞏昌等處與四川接壤，奸民往往闌出邊關，私易茶馬，
> 宜於川、陝孔道置兵防守，仍專設四川兵備一員，兼攝私茶之禁，
> 季終籍所捕獲多寡，以定殿最。〔註77〕

巡按若對兵備等官的轄區或職掌有意見，也可上奏請求改隸。嘉靖十四年（1535）十月，上從巡按御史鄒堯臣之請，割四川川南道所隸卭、雅、眉三州八縣，建昌等六衛八所，天全、黎州七土官衙門爲上川南道，並以建昌兵備副使胡仲謨兼分巡督糧，右參議李瑜兼分守〔註78〕。巡按御史的職掌甚至擴及到督軍權。正德五年（1510）十二月，徐州流賊數十騎，突入管理呂梁洪主事伍全官舍，執全拷笞，劫取椿草等至數百兩。兵部請行巡按御史同兵備副使嚴督追捕〔註79〕。原本不屬巡按御史職掌範圍的督軍權，在武宗朝竟

〔註74〕《明穆宗實錄》，卷四十，頁4上～下，隆慶三年十二月癸丑條。
〔註75〕《明武宗實錄》，卷二十九，頁6上～下，正德二年八月庚寅條。
〔註76〕《明神宗實錄》，卷八十七，頁3下，萬曆七年五月癸亥條。
〔註77〕《明世宗實錄》，卷一四〇，頁1上，嘉靖十一年七月丁未條。
〔註78〕前引書，卷一八〇，頁6上，嘉靖十四年十月己酉條。
〔註79〕前引書，卷七十，頁3上，正德五年十二月癸巳條。

可與兵備共同督剿流賊。這些七品官員權力如此之大，也難怪督撫、兵備及其他府州縣等地方官無不阿諛奉承，因而荒廢公務也屬理所當然。

第四節　兵備道與宦官的關係

　　早在於朱元璋南征北討統一全國之際，就經常派宦官到軍前向統軍大將徐達、常遇春、李文忠（1339～1384）、沐英（1344～1392）、傅友德（？～1394）等傳達命令〔註80〕。洪武十一年（1378）十月，特遣內臣吳誠詣總兵楊仲名觀兵。十一月，總兵官辰州衛指揮楊仲名討破五開蠻，又遣宦官呂玉往行營「觀兵閱勝」〔註81〕。談遷（1593～1657）認爲此爲內臣監軍之始，「即不預軍事，恐爲所怵也。」〔註82〕

　　成祖在靖難中取得勝利的因素之一，即是以宦官爲建文帝耳目，探知朝廷虛實。而王彥、鄭和等太監，出入戰場，屢建奇功，深獲成祖的賞識。爲了強化對官僚的控制，成祖遂提高宦官的權限。如永樂元年（1403），以內官監李興奉敕勞暹羅國王；永樂三年（1405），遣內官鄭和領兵二萬七千八百餘人，乘寶船六十二艘下西洋〔註83〕；八年（1410），都督譚青營內有內官王安。同時又命馬靖鎮甘肅，馬騏鎮交趾。所以，「明世宦官出使、專征、監軍、分鎮、刺臣民隱事諸大權，皆自永樂間始。」〔註84〕在太祖時定下「內臣不許讀書識字」的禁令也於此時被突破，如宦官范弘，「占對嫺雅，成祖愛之，教令讀書，涉經史，善筆札，侍仁宗東宮。」〔註85〕宣宗時更設內書堂，選小內侍，令大學士陳山教習，遂成定制。

　　永樂年間雖有宦官監軍之舉，但武臣權重，內監「猶不敢縱」〔註86〕。但在仁、宣兩帝積極消弱武臣權限的運作下，於洪熙元年（1425）正月，仁宗設宦官守備，「命內官宮監太監鄭和，領下番官兵守備南京，在內與太監王

〔註80〕《弇山堂別集》，卷八十七～八十八〈詔令雜考二、三〉，頁1633～1674。
〔註81〕《明太祖實錄》，卷一二〇，頁1上，洪武十一年十月戊申條；卷一二一，頁1上～下，洪武十一年十一月庚午條。
〔註82〕《國榷》，卷六，頁565，洪武十一年十月戊申條：「遣內臣吳誠詣總兵官指揮楊仲名行營觀方略。」
〔註83〕《明史》，卷三〇四〈鄭和傳〉，頁7766～7767。
〔註84〕前引書卷，〈宦官傳〉，頁7766。
〔註85〕前引書卷，〈范弘傳〉，頁7771。
〔註86〕前引書，卷七十二〈職官志二〉，頁1730。

景弘、朱卜英、唐觀保協同管事，遇有事同襄城伯李隆、駙馬都尉沐昕計議
而行。」〔註87〕二月，又設置內監鎮守之職，敕王安爲甘肅鎮守太監，此爲
「鎮守之始見者」〔註88〕。宣德之後，諸邊鎮凡有鎮守總兵官處，皆設鎮守
太監或少監，有分守參將處設分守少監或監丞，有武職守備處則設內臣守備，
各城堡關隘，也有監倉內宦。與諸邊不同，各布政司鎮守中官只設一、二員，
其類型不同，職責也有所側重，但均與武臣總兵、副將、參將、遊擊及文臣
巡撫、兵備共同指揮當地駐軍。

　　宦官在地方的權限，在劉瑾專擅後達到高峰。劉瑾專權四年有餘，屢創
法制，變更舊章。爲滿足一己私慾和樹立自身威信，除委任私人掌廠衛、廣
布校衛、遠近偵伺外，並派遣親信太監分鎮各邊。其後，欲分擅天下之權
柄，乃於正德二年（1507）三月，矯詔令內閣敕給「天下鎮守太監悉如巡
撫、都御史之制，干預刑名政事。」〔註89〕同年十一月，劉瑾欲取回天下巡
撫等官：

　　　逆瑾又欲革天下巡撫官，云：「舊制所無，天順間亦曾革罷，遂將各
　　　處巡撫都御史取回。」後與內閣議不可，止將腹裏巡撫革去，其漕
　　　運及邊方都御史俱不革。又欲將各衙門添設官及提學、兵備悉行裁
　　　革，後內閣議提學不可革，從之。〔註90〕

此命令頒布後，寧夏管糧道隨即被裁撤〔註91〕，福建建南兵備道也於正德四
年（1509）被裁革〔註92〕。所以，在正德五年（1510）劉瑾及其黨人伏誅後，
九月，四川守臣即以盜賊蜂起，請復添設爲劉瑾所革之四川建昌、威茂、敘
瀘、安綿、達州等處兵備副使五員〔註93〕。嘉靖八年（1529）正月，時災異
數見，世宗以問輔臣楊一清，楊一清認爲必須重修武備：

　　　正德間劉瑾竊柄，盡革各處巡撫、兵備，不復講求。未幾，大賊群

〔註87〕《弇山堂別集》，卷九十〈中官考一〉，頁1728。
〔註88〕同註86。
〔註89〕《明通鑑》，卷四十二，正德二年三月條。
〔註90〕《繼世紀聞》，卷三，頁85。
〔註91〕《寧夏新志》，卷二〈督儲〉，頁17上～下。
〔註92〕《建寧府志》，卷五，頁32下：「（兵備分巡建寧道）實肇自弘治庚戌（三年）
　　　也，正德四年逆瑾裁革，六年尋復。」
〔註93〕《明武宗實錄》，卷六十七，頁7上，正德五年九月乙丑條：「復設四川建昌、
　　　威茂、敘瀘、安綿、東達等處兵備副使凡五人，皆爲劉瑾所革者，守臣以盜
　　　賊蜂起，請復添設。」

起，都輦戒嚴，至掣諸邊兵將僅而勝之。今西北之虜寇方殷，川、
廣之蠻夷未靖，歲凶民困，恐寇盜因而生心，近雖修舉團營，未有
實效。宜申飭內外文武總督官，每營各選精銳官軍嚴加校閱，以材
勇將官領之，遇有緩急，令充參將、游擊分部戰守，庶兵將相習，
可望百全。〔註94〕

劉瑾盡廢天下巡撫、兵備，造成各地盜賊伺機為亂。缺乏巡撫和兵備的鎮戍，
北方的蒙古族和西南地方的少數民族也蠢蠢欲動，楊一清的說法，證明兵備
等官在地方的重要性是無可取代。

　　設置鎮守太監，其目的是分化武將的權力。然而憲宗時期，雲南鎮守中
官錢能貪恣，為安南黎灝所賄，欲假雲南道進京為名，窺雲南境地。鎮守太
監錢能的貪贓枉法，造成黎灝「滅占城，遂侵廣東瓊、雷，盜珠池。廣西龍
州、右平，雲南臨安、廣南、鎮安，亦告數警。」〔註95〕憲宗為防堵安南的
勢力再度擴張，乃於臨安等處設置兵備道。鎮守太監地方化後，成為軍事領
導體制中的一環，其職責仍多以監軍為主。如正德九年（1514）九月，雲南
鎮守太監梁裕、巡按御史李原以十八寨賊首阿海等作亂，劾奏寧安兵備副使
王昊、寧州知州祿俸、臨安衛指揮吳經等輕率進兵，致官夷釁。兵部議覆，
王昊等人令巡按御史逮問〔註96〕。一旦失職，鎮守太監也必須與其他文武軍
官共同擔負罪責。正德十四年（1519），巡撫甘肅都御史李昆與鎮守太監許宣、
總兵官史鏞、參將蔣存禮、兵備副使陳九疇各以肅州失事，先後逮至京，下
法司獄〔註97〕。鎮守太監的權力亦涵蓋裁撤兵備道，正德十三年（1518），武
宗從鎮守太監張信奏請，遂裁革密雲兵備副使。〔註98〕

　　鎮守太監除充立任朝廷耳目，另一職責就是為皇室採辦土物貢品，如廣
東地區的太監則需進貢珍珠等名目不一而足〔註99〕。「合浦海中，有珠池七

〔註94〕《明世宗實錄》，卷九十七，頁4下～5上，嘉靖八年正月丙辰條。

〔註95〕《明史》，卷三二一〈安南傳〉，頁8327～8328。

〔註96〕《明武宗實錄》，卷一一六，頁3上～下，正德九年九月乙丑條。

〔註97〕前引書，卷一七六，頁2下，正德十四年七月甲午條。

〔註98〕前引書，卷一六四，頁11下，正德十三年七月丙午條。《國朝典彙》，卷七十
　　　　七〈按察司〉，頁4322：「（嘉靖元年）復置密雲兵備官，以副使為之，以防不
　　　　虞。正德中，鎮守閹人惡其不便己也，詭詞奏革。至是巡按御史王鈞疏言宜
　　　　復，下兵部復議，從之。」

〔註99〕可參閱：歐陽琛、方志遠，《明清中央集權與地域經濟》（北京：中國社會科
　　　　學出版社，2002年1月第一版），〈明代的鎮守中官制度〉，頁165～167。

所，其大者曰平江、楊梅、青嬰，次曰烏坭、白沙、斷望、海双沙。」〔註100〕
廣東廉州府合浦縣楊梅、青嬰二池，雷州府海康縣樂民等地俱產珍珠，朝廷
因而特設內官二員分地看守。成化、弘治年間，樂民珠池產量減少，遂於正
德年間裁革，惟廉州珠池存留，遞年編制弓兵、門皂等役，但特遣看守太監
每年其所費不下千金。世宗嘉靖七年（1528），林富（？～1540）爲兩廣都御
史，他直陳：「珠池乃寶源重地，宜委內臣看守，誠恐倚勢爲奸，專權生事。
憲職不得禁詰，諸司不得干預，非惟費供役之煩抑，且滋攘竊之弊。」相較
於海北兵備官帶管既管信地，又免編役、供需，則可紓民困。整飭兵備道有
此數便，林富建請世宗，宜令海北兵備官嚴督官兵看守，罷除看守珠池內官，
不必專設，世宗從其所請〔註101〕。兵備道能發揮平靖地方的力量，亦不徒增
地方供役，兵備道的優勢可見一斑。

　　對抗閹黨專權之際，兵備道官也適時發揮制衡力量。正德二年（1507）
瓊州兵備副使吳廷舉，「舉發鎮守內臣潘忠二十罪，又奏有旨取省帑解京，
皆非正費，不曰進貢內也，則曰司禮打點錢，賄瑾也。」〔註102〕潘忠也上言
攻訐吳廷舉，結果劉瑾矯旨，將吳廷舉貶至雁門，直到劉瑾伏誅後才改雲
南副使。天啓間，薊州兵備胡士容，「守介心慈，均徭釐弊，因忤魏黨而左
遷，行至潞河被逮，士民冤之。」〔註103〕這些史例，實爲兵備道臣對抗閹權
的典範。

　　然而，宦官的勢力實在太大，非合少數人之力即可翦除，明代實爲宦官
專擅的極盛時期。宦官勢力深入軍事系統，除虛耗軍費，亦對各級軍事領導
統御多方牽制。陸容感歎宦官擾軍：

> 內官之設，既非令典，今以數百里之地，其多如許。況此輩原無祿
> 食，太平之時，日費頗豐，不免取諸所部，孰敢誰何？萬一事起不
> 測，折衝禦侮，必賴將臣，彼亦無能爲也。或犯吏議，朝廷又多原
> 之。軍力之疲敝，軍政之不修，有由然矣。〔註104〕

兵備道官爲朝廷命官，又多出身科舉主途的進士人選，未來銓除京官的資優

〔註100〕 清・屈大均，《廣東新語》（北京：中華書局，1985 年 9 月第一版），卷十五
　　　　〈貨語・珠〉，頁 411。
〔註101〕《廉州府志》，卷十一，林富〈乞罷看守珠池內官疏〉，頁 14 下～15 下。
〔註102〕《國朝典彙》，卷七十七〈按察司〉，頁 4319。
〔註103〕《薊州志》，卷二〈官師〉，頁 175。
〔註104〕《菽園雜記》，卷五，頁 54。

分子，支撐帝國地方官僚體系的要員。在制度運作中，當皇權、閣權合一，政治清平時代，兵備道官或得以遂行其權責；而皇權、宦權相結，政治敗壞之際，督撫猶為宦官所扼，區區一兵備道臣，面對皇帝之命，耳目之寄的二十四衙門中太監、少監、監丞等高級宦官，只有束手就範於彼等，遑論其餘！

第七章　結　論

　　兵備道爲明代創設的一項地方行政制度，爲前代所無。「整飭兵備道」雖然始設於明代，但「道」之名可追溯至漢代，因漢代少數民族聚居地被稱爲「道」。兵備道隸屬提刑按察使司，其分巡各地的職責乃周代命揎人以巡天下之遺意。然而，按察使之官名及「道」成爲地方制度的一環，則肇始於唐代。唐太宗於貞觀八年（634）派蕭瑀、李靖等人分巡天下，延問疾苦，並觀風俗的得失與察刑政的苛弊。「按察使」一稱，於中宗景龍二年（708）改「巡察使」而來，其間名稱更迭不斷，但監察性質的工作仍未改變。到了玄宗以後，按察使的地位與權力逐漸被採訪使、觀察使取代，採訪使和觀察使的職權以不侷限在監察權，觀察使甚至擁有行政與司法權能，必要時也可興兵剿亂，使「道」的性質從監察轉變爲軍事功能。安史之亂以後，中原用兵，使得原本設置於沿邊的節度使出現於內地。這些節度使兼銜採訪使、觀察使後，在軍事權與行政權的結合下，成爲地方最高長官，控制所屬州縣，使唐代地方制度從州縣二級制改變爲道州縣三級制。〔註1〕

　　宋代收回節度使的兵權，並仿唐代的道，改名爲「路」，以轉運使爲路的長官。但隨著轉運使的權力過大，以及刑獄案件的積壓過多，而設置提點刑獄司，於神宗熙寧元年（1068）正月以後成爲定制，不再廢置。提點刑獄司以監察官吏與疏理刑獄爲其職責，「憲司」、「憲台」等名稱上也爲元、明二朝所沿用。金朝取代北宋後，地方的司法與監察機構也以提刑司爲主，金章宗承安四年（1198），改提刑司爲按察司，除確立其職掌外，按察司官員如按察使、副使與僉事等名稱也於此時確立。元代則更按察司名爲「肅政廉訪司」，

─────────────

〔註 1〕 詳見：李治安，《唐宋元明清中央與地方關係研究》，頁88～89。

在職權上詳加規定，除正使外，其他按察司官員必須每半年一次在所轄範圍內視察民情，他們因而被稱作「廉訪分司」，一般將其視爲明代「分巡道」的起源。

朱元璋於至正十六年（1356）七月設江南行省後，也同時設置提刑按察使司，並逐步任命按察司官員，而於洪武九年（1376）成爲定制。因胡惟庸案被罷廢的提刑按察司於隔年（1381）復設，並於全國置五十三個按察分司，以副使與僉事分道巡歷。這些按察分司於洪武二十九年（1396）更定爲四十一道，明代分巡道遂於此時確立。這些派往地方的按察司佐貳官，他們負責考察地方吏治，「守令臧否，專責成于司道，所屬各官有貪縱而不從實開報者，聽撫、按糾劾。」〔註 2〕在派出副僉的同時，「代天子巡狩」的巡按御史也被皇帝賦予考察地方州縣官的職責。「凡出巡考察，洪武六年（1373），令御史察舉各處有司官員。永樂元年，令巡按御史及按察司，凡府州縣官，到任半年以上，察其廉貪，具實奏聞。」〔註 3〕但爲體現明代特有以小制大、以內制外的監察體系，不斷提高巡按御史的權力，使得原本雙方「頡頏行事」，形成日後按察司官俱聽御史舉劾〔註 4〕。宣宗宣德以後，朝廷又派出巡撫來考察地方司官，而這些巡撫多兼有都御史、副都御史及僉都御史等憲職，巡撫監察的對象也側重三司及總兵、副總兵、參將等文武將官，按察司在地方不再獨大。按察司的監察權不斷被分化的結果，使得其原本附屬的職權反而被突顯，遂有「兵備道」的出現。

明代對兵備道官的稱呼，有兵備憲臣、兵憲、兵備、兵道、備兵使、使與道員等稱謂。兵備道的設立，並非在某年或某次詔令中就告確立，而是經過長期的發展後，兵備道制度才逐漸完成。兵備道的設置與沿革歷經：萌芽、草創、開展與浮濫四個時期。「整飭兵備」之名，最早出現在宣宗宣德元年（1426），由於漢王朱高煦造反叛亂，宣宗希望藉由整飭兵備來強化地方治安防備。然而，整飭兵備的用意只是整頓軍務，並非意指官銜。事實上，兵備

〔註 2〕 《明經世文編》，卷三七四，陸光祖〈復湖廣巡撫李禎肅吏治以奠民生疏〉，頁 7 下。

〔註 3〕 《大明會典》，卷二一○〈都察院二・出巡事宜〉，頁 28 上。

〔註 4〕 前引書卷，頁 15 下～16 上：「國初，監察御史及按察司分巡官巡歷所屬各府州縣，頡頏行事。洪武中，詳定職掌。正統中，又推廣申明，著爲《憲綱》及《憲體》，相見禮儀，事例甚備。迨後按察司官聽御史舉劾，而御史始專行出巡之事。」

道官的出現，顯然與仁、宣二朝抑制武臣有關。由於皇太子朱高熾（即仁宗）被武官勳臣所挾持，故而在登基後，採取多項分化武臣權限的措施，其中包括以文臣參贊軍務。仁宗有鑒於武臣疏於文墨，而以參政、副使等官至各總兵處整理文書，商榷機密，但這也並非整飭兵備之始。英宗正統以後，朝廷派遣到地方巡視的巡撫，這些兼都察院官銜的文臣，因為軍事上的需要，而被賦予「提督」、「參贊」、「贊理」、「協理」等軍務，其中右僉都御史曹翼則加「整飭兵備」銜，寇深、羅琦負有「提督松潘兵備」職責。巡撫從總兵官手中取得督理糧餉等後勤事務及司法審判權的職掌後，儼然成為地方在行政與軍事上最高長官。然而巡撫統轄疆域過於遼闊，使得各布政司與府州縣間的距離相形漸遠，為了便於政令推行與財稅督徵，必須在其間增設一機構以利推行〔註5〕。所以，明代為因應巡撫的制度化與地方化，介於省、府間的分巡道成為優先調整的官員。在監察與司法權被分割後，分巡道官員改以督理糧務與協助巡撫理刑為重。按察司副使、僉事在職掌上也以軍務為主，使得這些原為按察使副手的官員，逐漸成為巡撫的佐貳官。

為有效維持地方治安，巡撫將部分權力下放給按察司副使、僉事，按察司官員加「整飭兵備」銜後，即為整飭兵備道官。兵備道最先設置的地方為四川與陝西，由於境內少數民族不服明廷而時有亂事，憲宗於成化元年（1465）始，屢次以兵備加以整飭境內的少數民族。然而，兵備道的創設在此時仍未周全，以巡撫兼「整飭兵備」銜者不勝枚舉。兵備統轄的屬地過大，不易就近管理，種種弊病在兵備道的普設後逐漸趨於完備。在成化到弘治間，雖然全國各布政司下通常只有一個兵備道，但四川、陝西、廣東、雲南等少數民族較多的地方，為加強統治與管理，境內兵備道同時設有多員。朝廷也同時進行強化兵備職權的策略，首先要求巡撫多委之分守、兵備，並裁革按察司水利、管糧等官，改以兵備兼管，這些政策無疑使兵備道的權限擴張。

武宗即位以後，貪圖逸樂，以劉瑾為首的宦官集團藉機取得政權，使朝政日益紊亂，加上皇室勳戚、權貴勢豪與地主階層大量掠奪土地，造成自耕農、屯田軍士及手工業者走向流亡，在各地四處為亂。朝廷為有效抑制人民四處流竄，危害社會，遂設置兵備道。嘉靖朝的「北虜南倭」，使九邊一帶與沿海地區無不設立兵備道加以抵禦，兵備道在此時已日臻完善。在此時期，

〔註5〕李國祁，〈明清兩代地方制度中道的功能及其演變〉，頁158。

也同時訂定與兵備道相關之規範，如要求累朝設置兵備道官、兵備久任及兵備銓補等措施，使得兵備道隱然已成為維持地方治安不可分割的一部分。

然而，地方一遇亂事，督撫、巡按與府州官即上奏請求增設兵備道，這些兵備道事畢不撤，如同守土之吏。兵備道在明末雖負起抵禦女真部族與剿平地方流寇等亂事，但在衛所軍屯制敗壞下，兵備官無兵可練，也難怪沈德符說：「雖普天皆云兵備，而問其整飭者何事？即在事者亦茫然也。」〔註6〕因此，清朝雖將兵備道制度延續下來，但卻進行大量的裁撤與合併，使兵備道在清代整齊化與制度化。

兵備道成為定制，與分巡道、分守道分庭抗禮，成為明代地方制度中「道」級最重要的三個機構。守巡道身為布、按二司的佐貳，其職能除原先所具有的職能外，在以文臣參贊軍務後，他們的工作以監督糧餉等後勤軍務為多。然而，分守道要處理地方行政事務，分巡道在地方監察與司法權仍具有一定的權限，為分理督撫軍務，而特設「兵備道」。兵備道在轄區方面與分守、分巡兩道有很大的區分。分守道多駐省城，兵備道基本上多設於險要之處，雖然明代為便宜行事，常以分巡官兼兵備銜，但兩官駐地各異，兵備道一定設在要衝，以便就近管理與控制。明代南北兩直隸不設布政使司，而無守巡道之設，故設兵備道來增強駐軍戰力，確保兩京安全。

事實上，兵備道的設置並非如《明史》或《萬曆野獲編》中所敘述，始於弘治十二年（1499）馬文升之奏請而設，因為成化至弘治初年各地早有設置兵備道的記載，馬文升請設江西九江兵備之前，也曾上奏設立陝西固原與湖廣九永兩處兵備道。兵備道的設置，是經過長時間的演變，雖然無法切確地得知兵備道究竟於何時成為定制，但史料證明兵備道的職掌與轄區皆於孝宗弘治時期確立，弘治朝逐漸將兵備道推向制度化是不爭的事實，即使沒有馬文升的奏請，兵備道制度仍會隨著環境與時間逐步開展，馬文升的措施不過順水推舟罷了。〔註7〕

在地方實際運作方面，兵備道雖然是因地制宜，但皇帝給予各地兵備道的敕書中必定要求其「緝捕盜賊」、「防禦賊寇」等責任〔註8〕，這是最基本也是最重要的職責。正德朝以降，各地亂事日棘，皇帝惟有增設兵備道來加強

〔註6〕《萬曆野獲編》，卷二十二〈司道‧整飭兵備之始〉，頁569。
〔註7〕李國祁也認為馬文升的措施不過是使此種慣例制度化罷了。參閱李國祁，前引文，頁149。
〔註8〕《皇明九邊考》，卷十〈固原考〉，頁108。

對地方的控制，兵備最主要的作用即是敉平各地流民、礦寇、盜賊等亂事，
這些民亂事平即散。陝西、四川、廣東、廣西、雲南及貴州等地多與少數民
族群居，他們生性強悍，時常與當地漢民起爭執，甚至掠奪其財產與土地。
該區的兵備除了派兵平靖亂事外，更重要的任務是居中斡旋，進行調解的工
作，以「撫治」爲上；平時也要維持軍馬操練，以備「桀傲不馴」的少數民
族伺機挑釁。

　　位於九邊國防防線的兵備道，它的地位雖不似巡撫來得重要，但從明朝
在陝西、山西、北直隸與遼東地區設置數量來看，顯然蒙古族才是防禦重點
所在。明朝在成化元年（1465）即在山西設置雁門兵備道，山西與北直隸的
兵備道在弘治到嘉靖間也已充分設置，然而整個兵備道防禦體系一直等到「庚
戌之變」後才架構完全，他們的地位在譚綸北上任總督薊遼、保定軍務後才
逐漸被重視。北邊同時要面對逐日茁壯的女眞部族，位於遼東都司的開原、
寧前與金復海蓋三員兵備皆於世宗嘉靖時期添設。明朝在軍政措施上無法有
效抑制後金政權，戰術應變也不及女眞族來得靈活，加上朝廷與守將的意見
經常相左，最後終於被清朝取代。

　　由日本海商、武士與浪人組成的倭寇，在與明朝海盜的結合下，成爲東
南沿海亂事的根源，在嘉靖末年情況最爲嚴重。自永樂十七年（1419）總兵
官劉江殲滅倭寇於望海堝後，「自是倭大懼，百餘年間，海上無大侵犯。朝廷
閱數歲一令大臣巡警而已。」〔註9〕世宗面對倭患漸起，無力抗衡，惟有添設
兵備道，浙江和福建兵備道多爲此時而設。以兵備道來加強沿海防禦能力
的目的，也在避免倭寇沿長江直搗內地危害子民。長江流域下游湖澤密佈的
地理特徵，便於盜賊宵小聚眾於此，這也是馬文升據理爭取設立九江兵備道
的原因之一。平靖海上的倭寇與長江的流賊，才能使江南的賦稅、糧餉與物
產源源不絕地藉由長江和運河輸送到北邊防線，因此包含漕運淤積的疏濬
與黃河水患的治理皆爲兵備道的職掌，而東南沿海兵備道地位的重要則已不
言可喻。

　　「寬則聽訟儲糧，練兵課勇；急則從軍擊胡，逆來遮往。」〔註10〕兵備
道因地制宜，平時即從事與軍務相關的兼職，如修理城池、問理刑名及禁革
奸弊等，近於邊牆者多屯田與督糧，近於河道者多興修水利與疏濬河道，鹽

〔註9〕　《明史》，卷九十一〈兵志三〉，頁2244。
〔註10〕　《明經世文編》，卷二六二，王維楨〈贈黃僉事兵備遼東序〉，頁13上。

產區兼管鹽法，行太僕寺與苑馬寺兼銜者兼管馬政，爲使消息能儘速傳送至京師，遼東與山西等處兵備道還兼管驛傳。不僅如此，兵備官以文馭武，多爲進士出身，平時以興學教化爲己任。明初，太祖十分重視教化：「移風善俗，禮爲之本；敷訓導民，教爲之先。故禮教明于朝廷，而後風化達於四海。」〔註11〕明代於正統元年（1436）雖於各布政司下設有按察司提學官，但在虜情高漲的情形與廣設兵備道的結果下，勢必要對按察司官員重新調整乃至於裁撤冗員，如四川建昌兵備即奉令「仍督建昌等學校」〔註12〕。兵備道官修葺興建學校來提倡文風，自身也吟詩抒懷，並參與纂修方志的工作，促進偏遠地區文教的興盛。

兵備道在地方上舉足輕重，選任條件嚴格謹慎。除具備進士或舉人資格外，熟悉地方事務的藩臬二司官員與府州官衙的府州正佐官等，及同爲風憲官的監察御史，都是優先拔擢爲兵憲的對象。爲落實兵備久任責成制度，一旦兵備員缺，多以符合上述資格的鄰近官員銓補。也因久任責成制度，兵備副使、僉事即使升爲品秩較高的按察使或布政司的布政使、參政、參議，也必須兼任兵備銜。明代在以文馭武的國策、文人多知兵的前提下，文臣在軍事統御體系中高於武臣，巡撫的地位高於帶兵統戰的總兵官，而兵備道的地位則略高於副將，兵備道官理所當然可以調動衛所軍士、巡檢司、土兵、民壯與弓兵等參與作戰。

在文官軍事統御體系中，與兵備道關係最爲密切者厥爲總督與巡撫。兵備「悉聽總督、鎮撫官員節制」，督撫必須確實做到監督兵備操練兵馬、修理城池、收儲糧餉等軍務，並將轄區軍力作合宜的調度與分配。督撫倘若督軍不力，與兵備官同負連帶責任。督撫皆兼都察院職，所以對兵備也負有監督權，兵備失職、添設兵備員額及轄區的調整皆從其奏。而朝廷徹底實施久任制，兵備官可依：兵備→巡撫→總督之模式，而成爲掌管「天下武衛官軍選授、簡練之政令」〔註13〕的兵部尚書，督撫成爲兵備升遷的最優途徑。

同爲都察院派出的巡按御史，其職責在糾治官員方面，側重於三司、巡撫與地方高級武臣。對兵備道吏治、軍功等方面奏請皇帝予以獎懲，對兵備道員缺額及轄區調整也爲其權限。明代的宦官軍事領導體系原爲分化武臣軍

〔註11〕 明・朱元璋，《明太祖寶訓》（《皇明寶訓》，台北：中央研究院歷史語言研究所，1967年3月印行），卷二〈崇教化〉，頁36下。
〔註12〕 《明神宗實錄》，卷四九五，頁2上，萬曆四十年五月戊戌條。
〔註13〕 《明史》，卷七十二〈職官志一〉，頁1751。

權而設，可是監軍、分鎮等權限不斷的擴張，正德二年〔1507〕十一月，劉瑾更取回天下巡撫、兵備等官權，坐使鎮守太監的權力達於高峰，鎮守太監可與總兵、巡撫等官共同督理駐軍，也有裁革兵備道的權力。明代以多重監控系統，官僚間相互牽制，其目的固然是爲維持皇權，同時也使兵備官員不致怠忽職守。

　　兵備道並非開國祖制，初創目的是爲協助總兵官處理軍務，並以文職監督武職而設立的。隨著巡撫制的建立，兵備道的職責從督理糧餉、理刑逐漸擴充到士兵的訓練、防務的協調，直到帶兵作戰等方面。兵備道的身分也從地方監察、司法官，轉變爲後勤軍務督導官，最後儼然地方一大帥。兵備道制度發展至此，文官凌壓武弁之事時有所聞，甚至所屬府佐亦不願與都指揮使司同班參謁〔註 14〕。兵備道之所以無法成爲割據一方的勢力，最重要的根因在於其官職不大不小，其上有總督、巡撫加以節制，其下有正七品巡按御史詳加督察，而司道間轄區重疊也是使其相互牽制。另外，兵備道統轄的軍士歸衛所，土兵歸土司，民壯、弓兵歸府州縣衙，兵備道雖可自行募兵，但素質參差不齊，僅能收一時成效，無法圖久遠之功。兵備道隨著亂事日熾而增設愈多，但在士兵逃亡，軍屯制流於形式的情況下，道官根本無兵可練，故而類似唐代藩鎮割據一方則在明代是不可能出現的。「兵備，邊之重寄也。撫外侮綏內附，置人國於乂安不搖，實藉於此。國朝文德覃被，海宇寧謐，尤擇老耆憲臣，膺兵備以填撫邊陲，致治保邦之憲，精且密矣。」〔註 15〕正可作爲其時代貢獻的最佳注腳。

〔註 14〕明・焦竑，《玉堂叢語》（北京：中華書局，1997 年 12 月第一版），卷四〈獻替〉，頁 115。
〔註 15〕林俊，《見素集》（《文淵閣四庫全書》集部，台北：台灣商務印書館，1986年 7 月初版），卷一〈送憲副戚時望貴州兵備序〉，頁 10 上～下。

附錄圖表

表1：明代兵備道一覽表

一、京　師（北直隸）

名　　　稱	設　置　時　間	資　料　來　源	備　　　　註
薊州兵備道	弘治年間	《嘉靖・薊州志》	寄銜山西。
昌平兵備道	嘉靖三年（1524）	《畿輔通志》	寄銜山西。
永平兵備道	嘉靖二十九年（1550）	《永平府志》	寄銜山西。
密雲兵備道	弘治年間	《嘉靖・薊州志》	寄銜山東。
霸州兵備道	正德六年（1511）	《霸州志》	寄銜山東。
天津兵備道	弘治三年（1490）	《天津縣志》	寄銜山東。
紫荊兵備道	正德年間	《畿輔通志》	寄銜山西。駐易州。 《明史》作易州。
井陘兵備道	嘉靖二十年（1541）	《井陘縣志》	寄銜山西。駐井陘。
大名兵備道	正德年間	《畿輔通志》	寄銜山東。
懷隆兵備道	嘉靖三十六年（1557）	《宣府鎮志》	
赤城兵備道	嘉靖三十八年（1559）	《宣府鎮志》	

二、南　京（南直隸）

名　　　稱	設　置　時　間	資　料　來　源	備　　　　註
徽寧池太兵備道	隆慶六年（1572）	《江防考》	寄銜浙江。駐池州府。
蘇松常鎮兵備道	正德七年（1512）	《康熙・蘇州府志》	寄銜江西。駐太倉州。
淮揚海防兵備道	嘉靖三十三年（1554）	《揚州府志》	寄銜湖廣。駐泰州。 《明史》作淮揚兵備道。
穎州兵備道	弘治四年（1491）	《穎州志》	寄銜山東。
徐州兵備道	正德六年（1511）	《徐州志》	寄銜山東。

三、山　東

名　　　稱	設　置　時　間	資　料　來　源	備　　　註
武定兵備道	正德七年（1512）	《武定府志》	冬春駐武定州，夏秋駐德州。《明史》作駐武定州。
濟寧兵備道	嘉靖年間	《濟寧直隸州志》	駐濟寧州。
曹濮兵備道	弘治十二年（1499）	《萬曆・兗州府志》（包大燴本）	駐曹州。隔年罷，正德六年復置。
沂州兵備道	仁宗洪熙時設，弘治年間增副僉一員。	《沂州府志》《萬曆・兗州府志》（包大燴本）	初署濟寧，正德四年改署沂州。
臨清兵備道	成化二十年（1484）	《臨清州志》《萬曆・兗州府志》（包大燴本）	分署東昌府。
青州兵備道	正德五年（1510）	《青州府志》	駐青州府。
海道兵備道	弘治十二年（1499）	《登州府志》	駐登州府。

四、山　東（遼東都司）

名　　　稱	設　置　時　間	資　料　來　源	備　　　註
遼東兵備道	成化十四年（1478）	《奉天通志》	
寧前兵備道	嘉靖四十二年（1563）	《全遼志》	春夏駐寧遠衛，秋冬駐廣寧前屯衛。
開原兵備道	嘉靖二十二年（1543）	《全遼志》	駐三萬衛。
金復海蓋兵備道	嘉靖四十二年（1563）	《全遼志》	夏秋駐蓋州衛，冬春駐海州衛。

註：《全遼志》記載：遼海東寧兵備道於嘉靖三十九年設置。

五、山　西

名　　　稱	設　置　時　間	資　料　來　源	備　　　註
雁平兵備道	成化元年（1465）	《代州志》	1.駐代州。 2.《明史》作雁北。 3.《寧武府志》作雁門。
大同兵備道	嘉靖年間	《大明會典》	一駐大同府，一駐朔州。
左衛兵備道	嘉靖年間	《大明會典》	駐大同左衛。
陽和兵備道		《大明會典》	駐山陰縣。

名　　　稱	設　置　時　間	資　料　來　源	備　　　　註
潞安兵備道	嘉靖七年（1528）	《潞安府志》	駐潞安府。
岢嵐兵備道	嘉靖二十一年（1542）	《寧武府志》	駐偏頭關。
寧武兵備道	嘉靖三十一年（1552）	《寧武府志》	1. 駐寧武關。 2. 《山西鎮圖說》作駐利民所。

註：《大明會典》，卷一二八〈兵部十一・督撫兵備〉載：分巡冀寧道與河東道皆兼兵備道。

六、河　南

名　　　稱	設　置　時　間	資　料　來　源	備　　　　註
開封兵備道		《嘉靖・河南通志》	駐省。
大梁兵巡兵備道		《嘉靖・河南通志》	駐陳州。
睢東兵備道		《嘉靖・河南通志》	
磁州兵備道		《嘉靖・河南通志》	駐磁州。

註：《嘉靖・河南通志》，卷十三〈兵禦〉載：分巡汝南兵備道設於正德中，駐箚信陽；分巡河南兵備道設於嘉靖三年，分屬汝州。

七、陝　西

名　　　稱	設　置　時　間	資　料　來　源	備　　　　註
西安兵備道		《大明會典》	
涇邠兵備道	嘉靖十九年（1540）	《邠州志》	駐邠州。
商洛兵備道		《大明會典》	駐商州。
潼關兵備道	嘉靖年間	《潼關縣志》	1. 駐潼關衛。 2. 正德年間設兵憲衙門。
漢羌兵備道		《漢中續修府志》	駐漢中府。
靖邊兵備道	成化年間	《延綏鎮志》	駐定邊營。《明史》作靖遠兵備道。
神木兵備道	隆慶五年（1571）	《榆林府志》	駐神木縣。《明史》作榆林東路兵備道。
榆林兵備道	成化年間	《榆林府志》	駐綏德州。《明史》作榆林中路兵備道。
寧夏管糧兵備道	弘治十七年（1504）	《嘉靖・寧夏志》	1. 駐寧夏衛。 2. 正德二年劉瑾裁，六年復設。 3. 《明史》作寧夏河西兵備道。

兵糧道	隆慶年間	《乾隆・寧夏志》	駐花馬池。《明史》作寧夏河東管糧兵備道。
固原靜寧隆德鎮原等處兵備道	成化五年（1469）	《固原州志》	駐靜寧州。《明史》作固原兵備道。
洮岷兵備道	成化三年（1467）	《凌谿先生集》	駐岷州衛。
延安兵備道	成化十五年（1479）	《凌谿先生集》	駐鄜州。《凌谿先生集》作臨安兵備。
臨鞏兵備道	正德十六年（1521）	《鞏昌府志》	駐蘭州。《明史》作臨洮兵備道。
鞏昌兵備道	成化十五年（1479）	《重修靖遠衛志》	
靖虜兵糧道	萬曆五年（1577）	《鞏昌府志》	

八、陝　西（陝西行都司）

名　　　稱	設　置　時　間	資　料　來　源	備　　　註
甘肅兵備道	弘治年間	《重修肅州新志》	駐肅州衛。《明史》作肅州。
西寧兵備道	弘治年間	《重刊西寧志》	駐西寧衛。
莊浪兵備道		《莊浪縣志》	駐莊浪衛。

九、四　川

名　　　稱	設　置　時　間	資　料　來　源	備　　　註
安綿兵備道	成化十二年（1476）	《四川總志》	駐綿州。
威茂兵備道	弘治十六年（1503）	《威茂邊防紀實》	駐茂州。
重慶兵備道	萬曆三年（1575）	《四川總志》	駐重慶府。
夔州兵備道	成化二十一年（1485）	《四川總志》	駐達州。《明史》作重夔。
敘馬兵備道	成化初	《四川總志》	駐建武城。《明史》作敘瀘。
建昌兵備道	成化二年（1466）	《四川總志》	駐建昌衛。
松潘兵備道	天順元年（1457）	《四川總志》	駐松潘衛。

十、江　西

名　　　稱	設　置　時　間	資　料　來　源	備　　　註
南昌兵備道	萬曆五年（1577）	《南昌府志》	駐寧州。《明史》作南瑞。
撫建廣兵備道	萬曆二年（1574）	《建昌府志》	1.《明史》作廣建。 2. 夏秋駐建昌府，冬春駐撫州府。 3.《明史》作駐建昌府。

袁州兵備道		《大明會典》	駐吉安府。
九江兵備道	正德六年（1511）	《九江府志》	1.駐九江府。 2.弘治十二年奏設，旋即被廢，正德六年復設。
贛州兵備道	成化二十三年（1487）	《贛州府志》	駐會昌縣。

十一、湖　廣

名　　稱	設　置　時　間	資　料　來　源	備　　　　註
沔陽兵備道		《大明會典》	駐沔陽州。
岳州兵備道	嘉靖七年（1528）	《隆慶·岳州府志》	駐岳州府。
蘄州兵備道	嘉靖三十七年（1558）	《隆慶·岳州府志》	駐蘄州。
鄖襄兵備道	嘉靖年間	《鄖臺志》	駐襄陽府。
撫治荊州兼施歸		《大明會典》	駐荊州府。
郴桂兵備道		《大明會典》	春夏駐郴州，秋冬駐衡州。
靖州兵備道		《大明會典》	居中駐桼。
辰沅兵備道	成化十五年（1479）	《沅州府志》	駐沅州。

十二、浙　江

名　　稱	設　置　時　間	資　料　來　源	備　　　　註
杭嚴兵備道		《大明會典》	駐杭州府。
嘉湖兵備道	嘉靖年間	《嘉興府志》	駐嘉興府。《明史》作嘉興。
海道兵備道	嘉靖三十九年（1560）	《紹興府志》	駐寧波府。《明史》作寧紹。
台州兵備道		《大明會典》	駐台州府。《明史》作台海。
金衢兵備道	嘉靖四十五年（1566）	《衢州府志》	駐衢州府。
溫處兵備道	嘉靖年間	《溫州府志》	駐溫州府。

十三、福　建

名　　稱	設　置　時　間	資　料　來　源	備　　　　註
福州兵備道	嘉靖四十年（1561）	《福州府志》	《明史》作福建。
福寧兵備道	嘉靖三十四年（1555）	《福寧府志》	駐福寧州。
興泉兵備道	嘉靖三年（1524）	《泉州府志》	駐泉州府。 嘉靖三年以分巡兼，三十八年專設兵備道。

名　稱	設置時間	資料來源	備　　註
建南兵備道	弘治三年（1490）	《建寧府志》	駐建寧府。 正德四年劉瑾裁，六年復設。
海南兵備道	嘉靖九年（1530）	《漳州府志》	駐漳州府。 《明史》作巡海道。

十四、廣　東

名　稱	設置時間	資料來源	備　　註
海道兵備道		《大明會典》	駐東莞南頭城。
韶南兵備道		《大明會典》	駐韶州府。《明史》作南韶。
惠潮兵巡兵備道		《大明會典》	駐潮州府。
高肇兵備道	成化四年（1468）	《大明會典》	駐肇慶府。
羅定兵備道	萬曆五年（1577）	《羅定州志》	駐羅定州。
雷廉兵備道	成化四年（1468）	《廉州府志》	駐廉州府。
瓊州兵備道	成化七年（1471）	《瓊州府志》	駐瓊州府。
南雄兵備道		《大明會典》	

十五、廣　西

名　稱	設置時間	資料來源	備　　註
蒼梧兵備道	萬曆八年（1580）	《鬱林州志》	駐鬱林州。
賓州兵備道	弘治十年（1497），但成化八年（1472）即存。	《賓州志》	駐賓州。
左江兵備道	嘉靖二年（1523）	《南寧府志》	駐南寧府。
府江兵備道	弘治十年（1497）	《廣西通志》	駐平樂府。

十六、雲　南

名　稱	設置時間	資料來源	備　　註
臨安兵備道	成化十二年（1476）	《萬曆・雲南通志》	駐臨安府。
騰衝兵備道	成化十二年（1476）	《萬曆・雲南通志》	駐永昌府。
瀾滄兵備道	成化十二年（1476）	《萬曆・雲南通志》	駐大理府。
曲靖兵備道	成化十二年（1476）	《萬曆・雲南通志》	駐曲靖府。

十七、貴　州

名　　　　稱	設　置　時　間	資　料　來　源	備　　　　註
畢節兵備道	嘉靖元年（1522）	《黔記》	駐畢節衛。
都清兵備道	嘉靖十八年（1539）	《黔記》	駐都勻府。
思石兵備道	萬曆十三年（1585）	《銅仁府志》	駐銅仁府。
威清兵備道	成化年間	《黔記》	駐安順州。

資料來源：《明史・職官志》、《大明會典》、譚其驤《中國歷史地圖集・元明時期》等。

圖 1-1：明代兵備道設置時間比例圖

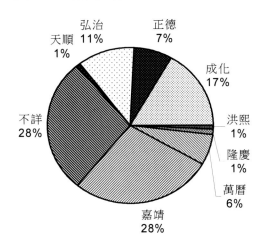

圖 1-2：明代兵備道設置時間比例圖（去除時間不詳之後之比例）

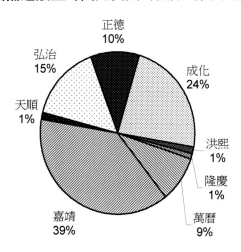

表 2：分守、分巡與兵備三道轄區、駐地比較表

一、京　師（北直隸）

分　守　道	分　巡　道	兵　備　道
1.口北（駐宣府鎮）	1.口北（駐馬營堡，赤城堡）	1.薊州 2.昌平 3.永平 4.密雲 5.霸州 6.天津 7.紫荊（駐易州） 8.井陘（駐井陘） 9.大名 10.懷隆 11.赤城

二、南　京（南直隸）

分　守　道	分　巡　道	兵　備　道
		1.徽寧池太（駐池州府） 2.蘇松常鎮（駐太倉州） 3.淮揚海防（駐泰州） 4.潁州 5.徐州

三、山　東

分　守　道	分　巡　道	兵　備　道
1.濟南道（駐省） 2.東兗道（駐省） 3.海右道（駐省） 4.遼海東寧道	1.濟南道（駐德州） 2.兗州道（駐沂州） 3.海右道（駐省） 4.濟寧道 5.青州海防道（駐青州府） 6.海道（駐萊州府） 7.登萊道 8.遼海道	1.武定道（冬春駐武定州，夏秋駐德州） 2.濟寧道（駐濟寧州） 3.曹濮道（駐曹州） 4.沂州道（駐沂州） 5.臨清道 6.青州道（駐青州府） 7.海道（駐登州府） 8.遼東道 9.寧前道（春夏駐寧遠衛，秋冬駐廣寧前屯衛） 10.開原道（駐三萬衛） 11.金復海蓋道（夏秋駐蓋州衛，冬春駐海州衛）

四、山　西

分　守　道	分　巡　道	兵　備　道
1.冀寧道（駐省） 2.河東道（駐蒲州） 3.冀北道（一駐大同府，一駐朔州，防秋駐平虜衛） 4.冀南道（駐汾州）	1.冀寧道（兼兵備） 2.河東道（兼兵備） 3.冀北道（駐大同府） 4.冀南道（駐潞安府） 5.雁門道	1.雁平道（駐代州） 2.大同道（一駐大同府，一駐朔州） 3.左衛道（駐大同左衛） 4.陽和道（駐山陰縣） 5.潞安道（駐潞安府，兼分巡冀南道） 6.岢嵐道（駐偏頭關） 7.寧武道（駐寧武關）

五、河　南

分　守　道	分　巡　道	兵　備　道
1.大梁道（駐省） 2.河南道（駐河南府） 3.汝南道（駐南陽府） 4.河北道（駐懷慶府）	1.大梁道 2.河南道（駐汝州） 3.汝南道（駐信陽州，兼兵備） 4.河北道（駐磁州）	1.開封道（駐省） 2.大梁兵巡道（駐陳州） 3.睢東道 4.磁州道（駐磁州）

六、陝　西

分　守　道	分　巡　道	兵　備　道
1.關內道（駐省） 2.關西道（駐鳳翔府） 3.關南道（駐興安府） 4.河西道（駐慶陽府） 5.隴右道（駐鞏昌府） 6.西寧道（駐涼州衛）	1.關內道（駐邠州） 2.關西道（駐平涼府） 3.河西道（駐廓州） 4.隴右道（駐秦州） 5.西寧道	1.西安道（兼分守關內道） 2.涇邠道（駐邠州） 3.商洛道（駐商州） 4.潼關道（駐潼關衛） 5.漢羌道（駐漢中府，兼分巡關南道） 6.靖邊道（駐定邊營） 7.神木道（駐神木縣） 8.榆林道（駐綏德州） 9.寧夏管糧道（駐寧夏衛） 10.兵糧道（駐花馬池） 11.固原靜寧隆德鎮原等處道（駐靜寧州） 12.洮岷道（駐岷州衛，兼分巡） 13.延安道（駐廓州，兼分巡） 14.臨鞏道（駐蘭州） 15.鞏昌道（兼分巡隴右道） 16.靖虜兵糧道 17.甘肅道（駐肅州衛） 18.西寧道（駐西寧衛） 19.莊浪道（駐莊浪衛）

七、四　川

分　守　道	分　巡　道	兵　　備　　道
1.川西道（駐成都府）	1.川西道（駐成都府）	1.安綿道（駐綿州）
2.川北道（駐保寧府）	2.川北道（駐保寧府）	2.威茂道（駐茂州）
3.上下川東道（駐涪州）	3.上東道（駐重慶府）	3.重慶道（駐重慶府，兼分巡上川東道）
4.上川南道（駐雅州、嘉定州）	4.下東道（駐達州）	4.夔州道（駐達州，兼分巡下川東道）
5.下川南道（駐敘州、瀘州）	5.上川南道（駐雅州）	5.敘馬道（駐建武城）
	6.下川南道（駐瀘州）	6.建昌道（駐建昌衛，兼分巡）
		7.松潘道（駐松潘衛）

八、江　西

分　守　道	分　巡　道	兵　　備　　道
1.南瑞道（駐省）	1.南昌道	1.南昌道（駐寧州）
2.湖東道（駐廣信府）	2.湖東道	2.撫建廣道（夏秋駐建昌府，冬春駐撫州府，兼分巡湖東道）
3.湖西道（駐臨江府）	3.湖西道（駐吉安府）	3.袁州道（駐吉安府，兼分巡湖西道）
4.饒南九江道（駐九江府）	4.饒南九江道（駐饒州府）	4.九江道（駐九江府）
5.贛南道（駐南安府）	5.嶺北道	5.贛州道（駐會昌縣，兼分巡嶺北道）

九、湖　廣

分　守　道	分　巡　道	兵　　備　　道
1.武昌道（駐武昌府）	1.武昌道（駐省，兼兵備）	1.沔陽道（駐沔陽州，兼分巡）
2.上荊南道（駐澧州，兼兵備）	2.上荊南道	2.岳州道（駐岳州府）
3.下荊南道（駐鄖陽府）	3.下荊南道	3.蘄州道（駐蘄州）
4.荊西道（駐承天府）	4.荊西道（駐沔陽州）	4.鄖襄道（駐襄陽府，兼分巡下荊南道）
5.上湖南道（駐永州府）	5.上湖南道	5.撫治荊州兼施歸（駐荊州府，兼分巡上荊南道）
6.下湖南道（駐寶慶府）	6.下湖南道	6.郴桂道（春夏駐郴州，秋冬駐衡州）
7.湖北道（駐辰州府）	7.湖北道	7.靖州道（居中駐紮）
8.上江防道（駐荊州府、岳州府）	8.沅靖道	8.辰沅道（駐沅州）
9.下江防道		

十、浙　江

分　守　道	分　巡　道	兵　　備　　道
1.杭嘉湖道（駐省）	1.杭嚴道	1.杭嚴道（駐杭州府，兼分巡）
2.杭嚴道	2.嘉湖道	2.嘉湖道（駐嘉興府，兼分巡）
3.寧紹台道（駐省）	3.寧紹道	3.海道（駐寧波府）
4.金衢嚴道（駐省）	4.金衢道	4.台州道（駐台州府，兼分巡）
5.溫處道（駐省）		5.金衢道（駐衢州府，兼分巡）
		6.溫處道（駐溫州府，兼分巡）

十一、福　建

分　守　道	分　巡　道	兵　　備　　道
1.福寧道（駐興化府） 2.興泉道（駐泉州府） 3.漳南道（駐漳州府） 4.建南道（駐延平府） 5.汀漳道（駐上杭縣） 6.武平道	1.福寧道 2.興泉道（駐泉州府） 3.漳南道（駐上杭縣） 4.建南道（駐建寧府） 5.建寧道 6.汀漳道 7.武平道 8.巡海道 9.海道（駐漳州府）	1.福州道（兼分巡福寧道） 2.福寧道（駐福寧州） 3.興泉道（駐泉州府，兼分巡興泉道） 4.建南道（駐建寧府，兼分巡建南道） 5.海道（駐漳州府）

十二、廣　東

分　守　道	分　巡　道	兵　　備　　道
1.嶺東道（駐潮州府） 2.嶺西道（駐高州府） 3.羅定道（駐羅定州） 4.嶺北道 5.嶺南道（駐南雄府） 6.海北道 7.海南道	1.嶺東道（駐惠州府） 2.嶺西道（駐肇慶府） 3.嶺南道（駐省） 4.海北道（駐雷州府） 5.海南道（駐瓊州府）	1.海道（駐東莞南頭城） 2.韶南道（駐韶州府，兼分巡） 3.惠潮兵巡道（駐潮州） 4.高肇道（駐肇慶府，兼分巡嶺西道） 5.羅定道（駐羅定州） 6.雷廉道（駐廉州府，兼分巡海北道） 7.瓊州道（駐瓊州府） 8.南雄道

十三、廣　西

分　守　道	分　巡　道	兵　　備　　道
1.桂平道（駐省） 2.蒼梧道（駐梧州府） 3.左江道（駐潯州府） 4.右江道（駐柳州府）	1.桂林兵巡道（駐省） 2.蒼梧兵巡道（駐梧州府） 3.左江兵巡道（駐南寧府） 4.右江兵巡道（駐賓州） 5.府江兵巡道（駐平樂府）	1.蒼梧道（駐鬱林州） 2.賓州道（駐賓州） 3.左江道（駐南寧府） 4.府江道（駐平樂府）

十四、雲　南

分　守　道	分　巡　道	兵　　備　　道
1.臨安道（駐新興州） 2.騰衝道 3.瀾滄道（駐鶴慶府） 4.安普道（駐雲南府） 5.洱海道（駐姚安府）	1.臨沅道 2.金滄道（駐大理府） 3.安普道（駐雲南府） 4.洱海道（駐楚雄府）	1.臨安道（駐臨安府） 2.騰衝道（駐永昌府） 3.瀾滄道（駐大理府） 4.曲靖道（駐曲靖府）

十五、貴　州

分　守　道	分　巡　道	兵　備　道
1.貴寧道（駐省）	1.貴寧道	1.畢節道（駐畢節衛，兼巡貴寧道）
2.新鎮道（駐平越衛）	2.都清道（兼兵備，駐都勻府）	2.都清道（駐都勻府，兼分巡新鎮道）
3.思仁道（駐思南府）	3.思石道（駐銅仁府）	3.思石道（駐銅仁府，兼分巡思仁道）
4.安平道（駐府）		4.威清道（駐安順州，分巡安平道）

資料來源：《明史‧職官志》、《大明會典》、《皇明職方圖》、《明會要》、譚其驤《中國歷史地
圖集‧元明時期》及李國祁〈明清兩代地方行政制度中道的功能及其演變〉。

表 3-1：賓州兵備道官籍貫、出身、任職表

人　名	省　直	州、縣屬	出　身	任　職　時　間
葉琪	南直隸	山陽縣	進士	成化六年
羅明	江西		進士	成化十年
李珊				
黃鑰				
汪溥	南直隸	績溪縣	舉人	弘治七年
雷士旆	福建	建安縣	進士	弘治十一年
陳崇德	福建	長樂縣	進士	弘治十二年
姜琯	江西	弋陽縣	進士	弘治十四年
黃鑰			進士	弘治十六年
范希淹	江西	弋陽縣	進士	正德六年
陳陽	江西	新淦縣	進士	正德六年
傅習	江西	進賢縣	進士	正德十年
劉潮	湖廣	安鄉縣	進士	正德十三年
范嵩	福建	甌寧縣	進士	正德十六年
鄧炳	廣東	順德縣	進士	嘉靖二年
王顯高	四川	綿州	進士	嘉靖四年
翁素	浙江	慈谿縣	進士	嘉靖七年
顧遂	浙江	餘姚縣	進士	嘉靖九年
劉守緒	湖廣	興國州	進士	嘉靖十年
蕭晚	江西	吉水縣	進士	嘉靖十四年
許路	山東	平山衛	進士	嘉靖十八年

張　靫	四　川	巴陵縣	進士	嘉靖二十年
鄭登高	福　建	莆田縣	進士	嘉靖二十一年
魏良輔	江　西	新建縣	進士	嘉靖二十四年
徐　貞	南直隸	長洲縣	進士	嘉靖二十六年
公躋奎	山　東	蒙陰縣	進士	嘉靖二十九年
陳紹儒	廣　東	南海縣	進士	嘉靖三十三年
羅一鷺	福　建	閩縣	進士	嘉靖三十五年
莊朝賓	福　建	惠安縣	進士	嘉靖三十八年
李　愼	福　建	惠安縣	進士	嘉靖四十一年
張正位	江　西	南昌縣	進士	嘉靖四十三年
韓子允	江　西	南昌縣	進士	嘉靖四十五年
鄭一龍	福　建	惠安縣	進士	嘉靖四十六年
沈子木	浙　江	歸安縣	進士	隆慶五年
陳　俊	廣　東	南海縣	進士	萬曆五年
劉世賞	四　川	巴　縣	進士	萬曆八年
周　浩	浙　江	杭州右衛	進士	萬曆九年

表3-2：雁門兵備道官籍貫、出身、任職表

人　　名	省　直	州、縣屬	出　　身	任　職　時　間
葉　盛	南直隸	崑山縣	進士	成化元年
賈　俊	北直隸	束鹿縣	舉人	成化二年
蔡　麟	河　南	信陽縣	進士	成化十年
郝志義	陝　西	清澗縣	進士	成化十七年
毛松齡	江　西		進士	成化二十三年
王　濬	北直隸	邢臺縣	舉人	弘治元年
馬　隆	河　南	鞏縣	進士	弘治四年
胡　漢	江　西	鉛山縣	進士	弘治七年
吳道寧	河　南	河內縣	進士	弘治九年
郭　鏞	陝　西	延安縣	進士	弘治十一年
楊　綸	陝　西	安化縣	進士	弘治十五年
賈　欽	河　南	魯山縣	進士	正德元年
張　文	河　南	河南衛	進士	正德年間

汪獲麟		騰驤衛	進士	正德年間
張鳳富	四　川	夾江縣	進士	正德七年
劉澤	山　東	濟寧縣	進士	正德十一年
孫清	浙　江	餘姚縣	進士	正德十二年
秦偉	陝　西	三原縣	進士	正德十三年
閔槐	北直隸	任邱縣	進士	嘉靖元年
楊輔	南直隸	邳　州	進士	嘉靖二年
王九峰	陝　西	鄠　縣	進士	嘉靖年間
潘倣	河　南	洛陽縣	進士	嘉靖五年
陳伯安	湖　廣	黃陂縣	進士	嘉靖八年
底蘊	河　南	考城縣	進士	嘉靖十年
賈啓	湖　南	黃岡縣	進士	嘉靖十三年
呂祚	北直隸	正定縣	進士	嘉靖十五年
郭宗皋	山　東	福山縣	進士	嘉靖十八年
王鎬	北直隸	灤　州	進士	嘉靖十八年
盧應正	山　東	肥城縣	進士	嘉靖二十年
胡松	南直隸	滁　州	進士	嘉靖二十一年
劉璽	北直隸	宛平縣	進士	嘉靖二十三年
楊守約	南直隸	彭城縣	進士	嘉靖二十七年
蘇志皋	河　南	固始縣	進士	嘉靖二十九年
尹綸	山　東	齊河縣	進士	嘉靖三十年
南逢吉	陝　西	渭河縣	進士	嘉靖三十年
趙大綱	廣　西	賓　州	進士	嘉靖三十二年
路可由	山　東	曹　縣	進士	嘉靖三十四年
陳夢鶴	山　東	益都縣	進士	嘉靖三十七年
吳禩	河　南	祥符縣	進士	嘉靖三十八年
張蘊	南直隸	高淳縣	進士	嘉靖三十九年
李玳	北直隸	霸　州	進士	嘉靖四十三年
楊綵	江　西	太和縣	進士	隆慶元年
朱裳	河　南	溫　縣	進士	隆慶四年
劉漢儒	河　南	沈邱縣	進士	隆慶六年
韓宰	北直隸	隆平縣	進士	萬曆三年
胡來貢	山　東	萊　州	進士	萬曆五年

季遐齡	山　東	夏津縣	舉人	萬曆七年
張惟誠	北直隸	永清縣	進士	萬曆九年
吳同春	河　南	固始縣		萬曆十九年
何應奇	河　南	陝州	進士	萬曆二十年
王元命	陝　西	蒲城縣	進士	萬曆二十三年
趙　彥	陝　西	膚施縣	進士	萬曆二十五年
劉汝康	山　東	曹州	進士	萬曆二十六年
李茂春	河　南	杞縣	進士	萬曆三十年
閻士選	南直隸	江都縣	進士	萬曆三十七年
南居益	陝　西	渭南縣	進士	萬曆四十四年
王于陛	陝　西	朝邑縣	進士	萬曆四十七年
周　仕	陝　西	三原縣	進士	天啓四年
張躍采	山　東	濟寧縣	進士	天啓六年
丁啓睿	河　南	永城縣	進士	崇禎二年
胡福宏	北直隸	永年縣	進士	崇禎四年
胡沾恩	北直隸	永寧縣	進士	崇禎五年
田時震	陝　西	富平縣	進士	崇禎六年
王獻皙	陝　西	臨潼縣	進士	崇禎八年
李喬崑	陝　西	高陵縣	進士	崇禎九年
閻夢夔	河　南	鹿邑縣	進士	崇禎十二年

表3-3：固原兵備道官籍貫、出身、任職表

人　名	省　直	州、縣屬	出　身	任　職　時　間
楊　勉	四　川	安岳縣	進士	成化初
嚴　憲	河　南	扶溝縣	進士	成化十一年
邊　完	河　南	杞縣	進士	成化十三年
翟廷蕙	河　南	洛陽縣	進士	成化十五年
王　繼	河　南	祥符縣	進士	成化十八年
孫逢吉	山　西	渾源縣	舉人	成化二十年
李　經	山　西	陽城縣	進士	弘治初
胡　倬	廣　西	桂林縣	進士	弘治十四年
陳　珍	遼　東	廣甯縣	進士	弘治十四年

胡　經	山　東	濱　州	進士	弘治十五年
高崇熙	山　西	石　州	進士	弘治十七年
王　凱	南直隸	蠡　縣	進士	正德四年
黃　繡	江　西	清江縣	進士	正德五年
景　佐	山　西	蒲　州	進士	正德六年
羅　玹	河　南	扶溝縣	進士	正德十一年
許　諫	河　南	洛陽縣	進士	正德十二年
毛思義	山　東	陽信縣	進士	嘉靖元年
成　文	山　西	文水縣	進士	嘉靖二年
桑　溥	山　東	濮　州	進士	嘉靖四年
郭鳳翔	河　南	祥符縣	進士	嘉靖七年
沈　圻	浙　江	平湖縣	進士	嘉靖十年
樊　鵬	河　南	信陽縣	進士	嘉靖十四年
王邦瑞	河　南	宜陽縣	進士	嘉靖十七年
李文中	雲　南	臨安縣	進士	嘉靖十八年
紀　繡	山　東	利津縣	進士	嘉靖二十年
曹　邁	四　川	榮　縣	進士	嘉靖二十一年
江　東	山　東	朝城縣	進士	嘉靖二十四年
李　磐	河　南	固始縣	進士	嘉靖二十六年
李世芳	山　西	黎城縣	進士	嘉靖二十九年
張　松	河　南	洛陽縣	進士	嘉靖三十一年
崔　官	四　川	閬中縣	進士	嘉靖三十四年
許天倫	山　西	振武衛	進士	嘉靖三十五年
李臨陽	四　川	江津縣	進士	嘉靖三十六年
焦　璉	北直隸	涿　州	進士	嘉靖三十七年
王之臣	四　川	南充縣	進士	嘉靖三十七年
李廷儀	山　西	霍　州	進士	萬曆初
楊時甯	河　南	祥符縣	進士	萬曆十八年
楊　楫	河　南	商邱縣	進士	萬曆中
吳鴻功	山　東	萊蕪縣	進士	萬曆中
劉廣業	河　南	洛陽縣	進士	萬曆中
徐雲逵	北直隸	遷安縣	進士	萬曆三十三年
張舜命	河　南	商城縣	進士	萬曆三十八年

劉尚朴	河　南	信陽縣	進士	萬曆三十九年
董國光	山　東	滕　縣	進士	萬曆四十一年
李春光	山　西	解　縣	進士	天啓中
馮舜漁	山　西	蒲　州	進士	天啓中
馮從龍	四　川		舉人	
徐　節	山　西	臨汾縣	進士	
党　馨	山　東	益都縣	進士	
陸夢龍	浙　江	會稽縣		崇禎中

表3-4：沅州兵備道官籍貫、出身、任職表

人　　名	省　直	州、縣屬	出　身	任　職　時　間
馮　俊	廣　西	宜山縣	進士	成化十七年
劉　璧	山　東	壽光縣	舉人	成化二十一年
龔　澤	浙　江	慈谿縣	進士	成化二十二年
鄭　恭	山　西	區沃縣	進士	弘治元年
蕭　謙	北直隸	永平縣	進士	弘治間
顧　源	南直隸	長洲縣	進士	弘治九年
張　漣	河　南	鞏　縣	進士	弘治十八年
張　鎮	浙　江	臨海縣	進士	弘治十五年
徐　潭	浙　江	錢塘縣	進士	正德六年
董　銳	山　西	興　縣	進士	正德十三年
翁　理	廣　東	湖陽縣	進士	正德十三年
黃天爵	福　建	南安縣	進士	正德十四年
朱廷聲	江　西	進賢縣	進士	正德十六年
朱　琉	四　川	瀘　洲	進士	嘉靖三年
龔守愚	江　西	清江縣	進士	嘉靖七年
黃　質	山　東	范　縣	進士	嘉靖八年
李　顯	浙　江	樂清縣	進士	嘉靖九年
崔　桐	南直隸	海門縣	進士	嘉靖十三年
王　聘	南直隸	江陰縣	進士	嘉靖十四年
李　瑜	江　西	吉水縣	進士	嘉靖十七年
李義壯	廣　東	南海縣	進士	嘉靖二十一年

李愷	福建	惠安縣	進士	嘉靖二十三年
公躋奎	山東	蒙陰縣	進士	嘉靖二十五年
高懋	四川	銅梁縣	進士	嘉靖二十六年
陶欽夔	江西	彭澤縣	進士	嘉靖二十八年
朱藻	四川	瀘洲	進士	嘉靖二十八年
劉廷臣	山西	洪洞縣	進士	嘉靖二十九年
劉天授	江西	萬安縣	進士	嘉靖二十九年
高節		泰興左衛	進士	嘉靖三十一年
施千祥	福建	福清縣	進士	嘉靖三十四年
余爌	江西	樂平縣	進士	嘉靖三十六年
周鎬	河南	汲縣	進士	嘉靖三十七年
李心學	南直隸	臨淮縣	進士	嘉靖三十八年
阮文中	江西	南昌縣	進士	嘉靖四十年
姜繼曾	山東	膠州	進士	隆慶元年
秦鈁	浙江	慈谿縣	進士	隆慶四年
史嗣元	浙江	餘姚縣	進士	隆慶五年
蘇士潤	福建	晉江縣	進士	萬曆二年
宿度	山東	掖縣	進士	萬曆三年
章甫端	北直隸	任邱縣	進士	萬曆七年
張思忠	南直隸	合肥縣	進士	萬曆八年
龍宗武	江西	大和縣	進士	萬曆九年
管稷	浙江	餘姚縣	進士	萬曆十一年
虞德曄	浙江	義烏縣	進士	萬曆十四年
林梓	福建	漳浦縣	進士	萬曆十七年
高維崧	江西	廬陵縣	進士	萬曆二十年
江東之	南直隸	歙縣	進士	萬曆二十年
孫守業	河南	祥符縣	進士	萬曆二十二年
徐榜	北直隸	涇縣	進士	萬曆二十四年
王應霖	北直隸	文安縣	進士	萬曆二十七年
董元學	山東	歷城縣	進士	萬曆三十一年
張應鳳	北直隸	元城縣	進士	萬曆三十一年
袁應文	廣東	東莞縣	進士	萬曆三十五年
曾皋	江西	廬陵縣	進士	萬曆三十八年

李　偉	福　建	永春縣	進士	萬曆三十九年
吳國仕	南直隸		進士	萬曆四十三年
許成器			進士	萬曆四十五年
胡一鴻	浙　江	餘姚縣	進士	天啓元年
陸夢龍	浙　江	會稽縣	進士	天啓五年
王世德	浙　江	永康縣	進士	崇禎元年
蕭象烈	江　西	吉安縣	進士	崇禎四年
尹　伸	四　川	宜賓縣	進士	崇禎七年
葉憲祖	浙　江	餘姚縣	進士	崇禎八年
周汝璣	河　南		進士	崇禎十年
蔡　澄	福　建		進士	崇禎十二年
陳　璽	雲　南		進士	崇禎十五年
汪士英			進士	
譚文佑	四　川		舉人	已酉年
徐　煒	雲　南	河西縣	舉人	丁亥年

註：有關明代兵備道官爲數頗眾，無法將各道兵備官一一統計；因此附表 3 僅就四兵備道舉
　　例條列，以概見一斑。

圖 2-1：賓州兵備道官籍貫分配圖

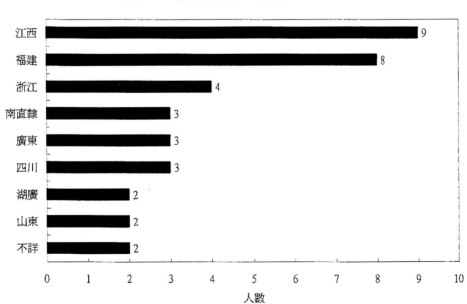

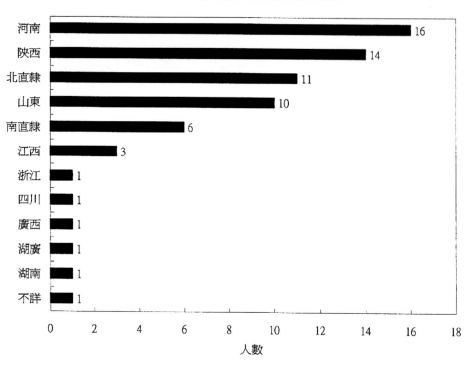

圖 2-2：雁門兵備道官籍貫分配圖

圖 2-3：固原兵備道官籍貫分配圖

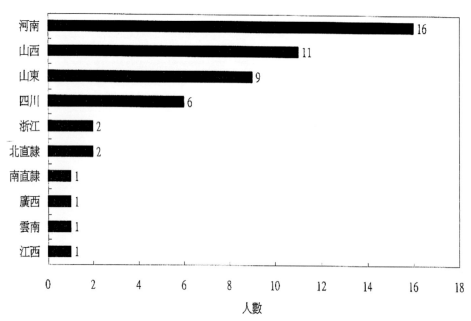

圖 2-4：沅州兵備道官籍貫分配圖

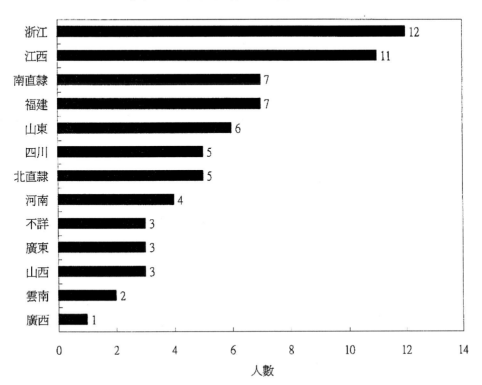

圖 3：兵備道官出身比例圖

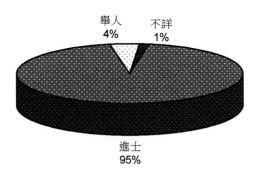

註：本圖根據賓州、雁門、固原及沅州四兵備道官出身統計而成。

圖4：兵備道署圖

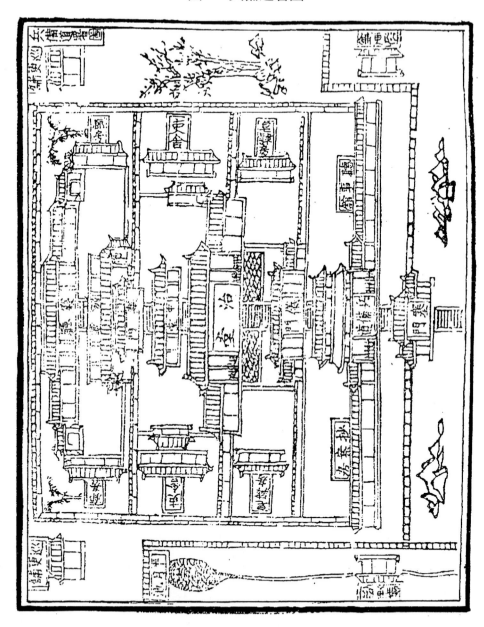

明・鍾添、田秋，《思南府志》(《天一閣藏明代方志選刊續編》六十七，據明嘉靖刊本景印)，
〈兵備道署圖〉。

圖 5：南直隸鎮江府郡屬圖

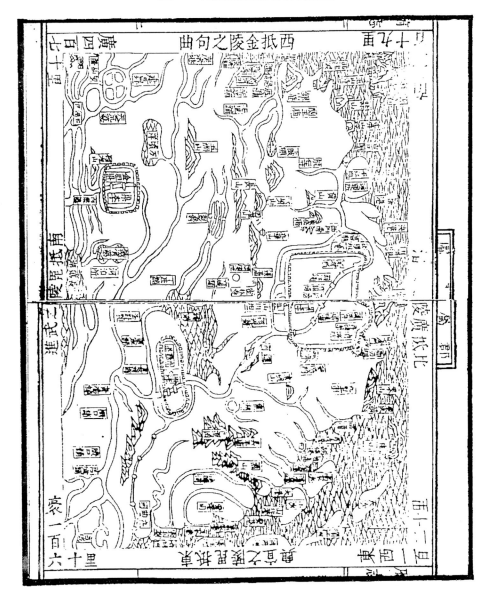

清‧何洯，《鎮江府志》（台北：漢學研究中心景照清康熙二十四年序刊本），卷二〈鎮江郡屬圖〉，頁 1 下～2 上。

圖6：山東青州府治圖

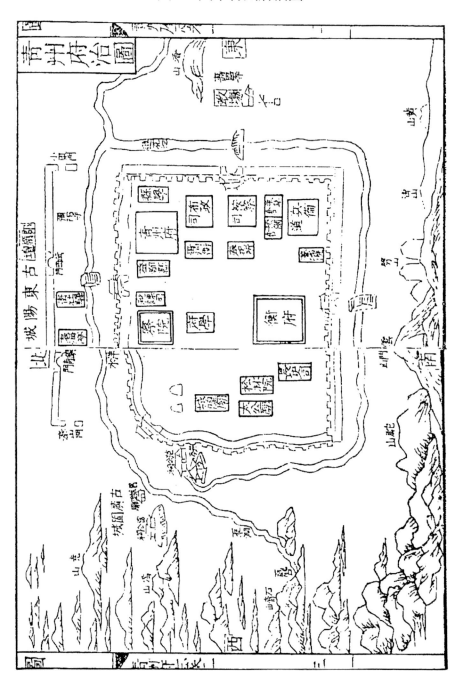

明‧劉應時、馮惟訥等，《嘉靖‧青州府志》（《天一閣藏明代方志選刊續編》四十四，據明嘉靖刻本景印），卷一〈青州府治圖〉，頁2下～3上。

圖 7：陝西鞏昌府治圖

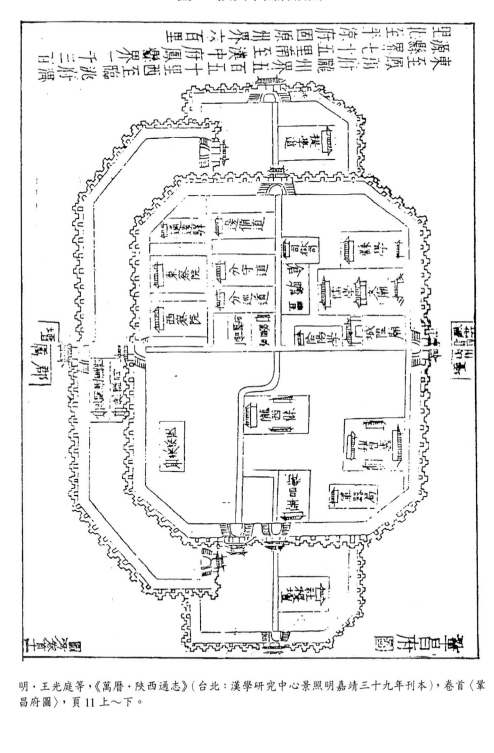

明・王光庭等，《萬曆・陝西通志》（台北：漢學研究中心景照明嘉靖三十九年刊本），卷首〈鞏昌府圖〉，頁 11 上～下。

圖 8：四川威茂一帶治境總圖

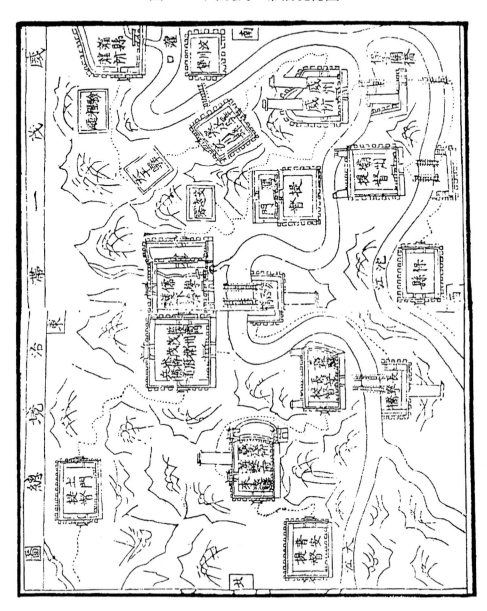

明‧郭應聘，《威茂邊防紀實》（台北：中央研究院歷史語言研究所藏，明嘉靖四十三年刊本），〈威茂一帶治境總圖〉。

圖9：江西南昌府寧州治圖

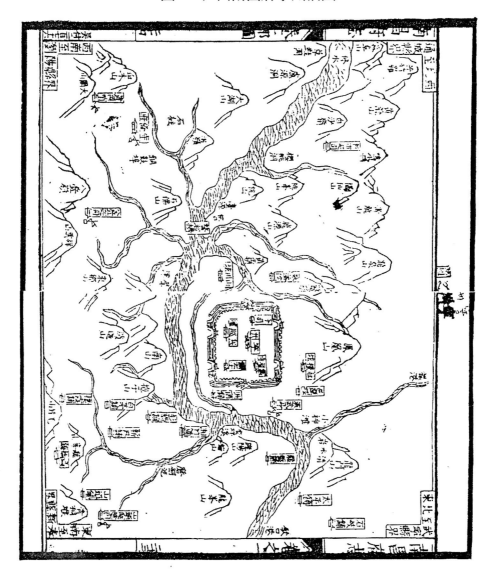

明・范淶，《南昌府志》（台北：漢學研究中心景照明萬曆十六年刊本），卷一〈郡圖〉，頁23下～24上。

圖 10：江西九江府郡城圖

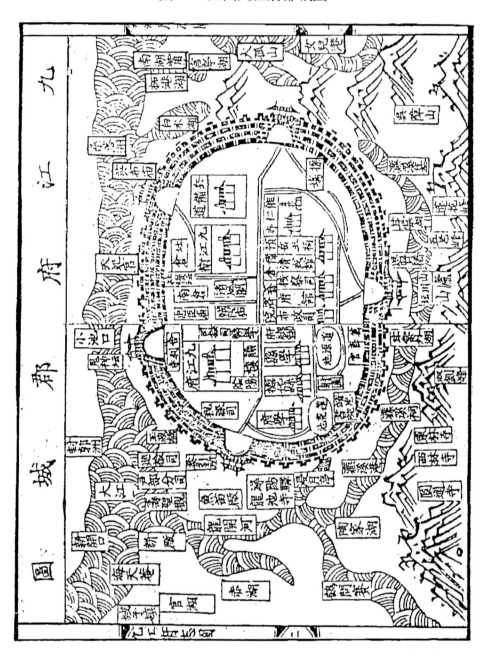

明‧何棐，《九江府志》（《天一閣藏明代方志選刊》，據明嘉靖六年刊本景印），〈九江府志圖〉，頁 1 下～2 上。

圖 11：湖廣衡州府總圖

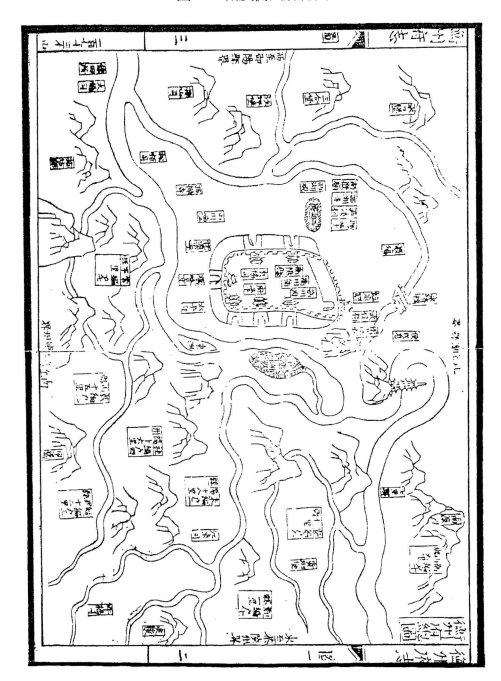

明‧林兆珂，《衡州府志》（台北：漢學研究中心景照明萬曆二十一年刊本景印），〈圖〉，頁 2
下～3 上。

圖 12：湖廣郴州城治圖

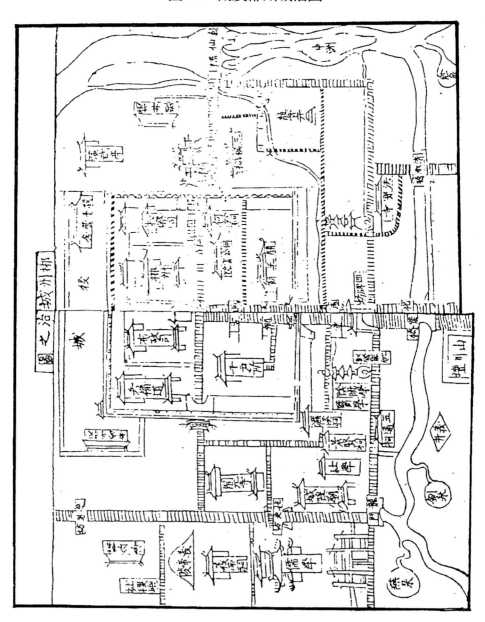

明・胡漢，《郴州志》（台北：漢學研究中心景照明萬曆年刊本），〈郴州城治之圖〉。

圖 13：浙江衢州府治圖

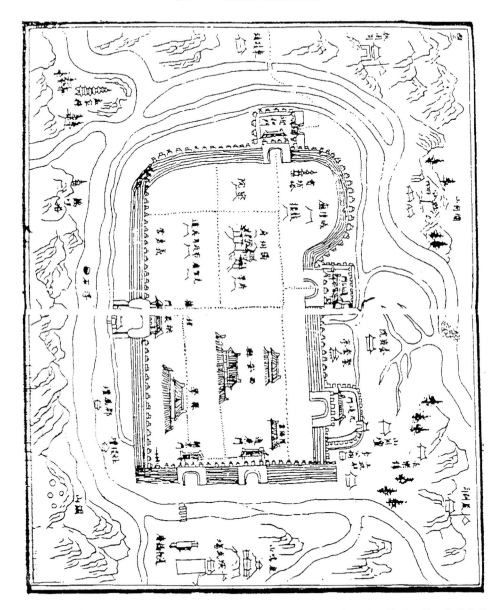

明‧林應翔、葉秉敬，《衢州府志》（台北：成文出版社，1983 年 3 月，據明天啟二年鈔本景印），頁 88～89。

圖14：福建漳州府總圖

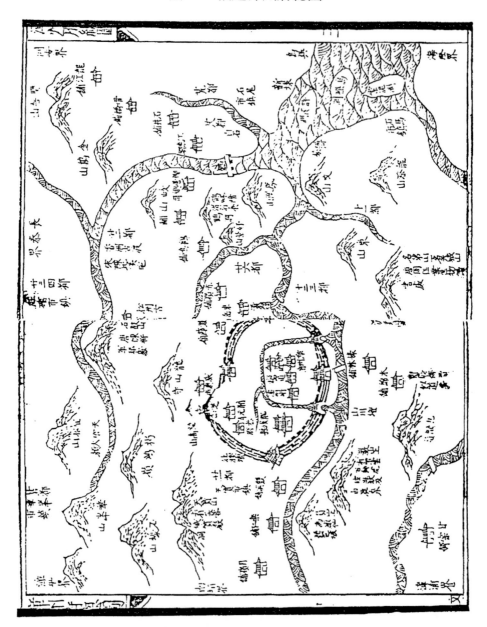

明‧袁業泗，《漳州府志》（台北：漢學研究中心景照明崇禎年刊本），〈漳州府總圖〉，頁3下
～4上。

圖 15：福建福州府郡城總圖

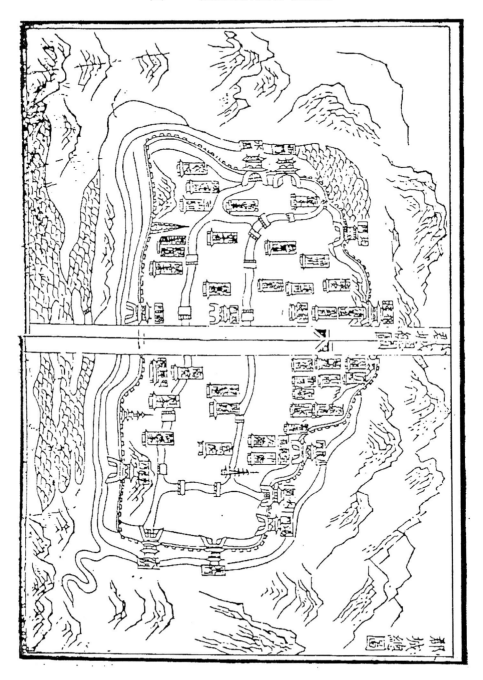

明‧林燫，《福州府志》（台北：漢學研究中心景照明萬曆二十四年刊本），〈郡城總圖〉，頁 2
上～下。

圖 16：貴州永寧州治圖

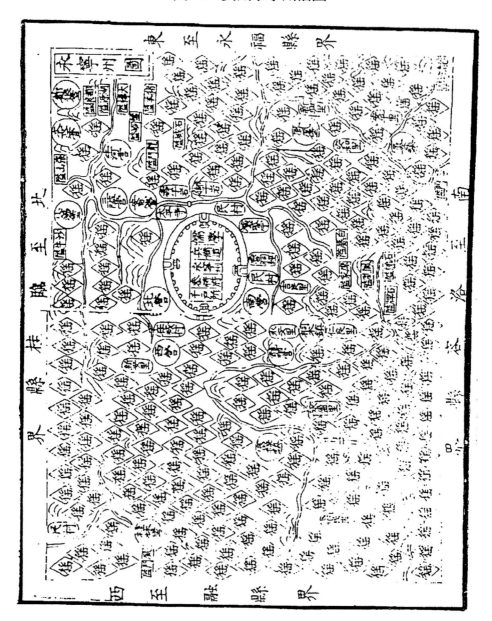

明・楊芳、詹景鳳，《殿粵要纂》（《北京圖書館古籍珍本叢書》四十一，北京：書目文獻出版社，據明萬曆三十年楊芳印本景印），卷一〈永寧州圖〉，頁 21 上～下。

表 4：兵備道衙內陳設一覽表

都察院巡按察院兵備道三衙門花骨轎三乘，共銀一十二兩。暖轎三乘，共銀九兩。黃絹傘三把，共銀四兩。青絹傘二把，共銀二兩。雨傘三把，共銀四錢五分。絹轎幔三副，共銀一兩五錢。青紗轎幔三副，共銀二兩一錢。油絹轎幔三副，共銀一兩五錢。油衣三副，共銀九錢。春台三張，共銀一兩五錢。壁卓十八張，共銀二兩七錢。道椅二十四把，共銀九兩六錢。圈椅二十四把，共銀七兩二錢。綜絲轎被三條，共銀六錢。竹大紅帘六條，共銀九兩。方卓二十四張，共銀一十二兩。官卓四十八張，共銀一十四兩四錢。連椅二十四把，共銀四兩八錢。長台十二張，共銀一兩八錢。食台十二張，共銀一兩二錢。長短凳十八張，共銀九錢。腳凳十二張，共銀二錢四分。圍屏六座，共銀三兩。大屏風三座，共銀三兩。香几三座，共銀三錢。木立台九對，共銀九錢。小石屏風十二座，共銀一兩二錢。紅紗燈六碗，共銀三錢。圓爐六座，共銀二兩一錢。衣架六座，共銀一兩八錢。面架六座，共銀六錢。□架三座，共銀三錢。手巾架三座，共銀三錢。紗帽架三座，共銀一錢五分。騰涼床三張，共銀三兩。涼床一十二張，共銀四兩八錢。醉翁椅三把，共銀九錢。青布門帘三條，共銀六錢。大紅紵絲卓圍六條，共銀二兩四錢。紅紗卓圍六條，共銀一兩五錢。紅絹小卓圍二十四條，共銀四兩八錢。紅紗小卓圍二十四條，共銀三兩六錢。紵沿邊台席六條，共銀六錢。拜單三條，共銀一兩五錢。坐褥九條，共銀八錢。錫匣九對並架，共銀一兩三錢五分。銅盆三個，共銀六錢。錫盆三個，共銀六錢。錫書燈六對，共銀六錢。錫影燈六對，共銀六錢。錫茶壺六把，共銀九錢。錫酒壺六把，共銀四錢八分。錫鏇三個，共銀二錢四分。銅火盆三個，共銀九錢。鐵火盆三個，共銀三錢。錫夜壺三把，共銀四錢五分。銅杓九把，共銀四錢五分。薄刀六把，共銀一錢八分。鑹刀六把，共銀三分。火叉三把，共銀四分五厘。火箸三把，共銀四分五厘。火錚三架，共銀一錢二分。銅燭剪三把，共銀六分。浴盆三個，共銀六錢。坐桶三個，共銀三錢。淨桶三個，共銀一錢五分。官窯茶種三十只，共銀一錢八分。官窯卓面六卓，共銀四錢八分。花卓面十二卓，共銀六錢。白卓面十二卓，共銀三錢六分。官窯飯碗三十只，共銀一錢五分。細花碗六十只，共銀六錢。花飯碗六十只，共銀一錢八分。花茶種三十只，共銀一錢五分。官窯酒種三十只，共銀九分。花酒種三十只，共銀六分。牙箸十四雙，共銀六錢。黑木箸六十雙，共銀五錢。蒸籠三座，共銀一錢五分。飯甑三口，共銀一錢五分。

鐵椒碾三副，共銀三錢。合子六只，共銀三錢。反供十二面，共銀四錢八分。水桶六只，共銀三錢。炕坐褥三條，共銀二錢一分。紅紗食罩三個，共銀三錢。吊桶三只，共銀九分。食鍋二十一只瓶蓋，共銀三兩。另備夾板卷箱聽用。已上三衙門鋪陳什物各一副，共該銀一百五十七兩七錢七分。

資料來源：鄧之誠，《松堪小記》（收錄於《古董瑣記全編》，北京：北京出版社，1996 年 6 月初版），頁 585～586。

附錄書影

書影一

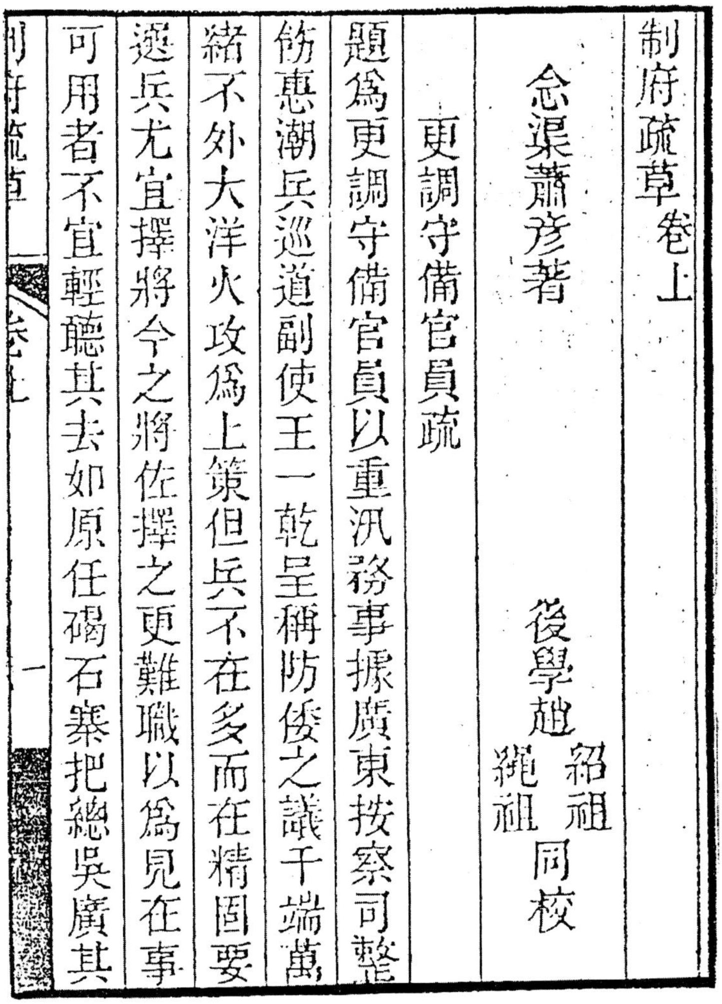

制府疏草卷上

念渠蕭彥著　　　　後學趙紹祖同校
　　　　　　　　　　　　魏紹祖

更調守備官員疏

題爲更調守備官員以重汛務事振廣東按察司整
飭惠潮兵巡道副使王一乾呈稱防倭之議千端萬
緒不外大洋火攻爲上策但兵不在多而在精固要
遴兵尤宜擇將令之將佐擇之更難職以爲見在事
可用者不宜輕聽其去如原任碣石寨把總吳廣其

（左側：制府疏草　卷上　一）

明‧蕭彥，《制府疏草》（《百部叢書集成‧涇川叢書》本），卷上〈更調守備官員疏〉，頁1下～4上。

書影二

整飭營伍公移

整飭遼東開原等處兵備道右叅政馮　　爲整飭營伍

以固衝圍事竊照開原一道三面鄰虜四時備邊一線

孤懸遠在天末兼之年來屢被虜患屯堡蕭條士馬彫

敝加以法度陵夷人心怠玩視占役若等閒以因循爲

故事職業曠廢營伍空虛按冊食糧則冐有幾千幾百

之多衝鋒禦敵殊不得一人一騎之用上下相蒙彼此

影射平居既無稽查訓練之方臨陣安有節制止齊之

律本道才雖薄劣職在詰戎尸祿素餐歷有歲月弊竇

輒加釐正營伍稍覺肅清非借

明・馮瑗，《開原圖說》（《玄覽堂叢書》初輯，台北：國立中央圖書館，1981 年 8 月臺初版，據館藏明萬曆間年刊本景印），卷下〈整飭營伍公移〉，頁 34 上。

書影三

兵部行「福建按察司副使等補官請敕」稿 十一號劾寫正天啓七年三月十五日上傳方到奉謝詔來

兵部為缺官事職方清吏司案呈奉本部送准吏部咨稱內開浙江寧波府知府王念祖今陞福建按察司副使清軍

驛傳兼管福州兵備頂補蘇英員缺山西汾州府知府趙彥復今陞湖廣按察司副使岳州府駐劄上江防道兵備頂

補周宗文員缺移咨照例請勅等因到部送司案呈到部送合就行為此一合具揭粘差主事胡福弘費赴內府翰林

院請寫勅書施行計開請勅官二員福建按察司副使王念祖原擬責任令其不妨清軍本務署管福州兵備事務監督全省水

察奸弊一切詞訟亦許清理本官尤須持廉秉公正己率下如或不職貪有收歸仍兼管福州兵備事務監督全省水

陸官軍防勦山海寇盜糶察奸弊課殿功罪操練軍民兵勇圍城堡蒲造戰船糶察餉修理器械禁革奸弊遇有

一應賊情就與總兵官同心一德啓同軍衙有司官兵會同興泉道及隣境守巡等官互相緝勦其地方軍民職官如

有抗違悞事慇參奏者參奏慇提問惰盜息民安地方安方副委任其處置緩慢事務已經吏部議題耳

責督很參政本官不得干預湖廣按察司副使復原擬責任專管上江防道兵備錄武昌而上至澧蕩岳州常德

吳沙等遠務要提督一帶江防湖禁巡司修理城堡操練軍兵快清查錢糧軍衙有司悉聽調度遇有盜賊生發督

同該管地方巡河守備等官相機勦捕軍民詞訟俱許聽理事千各道會議而行仍慇巡撫衙門節制其主發信地自

武昌以南至嘉魚武昌以北至白湖嶺上下二哨各信地及漢陽一府黃陂一縣地方俱以分巡武昌道為主上下江

防道為駐其餘俱以上下江防道為主分巡武昌道為駐如遇地方失事照此論罪至于會同勦捕勾有地方之責不

得以分地為詞自失同舟共濟之義其江西寧州守備悉聽上江防道兼制遇有盜賊生發即便會兵夾捕一應文移

明清史料 乙編 第一本 二五 國立中央研究院 歷史語言研究所

中央研究院歷史語言研究所編，《明清史料》（台北：中央研究院歷史語言研究所，1972 年 3 月再版），〈乙編・第一本・兵部行福建按察司副使等補官請敕稿〉（天啓七年三月十五日太僕寺卿管司事田吉協理清冊郎中劉永祚），頁 25 上～下。

書影四

兵部行「分巡冀北兵備道樊師孔揭帖」稿　生字二百四號大同科事郎題文譯揭帖稿

兵部為衝邊無險可恃出塞禦佐一署請題設將加兵以固危疆以重親藩事職方清吏司案呈奉本部送擬分巡冀

北兵備道樊師孔揭帖前事內稱竊照大同為鎮之最衝者惟得游一路而得游之首衝者惟鎮川一堡蓋其川原遼

闊內外坦平竝有土牆以界華夷毖辛可登如魏家游鎮山店先年游數入犯全無阻邊誠戰守兩難之地也職奉敕

莅防此中目擊心憂不遑籌盡謀防兵設大砲築四水口接二磚堂凡可為守禦之計者捐隆琖減不遺餘力似防

備之着亦不而前稍有而未敢即安也復慮塞外之緩急與地利之險隘非躬詣閱縣難以逡度突于七月二十八日統領

親丁建辛二百騎戎衣介馬冒危出塞過小青山系魚溝堡直抵大遠拜從寅至酉馳行百五十里見其寬漫平陽延

袤無涯東通野馬川為東奴往來之坦途西通蔚州灘為西虜出入之達徑且野草蒙茸足資馬牧可屯百萬餘騎

所以戊辰甲戌兩犯塞中踩躪數千里者孫此而入郊之所謂無險可恃者信非誑也隨于酉刻從鎮巷堡門進口

而趨明日早則則（則字延重復）小遠拜馱趨丁之毅至英漢趕之地即職昨日親鑒之地于是漁院總鎮復得

勝者忝將鍾鳴高新築之遊蓥正共絪經邊備旋蒙撫院置騎至鎮川上墻罕望而扼腕謂各官曰此處組一總兵堤

三萬精兵庶幾可以塞冒險深入然爽地情形已了了目中故敢為之認佐一策一曰厚積兵力以防突遠本堡顧設參

將一員加兵一千五百合堡軍共二千名而糧料馬匹紹得勝例將與得勝路將互壯聲援一曰多建磚臺以備衝打

忝將鍾鳴高已瀕修十臺于得勝鎮發開此堡亦宜頭建五臺以爭相犄饷一曰遠遣哨丁以廣耳目夫此路何嘗無

明清史料　乙編　第三本　二七一　國立中央研究院　歷史語言研究所

《明清史料》，〈乙編‧第三本‧兵部行分巡冀北兵備道樊師孔揭帖稿〉（崇禎十三年八月十五日郎中張若麒），頁271上～下。

書影五

兵部行「兵科抄出陽和兵備道洪𣶃衡奏」稿 壬字九十二號大同科書辦趙文壽男香本

兵部為遵旨速奏事職方清吏司案呈奉本部送兵科抄出陽和兵備道洪𣶃衡奏稱崇禎十三年四月初十日奉兵
部箚付該本部題前事本月十三日蒙巡撫大同右僉都御史劉夢桂案驗准兵部咨題同前事等因本月初六日奉
聖旨這本內預籌事宜著各該督撫鎮道遵照各款作速料理務期先事有備以遏夜窺仍逐款簡切回奏如有玩泄
從事的卿部即指名重治不得曉徇欽此欽遵備行到臣臣捧讀綸綍不勝悚惕隨行陽和督標十營及天新二路將
備照款料理外竊照與鎮制勝全局總不外樞臣之預籌陽和信地分轄惟仰承督撫之調度似不敢復煩聖聽然奉
回奏明旨又不敢不竭其遇（缺）一戰作何整（抹）陽和督標戰兵也隨處征剿進無定勢大要以扼居庸懸三協為先著而
留偏師以援雲晉雲邊雖平衍可窺而撫臣以勁旅固壽封鎮臣率羽旅茲得勝有偏代東有倒馬賊無出路此或
旅耳一守作何備禦陽和屯兵與城堡額軍暫守（晃）也然練備儲四事已詳盡無餘惟在平時撫恤其疾苦嚴禁其
科尅人和得而敵氣奪高城堅池庶為我用矣一防作何分布沿邊省衛而守口新平為甚今此二堡分撥邊哨務期
先得敵情以為未然之防今又於天城新平兩路量撥兵丁貼防邊堡庶聲勢相接可有備無患也一援作何調遣陽
和與天城新平三大城共為犄角倚若闖入諳相期會火炮夜發若攻其除小堡則兩路將出奇兵撓之但使之驚擾
牽制則大兵可合殲矣一設險作何扼吭險者敵與我所必爭如用有形之險則山谿林木皆是也至平坦之處地無
險形敵無戒心惟塹壕之間更可施其作用但地不可預定秘不可先傳耳一清野作何斂積野不難於清而患遇（缺）民多
稜豆之戀今已諭預早禾以便收斂給印牌以候歸併尊嘗有貯積蓋藏之所臨時猶荷戈捍禦之人而兵食兩攸賴

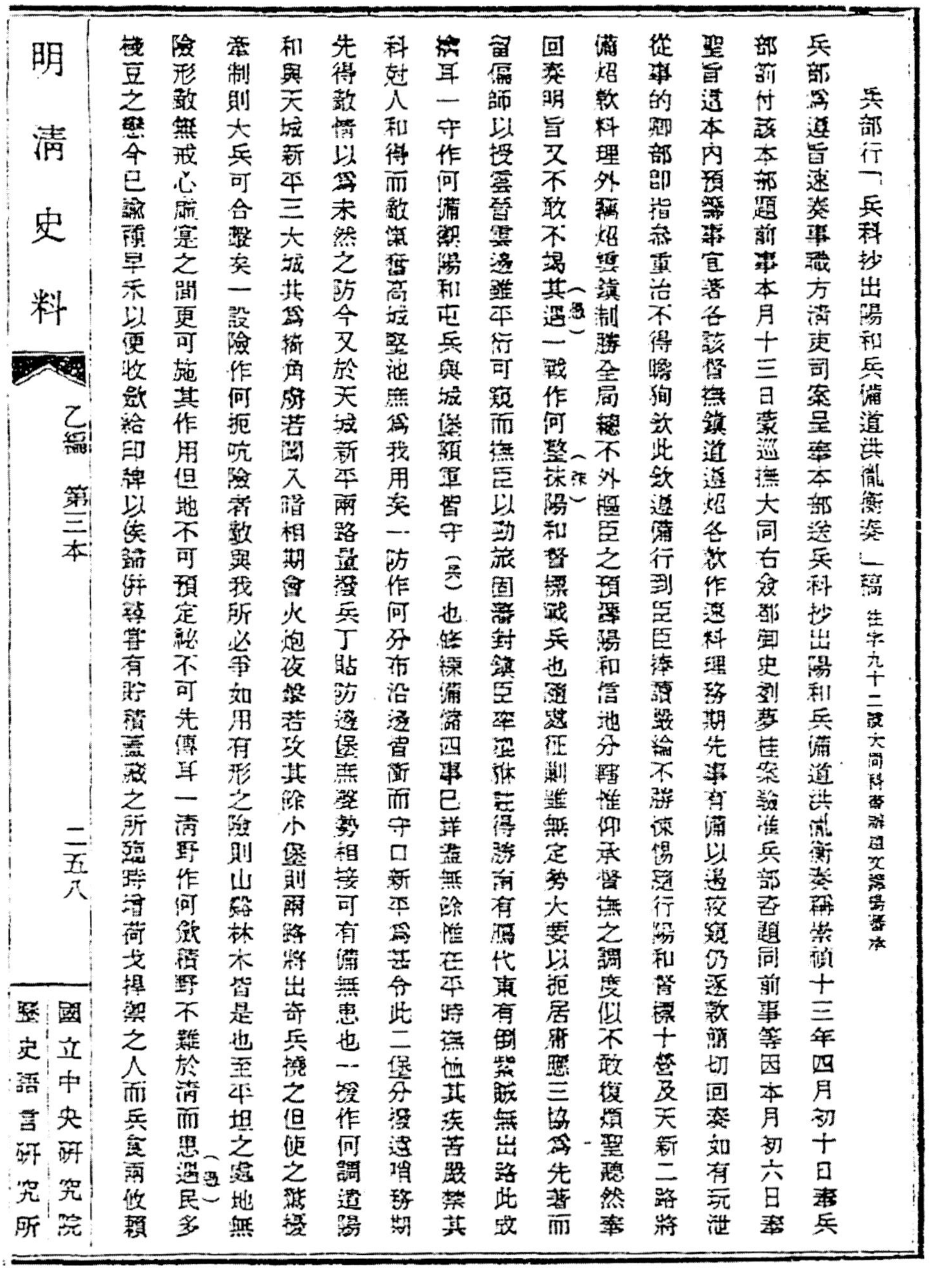

明清史料 乙編 第三本 二五八

國立中央研究院 歷史語言研究所

《明清史料》，〈乙編・第三本・兵部行兵科抄出陽和兵備道洪吭衡稿〉（崇禎十三年五月十八日郎中孫嘉躋），頁 258 上～下。

書影六

勅諭朕惟廣東廣西壤地接連賊寇不時出沒兩廣
總兵等官往往互相推調縱寇殃民審求其故實號
令不一所致今命尔掛印克總兵官鎮守兩廣地方
於梧州府城內駐劄居中調度操練軍馬脩理城池
防禦賊寇撫安人民所在副總兵參將遊擊將軍都
布按三司官俱聽節制凡一應軍務湏與提督兩廣
軍務兼理巡撫都御史公同計議便宜廢置務在同
心恊謀除奸革弊殄滅賊寇以安人民毋得偏執已
見乖方誤事但遇賊寇生發即便相機撫捕若官軍

明·應檟修、劉堯誨重修，《蒼梧總督軍門志》（台北：臺灣學生書局，1970年12月初版，據
中央圖書館藏明萬曆九年廣東布政司刊本景印），卷二〈制敕·總兵府奉敕諭〉，頁1下。

書影七

巡撫遼東地方兼贊理軍務都御史一員

鎮守總兵官一員

戶部管糧郎中一員 俱駐劄廣寧城

分守僉議一員 駐劄遼陽城

分巡僉事一員 駐劄廣寧城

兵備四員 駐寧遠城 駐開原城 駐蓋州城 駐西平堡

極衝地方

遼陽城副總兵一員 都司三員

開原城叅將備禦市官各一員

義州城叅將備禦各一員 寧遠城叅將一員

明・兵部編，《九邊圖說》（《玄覽堂叢書》初輯，台北：國立中央圖書館，1981 年 8 月臺初版，據館藏明隆慶三年刊本景印），〈遼東鎮圖說〉，頁 4 上。

書影八

救舉撮其甚者主，兵耗于後占客兵疲于徑來民兵

溺于偷媮班兵狃于故習報撫要領選練先焉然又

以議論繁多莫可措手鳴呼不痛除數弊而欲薊鎮

之安不可得已

本鎮衝次地方文武官口員并兵馬錢粮數目

總督薊遼保定等處軍務無理粮餉侍郎一員

整飭薊州邊備兼巡撫順天等府都御史一員

鎮守總兵官二員

户部管糧郎中主事共四員

兵部主事一員

兵備四員

明‧兵部編，《九邊圖說》(《玄覽堂叢書》初輯，台北：國立中央圖書館，1981 年 8 月臺初版，據館藏明隆慶三年刊本景印)，〈薊鎮圖說〉，頁 29 上。

書影九

明・楊時寧，《宣大山西三鎮圖說》（台北：國立中央圖書館，1981年8月臺初版，據館藏明萬曆癸卯（三十一年）刊本景印），〈山西鎮圖說〉，頁12上。

書影十

使一員整飭高肇二十一年議裁弘治九年復兼雷廉共設一員十六年巡按御史華璉議分設部議以官多冗乃以高肇兵備僉事兼分巡嶺西頭萬曆五年總督侍郎凌雲翼善後羅旁議題改嶺西兵巡僉事為羅定兵備而以舊仲戚道副使改為嶺西兵巡駐劄肇慶

羅定兵備僉事一員 即高肇兵巡萬曆五年總督侍郎凌雲翼善後羅旁議題

羅定州 改設駐劄

海北兵備兼分巡僉事一員 成化四年巡撫都御史楊信題設兵僉副使一員整飭雷廉二十一年議裁弘治九年復兼高肇共設一員十六年巡按御史華璉題四府分設部議以添設未免與分巡牴悟題以雷廉兵備於海北僉事兼之駐劄廉州府

海南兵備兼分巡提學副使一員 成化八年設副使一員兼理兵

《蒼梧總督軍門志》，卷六〈兵防二・文官〉，頁6上。

書影十一

後廳凡三間，過廳一間，廊房六間，在正堂之左右。公廚

大門凡五間，如察院制。

兵備道，在儒學右，即宣慰氏舊宅也。永樂間以為演武之地。嘉靖八年四川僉事康公世隆來任，署因而建立焉。巡撫都御史劉公士元奏以分憲，憲職出鎮于此，流賊鋒起百姓輕勦。

治堂凡五間，中堂凡五間，前廊房三間，左右各；中廊房二間，左右。

兵備宅，在中堂後。正廳凡五間，後廳凡五間。廂房凡六間，正廳左右在。宅

門所凡二間，儀門凡三間，大門。即譙樓，上下共六寨門。間匾曰兵備道。

凡一座，為聽事館凡三間。道門左抄案房三間，墻圍百丈。日憲臺。

地施公館，在府南百八十里地施鋪之左。嘉靖六年巡按御史施山僉事宋公俱行部至此。

因無公寓，委官剏建正廳凡三間，後廳凡三間。廊房正廳左右在，廂房間在。只磨山頭路。地施鋪。

炎蒸底裏行，想應民奚卓念得此身輕。

後廳，舘門凡二所，舘墻高六尺周二十丈。左右。

明·鍾添、田秋，《思南府志》（《天一閣藏明代方志選刊續編》六十七，據明嘉靖刊本景印），卷二，頁 11 下～12 上。

參考書目

一、史　料

（一）一　般

1. 漢·班固，《漢書》，一〇〇卷，台北：鼎文書局，1979 年 3 月二版。

2. 西晉·陳壽，《三國志》，六十五卷，台北：鼎文書局，1976 年 6 月二版。

3. 宋·王溥，《五代會要》，三十卷，台北：世界書局，1963 年 4 月二版。

4. 宋·王溥，《唐會要》，一〇〇卷，台北：世界書局，1963 年 4 月二版。

5. 宋·李燾，《續資治通鑑長編》，六〇〇卷，台北：世界書局，1964 年 9 月再版。

6. 宋·歐陽修，《新唐書》，二二五卷，台北：鼎文書局，1979 年 3 月二版。

7. 元·不著撰人，《元典章》，六十卷，北京：中國書店，1990 年 10 月一版一刷。

8. 元·不著撰人，《廟學典禮》，八卷，杭州：浙江古籍出版社，1992 年 3 月第一版。

9. 元·脫脫，《宋史》，四九六卷，台北：鼎文書局，1978 年 9 月初版。

10. 元·脫脫，《金史》，一三五卷，台北：鼎文書局，1979 年 3 月二版。

11. 元·潘迪，《永樂大典憲台通紀》，二卷、附考證一卷，日本：日本東洋史學會，1938 年。

12. 明·不著撰人，《條例備考》，二十四卷，台北：漢學研究中心景照明嘉靖刊本。

13. 明·王一鶚，《總督四鎮奏議》，十卷，台北：正中書局，1985 年，據中

央圖書館藏明萬曆刊本景印。

14. 明·王世性，《廣志繹》，六卷，北京：中華書局，1997 年 12 月第一版。

15. 明·王世貞，《弇山堂別集》，一○○卷，北京：中華書局，1985 年 12 月第一版。

16. 明·丘濬，《大學衍義補》，一六○卷，京都：中文出版社株氏會社，1979 年 1 月初版，據景日本實正四年（1792）和刻本景印。

17. 明·朱元璋，《明太祖寶訓》，六卷，《皇明寶訓》，台北：中央研究院歷史語言研究所校印，1967 年 3 月印行。

18. 明·朱吾弼，《皇明留臺奏議》，二十卷，《四庫全書存目叢書》史部，台南：莊嚴文化事業有限公司，1995 年 9 月初版，據蘇州市圖書館藏明萬曆三十三年刻本景印。

19. 明·朱紈，《茂邊紀事》，一卷，《中國野史集成》二十三，成都：巴蜀書社，1993 年。

20. 明·朱燮元，《少師朱襄毅公督蜀疏草》，十二卷，《四庫全書存目叢書》史部，台南：莊嚴文化事業有限公司，1996 年 8 月初版，據中國科學院圖書館藏清康熙五十九年朱人龍等人刻本景印。

21. 明·何良俊，《四友齋叢說》，三十八卷，北京：中華書局，1997 年 12 月一版二刷。

22. 明·何孟春，《何文簡疏議》，十卷，《文淵閣四庫全書》史部，台北：商務版。

23. 明·兵部編，《九邊圖說》，不分卷，《玄覽堂叢書》初輯，台北：正中書局，1981 年 8 月臺初版，據明隆慶三年刊本景印。

24. 明·吳時來，《江防考》，六卷，台北：中央研究院歷史語言研究所傅斯年圖書館藏明萬曆十五年刊本。

25. 明·呂坤，《呂公實政錄》，七卷，台北：文史哲出版社，1971 年 8 月初版，據清嘉慶丁巳年重刊本景印。

26. 明·宋濂等，《元史》，二一○卷，台北：鼎文書局，1979 年 3 月二版。

27. 明·李化龍，《平播全書》，十五卷，《續修四庫全書》，上海：上海古籍出版社，1995 年，據上海辭書出版社圖書館藏清光緒五年王氏謙德堂刻畿輔叢書景印。

28. 明·李東陽等撰、申時行等重修，《大明會典》，二二八卷，台北：新文豐出版公司，1976 年初版，據明萬曆十五年司禮監刊版景印。

29. 明·李清，《三垣筆記》，三卷，北京：中華書局，1997 年 12 月一版二刷。

30. 明·李植，《言事紀略》，六卷，台北：漢學研究中心景照明刊本。

31. 明·李詡，《戒庵老人漫筆》，八卷，北京：中華書局，1997 年 12 月一

版二刷。

32. 明‧李默,《孤樹裒談》,十卷,《四庫全書存目叢書》子部二四〇冊,台南:莊嚴文化事業有限公司,1995 年 9 月初版,據中國科學圖書館藏據明刻本景印。

33. 明‧沈子木,《督撫三晉疏鈔》,五卷,台北:漢學研究中心景照明刊本。

34. 明‧汪楫,《崇禎長編》,存六十六卷,台北:中央研究院歷史語言研究所,1967 年 3 月,據歷史語言研究所藏舊鈔本景印。

35. 明‧沈德符,《萬曆野獲編》,三十卷、補遺四卷,北京:中華書局,1997 年 11 月湖北第二次印刷。

36. 明‧祁伯裕等,《南京都察院志》,四十卷,台北:漢學研究中心景照明天啟三年序刊本。

37. 明‧采九德,《倭變事略》,四卷,《中國野史集成》二十四冊,成都:巴蜀書社,1993 年,據景印元明善本叢書十種鹽邑志林影印。

38. 明‧胡世寧,《胡端敏奏議》,十八卷,台北:中央研究院歷史語言研究所傅斯年圖書館藏清刊本。

39. 明‧胡宗憲,《籌海圖編》,十三卷,台北:中央研究院歷史語言研究所傅斯年圖書館藏明天啟四年重刊本。

40. 明‧范淶,《兩浙海防類考續編》,十卷,《四庫全書存目叢書》史部,台南:莊嚴文化事業有限公司,1996 年 8 月初版,據北京大學圖書館藏明萬曆三十年刻本景印。

41. 明‧郎瑛,《七修類稿》,五十一卷、續稿七卷,北京:中華書局,1961 年 9 月第一版。

42. 明‧夏原吉等,《明實錄》,三〇四五卷,台北:中央研究院歷史語言研究所校勘,中央研究院歷史語言研究所出版,1970 年 9 月初版,據北京圖書館紅格鈔本微卷景印。

43. 明‧孫繼芳,《磯園稗史》,三卷,《叢書集成續編》,上海:上海書局,1994 年。

44. 明‧徐紘,《皇明名臣琬琰錄》,二十四卷、後錄二十二卷、續錄八卷,上海:上海書局,1994 年。

45. 明‧徐榜,《宦遊日記》,一卷,《百部叢書集成》,台北:藝文印書館,1967 年。

46. 明‧徐學聚,《國朝典彙》,二〇〇卷,北京:北京大學出版社,1993 年。

47. 明‧栗在庭,《九邊破虜方略》,五卷,台北:漢學研究中心景照明萬曆十五年序刊本。

48. 明‧高斗樞,《守鄖紀略》,一卷,《筆記小說大觀》十編三冊,台北:新

興書局，1978 年 9 月初版。

49. 明‧張萱，《西園聞見錄》，一○七卷，台北：成文出版社，1971 年。

50. 明‧張鼐，《吳淞甲乙倭變志》，二卷，《叢書集成續編》，上海：上海書局，1994 年。

51. 明‧張瀚，《松窗夢語》，八卷，北京：中華書局，1985 年 5 月一版一刷。

52. 明‧張瀚，《臺省疏稿》，八卷，《四庫全書存目叢書》史部，台南：莊嚴文化事業有限公司，1996 年 8 月初版，據北京圖書館藏明萬曆元年吳道明刻本景印。

53. 明‧敖英，《東谷贅言》，二卷，《四庫全書存目叢書》子部一○二冊，台南：莊嚴文化事業有限公司，1995 年 9 月初版，據南京圖書館藏明嘉靖二十八年沈淮刻本景印。

54. 明‧盛時選，《北臺疏草》，二十卷，台北：漢學研究中心景照明隆慶六年序刊本。

55. 明‧章潢，《圖書編》，一二七卷，台北：成文出版社，1971 年元月初版，據明萬曆四十一年刊本景印。

56. 明‧許論，《九邊圖論》，一卷，《叢書集成續編》，台北：新文豐出版公司，1976 年。

57. 明‧陳子壯，《昭代經濟言》，十四卷，上海：商務印書館，1936 年 6 月初版。

58. 明‧陳子龍、徐孚遠、宋徵璧等編，《明經世文編》，五○四卷、補遺四卷，北京：中華書局，1987 年 3 月一版二刷。

59. 明‧陳仁錫，《皇明世法錄》，九十二卷，台北：臺灣學生書局，1965 年元月初版，據國家圖書館珍藏善本書景印。

60. 明‧陳全之，《蓬窗日錄》，八卷，上海：上海書店出版社，2009 年 1 月第一版。

61. 明‧陳建，《治安要議》，六卷，《叢書集成續編》五十冊，台北：新文豐出版公司，1989 年，據聚德堂叢書本影印。

62. 明‧陳建，《皇明通紀法傳全錄》，二十八卷，《四庫禁燬書叢刊補編》十冊，北京：北京出版社，2005 年，據上海圖書館藏明崇禎九年刻本景印。

63. 明‧陳洪謨，《繼世紀聞》，六卷，北京：中華書局，1985 年 5 月一版一刷。

64. 明‧陸容，《菽園雜記》，十五卷，北京：中華書局，1997 年 12 月一版二刷。

65. 明‧郭應聘，《威茂邊防紀實》，二卷，台北：中央研究院歷史語言研究

所藏，明嘉靖四十三年刊本。

66. 明・勞堪，《憲章類編》，四十二卷，《北京圖書館珍本叢書》四十六冊，
    北京：書目文獻出版社，1988 年，據明萬曆六年刻本影印。

67. 明・喬璧星，《喬中丞奏議》，十卷，台北：漢學研究中心景照明萬曆三
    十九年序刊本。

68. 明・彭汝寔，《六詔紀聞》，二卷，《四庫全書存目叢書》，台南：莊嚴文
    化事業有限公司，1995 年 9 月初版一刷，據中國科學院圖書館藏明嘉靖
    吳郡袁氏嘉趣堂刻金聲玉振集本景印。

69. 明・彭宗孟，《楚臺疏略》，十卷，台北：漢學研究中心景照明刊本。

70. 明・焦竑，《玉堂叢語》，八卷，北京：中華書局，1997 年 12 月第一版。

71. 明・馮瑗，《開原圖說》，二卷，《玄覽堂叢書》初輯，台北：正中書局，
    1981 年 8 月臺初版，據明萬曆間年刊本景印。

72. 明・馮夢龍，《喻世名言》，四十卷，長沙：嶽麓書社，2006 年 1 月第一
    版。

73. 明・楊一清，《關中奏議全集》，十八卷，《叢書集成續編》，上海：上海
    書局，1994 年。

74. 明・楊廷和，《楊文忠三錄》，八卷，《文淵閣四庫全書》史部，台北：商
    務版。

75. 明・楊時寧，《宣大山西三鎮圖說》，不分卷，台北：正中書局，1981 年
    台初版，據中央圖書館藏明萬曆癸卯（三十一年）刊本景印。

76. 明・萬表編，《皇明經濟文錄》，四十一卷，北京：全國圖書館文獻縮微
    複製中心，1994 年 3 月，據蘇州市圖書館藏明嘉靖刊本景印。

77. 明・熊廷弼，《足本按遼疏稿》，六卷，北京：全國圖書館文獻縮微複製
    中心，1996 年 3 月，據天津圖書館藏明萬曆刊本影印。

78. 明・趙文華，《趙提督奏疏》，不分卷，台北：國家圖書館藏明嘉靖間刊
    本。

79. 明・潘季馴，《河防一覽》，十四卷，北平：中國水利工程學會，1936 年
    3 月。

80. 明・蔡逢時，《溫處海防圖略》，二卷，《四庫全書存目叢書》史部，台南：
    莊嚴文化事業有限公司，1995 年 9 月初版，據北京大學圖書館藏明萬曆
    澄清堂刻本景印。

81. 明・談愷，《平粵錄》，一卷，《中國野史集成》，成都：巴蜀書社，1993
    年，據玄覽堂叢書三集景印。

82. 明・鄭若曾，《江南經略》，八卷，《文淵閣四庫全書》史部七二八冊。

83. 明・鄭若曾，《籌海圖編》，十二卷，《四庫全書存目叢書》史部，台南：
    莊嚴文化事業有限公司，1996 年 8 月初版，據河南圖書館藏明萬曆刻本

景印。

84. 明・鄭曉，《今言》，四卷，北京：中華書局，1997 年 11 月湖北第二次印刷。

85. 明・錢春，《湖湘五略》，十卷，《四庫全書存目叢書》史部，台南：莊嚴文化事業有限公司，1996 年 8 月初版，據遼寧省圖書館藏明萬曆四十二年刻本景印。

86. 明・應檟修、劉堯誨重修，《蒼梧總督軍門志》，四十卷，台北：臺灣學生書局，1970 年 12 月初版，據中央圖書館藏明萬曆九年廣東布政司刊本景印。

87. 明・薛三才，《薛恭敏公奏疏》，十四卷，台北：偉文圖書出版社有限公司，1977 年 9 月，據國家圖書館藏抄本影印。

88. 明・韓霖，《二老清風》，不分卷，台北：文海出版社，1970 年。

89. 明・魏煥，《皇明九邊考》，十卷，收錄於《四部叢刊》，台北：台灣商務印書館，1981 年。

90. 明・譚綸，《譚襄敏公奏議》，十卷，台北：中央研究院歷史語言研究所藏明萬曆二十八年刊本。

91. 明・顧養謙，《沖菴顧先生撫遼奏議》，二十卷，《四庫全書存目叢書》史部，台南：莊嚴文化事業有限公司，1996 年 8 月初版，據上海圖書館藏明萬曆刻本景印。

92. 清・文廷式輯，《大元官制雜記》，一卷，《續修四庫全書》，上海：上海古籍出版社，1995 年，據上海辭書出版社藏民國五年上海倉聖明智大學印廣學宭叢書甲類刊本景印。

93. 清・谷應泰，《明史紀事本末》，八十卷，北京：中華書局，無出版年月，內部發行。

94. 清・屈大均，《廣東新語》，二十八卷，北京：中華書局，1985 年 9 月第一版。

95. 清・孫承澤，《天府廣記》，四十四卷，北京：北京古籍出版社，1984 年 9 月第一版。

96. 清・孫承澤，《春明夢餘錄》，七十卷，台北：大立出版社，1970 年 10 月初版，古香齋本、光緒九年刻本。

97. 清・張廷玉，《明史》，三三二卷，北京：中華書局，1997 年 3 月六刷。

98. 清・彭孫貽，《山中聞見錄》，十一卷，《叢書集成續編》，上海：上海書局，1994 年，據玉簡齋書本景印。

99. 清・黃宗羲，《明文海》，四八二卷、補遺一卷，北京：中華書局，1987 年 2 月一版一刷。

100. 清・葉夢珠，《閱世編》，十卷，北京：中華書局，2007 年 9 月第一版。

101. 清・龍文彬,《明會要》,八十卷,台北:世界書局,1963 年 4 月二版。

102. 清・顧炎武,《天下郡國利病書》,三十四冊,《四部叢刊續編》,台北:
台灣商務印書館,1976 年 6 月台二版,據上海涵芬樓景印崑山圖書館藏
稿本景印。

103. 清・顧炎武,《日知錄》,三十二卷,台北:台灣商務印書館。

104. 中央研究院歷史語言研究所編,《明清史料》甲編～戊編,台北:中央研
究院歷史語言研究所,1972 年 3 月再版。

105. 中央研究院歷史語言研究所編,《明清史料》庚編～辛編,北京:中華書
局,1987 年 10 月一版一刷。

106. 遼寧省檔案館、遼寧省社會科學院歷史研究所匯編,《明代遼東檔案匯編》
二冊,瀋陽:遼瀋書社,1985 年 6 月第一版。

(二) 文　集

1. 宋・郭茂倩,《宋本樂府詩集》,一○○卷,台北:世界書局,1961 年,
據宋刊本景印。

2. 明・丁賓,《丁清惠公遺集》,八卷,台北:漢學研究中心景照明崇禎十
一年刊本。

3. 明・于孔兼,《山居稿》,八卷、首一卷,台北:漢學研究中心景照明萬
曆四十年刊本。

4. 明・方良永,《方簡肅文集》,十卷、附錄一卷,《文淵閣四庫全書》集
部,台北:商務版。

5. 明・文翔鳳,《皇極篇》,二十七卷,《四庫禁燬書叢刊》集部四十九冊,
北京:北京出版社,2000 年,據天津圖書館藏明萬曆刻本影印。

6. 明・文徵明,《文徵明集》,六十七卷,上海:上海古籍出版社,1987 年
10 月第一版。

7. 明・王世貞,《弇州四部稿》,一七四卷,台北:中央研究院歷史語言研
究所藏,明萬曆世經堂刊本。

8. 明・王用賓,《三渠先生集》,十六卷、附一卷,台北:漢學研究中心景
照明天啓二年序刊本。

9. 明・王守仁,《王陽明全集》,四十一卷,上海:上海古籍出版社,1997
年 8 月一版三刷。

10. 明・王宇撰、阮漢聞、譚元春編,《亦園文略》,二卷,台北:漢學研究
中心景照明刊本。

11. 明・王廷相,《王廷相集》,七十六卷,北京:中華書局,1989 年 9 月初
版。

12. 明・王慎中,《遵巖集》,二十四卷,《文淵閣四庫全書》集部,台北:商

務版。

13. 明・王樵，《方麓集》，十六卷，《文淵閣四庫全書》集部，台北：商務版。

14. 明・申時行，《賜閒堂集》，四十卷，《四庫全書存目叢書》集部一三四冊，台南：莊嚴文化事業有限公司，1997 年 6 月初版，據北京大學圖書館藏明萬曆刻本影印。

15. 明・朱應登，《凌谿先生集》，十八卷，《四庫全書存目叢書》集部五十一冊，台南：莊嚴文化事業有限公司，1997 年 6 月初版，據中國社會科學院文學研究所藏明嘉靖刻本影印。

16. 明・艾穆，《艾熙亭先生文集》，十卷，《四庫未收書叢刊》五輯二十一冊，北京：北京出版社，2000 年，據明萬曆刻本影印。

17. 明・何宗彥，《何文毅公集》，十卷，台北：漢學研究中心景照明崇禎年刊本。

18. 明・何景明，《大復集》，三十八卷、附錄一卷，《文淵閣四庫全書》集部，台北：商務版。

19. 明・余繼登，《淡然軒集》，八卷，《文淵閣四庫全書補遺》，北京：北京圖書館出版社，1997 年。

20. 明・吳海著、清・張伯行訂，《聞過齋集》，四卷，台北：國立台灣大學圖書館，據國立台灣大學圖書館藏清康熙戊子（四十七）年正誼堂刊本影印。

21. 明・呂坤，《呂坤全集》，北京：中華書局，2008 年 5 月第一版。

22. 明・宋登春，《宋布衣集》，三卷，《文淵閣四庫全書》集部，台北：商務版。

23. 明・李一元，《李陶山先生集》，十卷，台北：漢學研究中心景照明萬曆十四年跋刊本。

24. 明・李舜臣，《愚古集》，十卷，《文淵閣四庫全書》集部，台北：商務版。

25. 明・李攀龍，《李攀龍集》，二十九卷，濟南：齊魯書社，1993 年 12 月第一版。

26. 明・汪可進，《公餘草就》，三卷，台北：漢學研究中心景照明萬曆三十三年序刊本。

27. 明・汪道昆，《太函集》，一二〇卷，合肥：黃山書社，2004 年 12 月第一版。

28. 明・林俊，《見素集》，二十八卷，《文淵閣四庫全書》集部，台北：商務版。

29. 明・茅元儀，《石民四十集》，九十八卷，《續修四庫全書》集部一三八七

冊，上海：上海古籍出版社，1995 年，據北京圖書館藏明崇禎刻本影印。

30. 明・胡直，《衡廬精舍藏稿》，三十卷，《文淵閣四庫全書》集部，台北：商務版。

31. 明・孫繼皋，《孫宗伯集》，十卷，台北：國家圖書館萬曆間會稽劉毅等校刊本。

32. 明・徐問，《山堂萃稿》，十六卷，台北：國家圖書館藏明嘉靖辛丑常州知府張志選刊本。

33. 明・海瑞，《海瑞集》，二冊，北京：中華書局，1981 年 8 月二刷。

34. 明・翁萬達，《翁萬達集》，十八卷，上海：上海古籍出版社，1992 年 10 月第一版。

35. 明・高拱，《高拱全集》，鄭州：中州古籍出版社，2006 年 12 月第一版。

36. 明・張孚敬，《張文忠集》，《明代基本史料彙刊・奏摺卷》七十五冊，北京：線裝書局，2004 年。

37. 明・張廷玉，《張石初也足山房尤瘤橐》，六卷，《四庫禁燬書叢刊》集部一六一冊，北京：北京出版社，2000 年，據中國科學院圖書館藏明崇禎刻本影印。

38. 明・張居正，《張居正集》，四十八卷，湖北：荊楚書社，1987 年 9 月第一版。

39. 明・崔銑，《洹詞》，《文淵閣四庫全書》集部，台北：商務版。

40. 明・陳柏，《蘇山選集》，七卷，《四庫全書存目叢書》集部一二四冊，台南：莊嚴文化事業有限公司，1997 年 6 月初版，據北京圖書館藏明萬曆十五年陳文燭刻本影印。

41. 明・陳霽，《大竹文集》，一卷，台北：漢學研究中心景照明嘉靖刊本。

42. 明・陳儒，《芹山集》，三十四卷，台北：漢學研究中心景照明隆慶三年刊本。

43. 明・湯顯祖，《湯顯祖集》，五十卷，北京：中華書局，1962 年 7 月第一版。

44. 明・焦竑，《澹園集》，四十九卷、續二十七卷，《叢書集成續編》，上海：上海書局，1994 年。

45. 明・賀復徵，《文章辯體彙選》，七八○卷，《文淵閣四庫全書》集部，台北：商務版。

46. 明・黄曰，《黃忠裕公文集》，八卷，揚州：江蘇廣陵古籍刻印社，1997 年 3 月一版一刷。

47. 明・黄克纘，《數馬集》，九卷、續一卷，台北：漢學研究中心景照明刊本。

48. 明・黄居中，《千頃齋初集》，二十六卷，台北：漢學研究中心景照明萬

曆刊本。

49. 明‧黃綰，《久庵先生文選》，十六卷，台北：漢學研究中心景照明萬曆刊本。

50. 明‧楊一清，《楊一清集》，北京：中華書局，2001 年 5 月第一版。

51. 明‧楊守阯，《碧川文選》，四卷，《叢書集成續編》，上海：上海書局，1994 年，據明嘉靖乙酉（四年）安慶知府陸鈳刊本。

52. 明‧楊慎，《升菴集》，八十一卷，《文淵閣四庫全書》集部，台北：商務版。

53. 明‧楊應詔，《天游山人集》，二十集，台北：漢學研究中心景照明刊本。

54. 明‧楊爵，《楊忠介集》，十三卷，《文淵閣四庫全書》集部，台北：商務版。

55. 明‧溫純，《溫恭毅集》，三十卷，《文淵閣四庫全書》集部，台北：商務版。

56. 明‧董份，《泌園集》，三十七卷，《叢書集成續編》，上海：上海書局，1994 年。

57. 明‧葉向高，《蒼霞草》，十八卷，揚州：江蘇古籍刻印社，1994 年 12 月一版，據明天啓刊本影印。

58. 明‧熊廷弼，《熊襄愍公集》，十卷、首一卷、末一卷，台北：中央研究院歷史語言研究所藏，清嘉慶十八年跋退補齋刊本。

59. 明‧劉伯燮，《鶴鳴集》，二十七卷，《四庫未收書輯刊》五輯二十二冊，北京：北京出版社，2000 年，據明萬曆十四年鄭懋洵本影印。

60. 明‧蔡獻臣，《清白堂稿》，十七卷，《四庫未收書輯刊》六輯二十二冊，北京：北京出版社，2000 年 1 月第一版，據明崇禎刻本景印。

61. 明‧錢素樂，《錢忠介公集》，二十六卷、首一卷、年譜一卷，《叢書集成續編》，上海：上海書局，1994 年。

62. 明‧儲巏，《柴墟文集》，十六卷，台北：國家圖書館藏，明萬曆四十二年刊本，明萬曆甲寅（四十二年）泰州儲燿刊本。

63. 明‧薛應旂，《方山先生文錄》，二十二卷，《叢書集成續編》，上海：上海書局，1994 年。

64. 明‧謝汝韶撰、謝肇淛編，十六卷，《天池先生存稿》，台北：漢學研究中心景照明萬曆三十六年序刊本。

65. 明‧謝榛，《謝榛全集》，二十四卷，濟南：齊魯書社，2000 年 2 月第一版。

66. 明‧謝肇淛，《小草齋文集》，二十八卷、附一卷、續三卷，台北：漢學研究中心景照明天啓刊本。

67. 明‧韓邦奇，《苑洛集》，二十三卷，《文淵閣四庫全書》集部，台北：商

務版。

68. 明‧歸有光,《震川集》,三十卷,《文淵閣四庫全書》集部,台北:商務版。

69. 清‧全祖望,《鮚埼亭文集選注》,不分卷,濟南:齊魯書社,1982 年 12 月一版一刷。

70. 清‧雷士俊,《艾陵文鈔》,十六卷,《四庫禁燬書叢刊》集部九十冊,北京:北京出版社,2000 年,據清康熙莘樂草堂刻本影印。

(三)方　志

1. 明‧于慎行,《萬曆‧兗州府志》,五十二卷,濟南:齊魯書社,1985 年 4 月第一版,據明萬曆二十二年刻本景印。

2. 明‧方岳貢,《松江府志》,五十六卷,台北:漢學研究中心景照明崇禎四年刊本。

3. 明‧方瑜,《南寧府志》,十一卷,《稀見中國地方志匯刊》四十八,北京:中國書店,1992 年 2 月一版一刷,據明嘉靖四十三年刻萬曆崇禎增修本景印。

4. 明‧王光庭,《陝西通志》,三十五卷、首一卷,台北:漢學研究中心景照明萬曆三十九年刊本。

5. 明‧包大爟,《萬曆‧兗州府志》,五十一卷,《天一閣藏明代方志選刊續編》五十三～五十六冊,上海:上海書店,1990 年第一版。

6. 明‧朱朝藩、汪慶百,《崇禎‧開化縣志》,十卷,《稀見中國地方志彙刊》十七冊,北京:中國書店,1992 年,據明崇禎刻本影印。

7. 明‧余之禎、王時槐,《吉安府志》,三十六卷,台北:漢學研究中心景照明萬曆十三年序刊本。

8. 明‧余文龍,《贛州府志》,二十卷,台北:漢學研究中心景照藏明天啓元年刊本。

9. 明‧何喬遠,《閩書》,一五四卷,福州:福建人民出版社,1994 年 6 月一版一刷。

10. 明‧何棐,《九江府志》,十六卷,《天一閣藏明代方志選刊》,台北:新文豐出版公司,1985 年,據明嘉靖六年刊本景印。

11. 明‧余道邇,《萬曆‧襄陽府志》,五十一卷,《四庫全書存目叢書》,台南:莊嚴文化事業有限公司,1996 年 8 月初版,據明萬曆年刻本景印。

12. 明‧李元芳、鍾崇文,《岳州府志》,十八卷,《天一閣藏明代方志選刊》五十七,上海:上海古籍書店,1982 年 8 月,據明隆慶刻本景印。

13. 明‧李元陽,《嘉靖‧大理府志》,殘存二卷,台北:中央研究院歷史語言研究所藏,美國國會圖書館據北平圖書館藏明嘉靖四十二年刊本攝製

微捲。

14. 明‧李中溪，《萬曆‧雲南通志》，十七卷，台北：中央研究院歷史語言研究所藏，明萬曆年刊本。

15. 明‧李輔，《全遼志》，六卷，《叢書集成續編》四十七，上海：上海書局，1994年景印。

16. 明‧周守愚，《嘉靖‧河南通志》，四十五卷，台北：中央研究院歷史語言研究所藏，據嘉靖三十四年刊本攝製微捲。

17. 明‧林兆珂，《衡州府志》，十五卷，台北：漢學研究中心景照明萬曆二十一年刊本景印。

18. 明‧林富、黃佐，《嘉靖‧廣西通志》，六十卷，《北京圖書館古籍珍本叢書》四十一，北京：書目文獻出版社，據明嘉靖刻藍印本景印。

19. 明‧林濂，《福州府志》，三十六卷，台北：漢學研究中心景照明萬曆二十四年刊本。

20. 明‧林應翔、葉秉敬，《衢州府志》，十六卷，台北：成文出版社，1983年3月，據明天啓二年鈔本景印。

21. 明‧胡漢，《郴州志》，二十卷，台北：漢學研究中心景照明萬曆年刊本。

22. 明‧范淶，《南昌府志》，三十卷，台北：漢學研究中心景照明萬曆十六年刊本。

23. 明‧范嵩、汪佃，《建寧府志》，二十一卷，《天一閣藏明代方志選刊》二十七～二十八，上海：上海古籍書店，1982年8月，據明嘉靖刻本景印。

24. 明‧唐交，《霸州志》，九卷，《天一閣藏明代方志選刊》六，上海：上海古籍書店，1982年8月。

25. 明‧夏良勝，《正德‧建昌府志》，十九卷，《天一閣藏明代方志選刊續編》三十四，上海：上海書店，1964年，據明正德十二年刻本重印。

26. 明‧孫世芳，《宣府鎮志》，四十二卷，台北：成文出版社，1960年4月，據明嘉靖四十年刊本景印。

27. 明‧徐學謨，《萬曆‧湖廣總志》，九十八卷，《四庫全書存目叢書》史部，台南：莊嚴文化事業有限公司，1996年8月初版，據福建省圖書館藏明萬曆刻本景印。

28. 明‧荊州俊，《萬曆‧臨洮府志》，二十六卷，《稀見中國地方志匯刊》九冊，北京：中國書店，1992年5月第一版，據明萬曆三十三年刻增修本影印。

29. 明‧袁業泗，《漳州府志》，三十八卷，台北：漢學研究中心景照明崇禎年刊本。

30. 明・張國經，《廉州府志》，十四卷，《稀見中國地方志匯刊》四十九，北京：中國書局，1992 年 12 月第一版，據明崇禎十年刻本景印。

31. 明・曹金，《萬曆・開封府志》，三十四卷，《四庫全書存目叢書補編》七十六冊，濟南：齊魯書社，2001 年，據日本內閣文庫藏明萬曆十三年刻本景印。

32. 明・郭子章，《黔記》，六十卷，《北京圖書館古籍珍本叢書》四十三，北京：書目文獻出版社，據明萬曆刻本景印。

33. 明・陳以躍，《萬曆・銅仁府志》，十二卷，《日本藏中國罕見地方志叢刊》，北京：書目文獻出版社，1992 年一版一刷，據日本國會圖書館藏明萬曆後期刻本景印。

34. 明・陶晉英，《楚書》，一卷，《叢書集成新編》，台北：新文豐出版公司，1985 年。

35. 明・陸鈛、陳沂，《嘉靖・山東通志》，四十卷，《天一閣藏明代方志選刊續編》五十一～五十二，上海：上海書店，1990 年 12 月一版一刷，據明嘉靖刻本景印。

36. 明・郭棐，《賓州志》，十四卷，《稀見中國地方志匯刊》，北京：中國書店，1992 年，據明萬曆刻本景印。

37. 明・陸鰲，《肇慶府志》，五十卷，台北：漢學研究中心景照明崇禎十三年刊本。

38. 明・甯中立、張鶴鳴，《潁州志》，二十卷，台北：漢學研究中心景照明萬曆間刊本。

39. 明・楊芳、詹景鳳，《殿粵要纂》，四卷，《北京圖書館古籍珍本叢書》四十一，北京：書目文獻出版社，1998 年，據明萬曆三十年楊芳印本景印。

40. 明・楊洵，《揚州府志》，台北：漢學研究中心景照明萬曆二十九年刊本。

41. 明・虞懷中、郭棐，《萬曆・四川總志》，三十四卷，《四庫全書存目叢書》，台南：莊嚴文化事業有限公司，1996 年 8 月初版，據北京圖書館藏萬曆刻本景印。

42. 明・熊相，《嘉靖・蘄州志》，殘存十四卷，台北：中央研究院歷史語言研究所藏，據明嘉靖三年刊本攝製微捲。

43. 明・管律，《寧夏新志》，八卷，《天一閣明代方志選刊》六十八，上海：上海古籍書店，1982 年 8 月，據明嘉靖刊本景印。

44. 明・聞人銓，《嘉靖・南畿志》，六十四卷，台北：臺灣學生書局，1987 年 6 月初版，據中央研究院歷史研究所藏明刊本景印。

45. 明・劉文徵，《滇志》，三十三卷，昆明：雲南教育出版社，1991 年 12

月一版一刷。

46. 明・劉應時、馮惟訥等，《嘉靖・青州府志》，十八卷，《天一閣藏明代方志選刊》四十四，上海：上海古籍書店，1982 年 8 月，據明嘉靖刻本景印。

47. 明・劉磯，《隆慶・岳州府志》，十卷，《天一閣藏明代方志選刊續編》六十三，上海：上海古籍書店，1964 年。

48. 明・鍾添、田秋，《思南府志》，八卷，《天一閣藏明代方志選刊》六十七，台北：新文豐出版公司，1985 年，據明嘉靖刊本景印。

49. 明・羅炌、黃承昊，《崇禎・嘉興縣志》，二十四卷，《日本藏中國罕見地方志叢刊》二十三冊，北京：書目文獻出版社，1991 年 10 月第一版，據日本宮內省圖書寮藏明崇禎十年刻本影印。

50. 清・于睿明，《臨清州志》，《稀見中國地方志匯刊》九，北京：中國書店，1992 年 12 月第一版，據清康熙十三年刻本景印。

51. 清・王永瑞，《新修廣州府志》，五十四卷（存四十四卷），《北京圖書館古籍珍本叢書》三十九，北京：書目文獻出版社，據清康熙年刊本景印。

52. 清・紀元，《鞏昌府志》，十五卷，台北：臺灣學生書局，1968 年 1 月初版，據清康熙二十六年刊本景印。

53. 清・王彬，《海鹽縣志》，二十二卷，台北：成文出版社，1975 年臺一版。

54. 清・王學伊，《固原州志》，十二卷，台北：臺灣學生書局，1967 年 12 月初版，據清宣統元年鉛印本景印。

55. 清・王禰，《朔平府志》，十二卷，台北：臺灣學生書局，1968 年 2 月，據清雍正十一年刊本景印。

56. 清・石一焯、李一鵬，《重修靖遠衛志》，六卷，台北：臺灣學生書局，1968 年 1 月初版，據清康熙四十八年刊行抄本景印。

57. 清・任濬，《登州府志》，台北：中央研究院歷史語言研究所藏，清康熙甲戌（三十三年）刊本。

58. 清・有慶，《重慶府志》，九卷，台北：中央研究院歷史語言研究所藏，清道光二十三年刊本。

59. 清・朱奎揚，《天津縣志》，二十四卷，台北：中央研究院歷史語言研究所藏清乾隆四年刊本。

60. 清・朱珪，《福寧府志》，四十四卷，台北：成文出版社，1967 年 12 月臺一版，據清乾隆二十七年修光緒六年重刊本景印。

61. 清・江殷道、張秉鉉，《九江府志》，十八卷，台北：成文出版社，1989 年，據清康熙十二年刊本景印。

62. 清・何洯，《鎮江府志》，五十四卷、首一卷，台北：漢學研究中心景照清康熙二十四年序刊本。

63. 清・吳重光，《代州志》，五卷，台北：臺灣學生書局，1968 年 2 月初版，據清乾隆五十年刊本景印。

64. 清・李中白，《潞安府志》，二十卷，台北：臺灣學生書局，1968 年 2 月初版，據清順治十八年刊本景印。

65. 清・李亨特，《紹興府志》，八十卷、首一卷，台北：成文出版社，1975 年，據清乾隆五十七年刊本景印。

66. 清・李希賢，《沂州府志》，三十六卷、首一卷，台北：中央研究院歷史語言研究所藏，乾隆二十五年刊本。

67. 清・李芳春、袁繼梓，《袁州府志》，二十卷、首一卷，北京圖書館古籍珍本叢書》三十九，北京：書目文獻出版社，據清康熙刊本景印。

68. 清・李琬，《溫州府志》，三十卷、首一卷，台北：成文出版社，1975 年，據清乾隆二十五年刊民國三年補刻本景印。

69. 清・李熙寧，《武定府志》，二十八卷、首一卷，台北：中央研究院歷史語言研究所藏清咸豐九年刊本。

70. 清・李熙齡，《榆林府志》，五十卷，台北：臺灣學生書局，1968 年 1 月初版，據清道光二十一年刊本景印。

71. 清・沈世奕，《蘇州府志》，八十二卷，台北：漢學研究中心景照清康熙二十二年刊本。

72. 清・汪元絧，《岷州志》，二十卷，台北：臺灣學生書局，1968 年 1 月初版，據清康熙四十年刊行抄本景印。

73. 清・阮元，《廣東通志》，三三四卷，台北：台灣書局，1959 年 2 月初版。

74. 清・周碩勛，《潮州府志》，四十二卷、首一卷，台北：成文出版社，1967 年，據清光緒十九年重刊本景印。

75. 清・孟炤等修、黃祐等纂，《建昌府志》，六十五卷，台北：成文出版社，1989 年，據清乾隆二十四年刊本景印。

76. 清・宗源瀚，《湖州府志》，九十六卷，台北：成文出版社，1983 年，據清同治十三年刊本景印。

77. 清・明誼、張岳松，《瓊州府志》，四十卷、首一卷，台北：成文出版社，1960 年臺一版，據清道光二十一年修光緒十六年補刊本景印。

78. 清・邵士，《沂州府志》，八卷，台北：中央研究院歷史語言研究所藏清乾隆二十五年刊本。

79. 清・胡德琳、成百二，《濟寧直隸州志》，三十四卷、首一卷，台北：中央研究院歷史語言研究所藏清乾隆四十三年刊本。

80. 清‧倪文蔚、顧嘉衡，《荊州府志》，八十卷，台北：成文出版社，1970
    年臺一版，據清光緒六年刊本景印。

81. 清‧師範，《滇繫》，四十卷，《叢書集成續編》，上海：上海書局，1994
    年。

82. 清‧徐瑤光，《嘉興府志》，八十八卷，台北：成文出版社，1975 年，據
    清光緒五年刊本景印。

83. 清‧馬如龍，《杭州府志》，四十卷、首一卷，台北：漢學研究中心景照
    清康熙二十五年刊本。

84. 清‧高錫爵，《臨洮府志》，二十二卷，台北：臺灣學生書局，1967 年 12
    月初版，據清康熙二十六年刊本景印。

85. 清‧張奇勳，《衡州府志》，二十三卷，《北京圖書館古籍珍本叢書》三十
    六，北京：書目文獻出版社，1998 年，據清康熙十年刻二十一年續刻本
    景印。

86. 清‧張登高，《易州志》，十八卷，台北：臺灣學生書局，1968 年 6 月初
    版，據清乾隆十二年刊本景印。

87. 清‧曹秉仁，《寧波府志》，三十六卷、首一卷，台北：成文出版社，
    1975 年，清雍正十一年修乾隆六年補刊本景印。

88. 清‧曹掄彬，《處州府志》，台北：成文出版社，1975 年，據清雍正十一
    年刊本景印。

89. 清‧游智開，《永平府志》，七十二卷，台北：臺灣學生書局，1968 年 6
    月初版，據清光緒五年刊本景印。

90. 清‧馮德材，《鬱林州志》，二十卷，台北：成文出版社，1967 年，據光
    緒二十年刊本景印。

91. 清‧黃文煒，《重修肅州新志》，不分卷，台北：臺灣學生書局，1967 年
    12 月初版，據清乾隆二年刊抄補本景印。

92. 清‧黃彭年，《畿輔通志》，三〇〇卷，石家莊：河北人民出版社，1989
    年 8 月第一版，據清光緒十年本景印。

93. 清‧楊端本，《潼關縣志》，九卷，台北：臺灣學生書局，1967 年 12 月
    初版，據清康熙二十四年刊民國二十年鉛字重印本景印。

94. 清‧葉騰鳳，《徐州志》，八卷，台北：漢學研究中心景照清順治十一年
    刊本。

95. 清‧雷應元，《揚州府志》，二十七卷、首一卷，台北：漢學研究中心景
    照清康熙三年序刊本。

96. 清‧武蔚文，《大名府志》，二十二卷、首一卷、續六卷、末一卷，台
    北：中央研究院歷史語言研究所藏清咸豐三年刊本。

97. 清‧瑭珠，《沅州府志》，五十卷、首一卷，《稀見中國地方志匯刊》四

十，北京：中國書店，1992 年一版一刷，據清乾隆年間刻本影印。

98. 清‧劉元祿，《羅定州志》，十卷，收錄於《稀見中國地方志匯刊》四十七，北京：中國書局，1992 年 12 月第一版，據清康熙刻本景印。

99. 清‧魏源樞，《寧武府志》，十二卷，台北：臺灣學生書局，1968 年 2 月，清乾隆十五年刊本景印。

100. 清‧懷陰布，《泉州府誌》，七十六卷、首一卷，台南：台南文獻委員會，1994 年，據清同治庚午（九年）重刊本影印。

101. 清‧蘇銑，《重刊西寧志》，不分卷，收錄於《西北稀見方誌文獻》五十五，蘭州：蘭州古籍書店，1990 年 10 月，據清順治十四年修抄本景印。

102. 仇錫廷，《薊縣志》，十卷，台北：成文出版社，1969 年臺一版，據民國三十三年鉛印本景印。

103. 王祿昌，《瀘縣志》，八卷，台北：臺灣學生書局，1967 年 10 月初版，據民國二十七年鉛印本景印。

104. 王樹楠等，《奉天通志》，二六〇卷，瀋陽：瀋陽古舊書店，1983 年 1 月初版。

105. 李毅，《開原縣志》，十二卷，台北：成文出版社，1974 年，據民國十九年鉛印本景印。

106. 傅崇岫、徐湘，《松潘縣志》，八卷，台北：臺灣學生書局，1967 年 10 月初版，據民國十三年景印。

二、論 著

（一）專 書

1. 尤中，《雲南民族史》，昆明：雲南大學出版社，1994 年 11 月第一版，575 頁。

2. 方志遠，《明代城市與市民文學》，北京：中華書局，2004 年 8 月第一版，503 頁。

3. 王天有，《明代國家機構研究》，北京：北京大學出版社，1992 年一版，280 頁。

4. 王春瑜，《明清史事沉思錄》，西安：陝西人民出版社，2007 年 1 月第一版，280 頁。

5. 王壽南，《唐代藩鎮與中央關係之研究》，台北：嘉新水泥公司文化基金會，1969 年 11 月初版，1020 頁。

6. 王儀，《明代平倭史實》，台北：中華書局，1984 年 3 月初版，256 頁。

7. 白綱主編，朱瑞熙，《中國政治制度通史‧第六卷宋代》，北京：北京人民出版社，1996 年 12 月一版一刷，731 頁。

8. 白綱主編，李錫厚、白濱，《中國政治制度通史‧第七卷遼金西夏》，北京：北京人民出版社，1996 年 12 月一版一刷，533 頁。

9. 白綱主編，陳高華、史衛民，《中國政治制度通史‧第八卷元代》，北京：北京人民出版社，1996 年 12 月一版一刷，412 頁。

10. 白鋼主編，杜婉言、方志遠，《中國政治制度通史‧第九卷明代》，北京：北京人民出版社，1996 年 12 月一版一刷，495 頁。

11. 白鋼主編，俞鹿年，《中國政治制度通史‧第五卷隋唐五代》，北京：北京人民出版社，1996 年 12 月一版一刷，542 頁。

12. 吳吉遠，《清代地方政府的司法職能研究》，北京：中國社會科學出版社，1998 年 6 月一版一刷，363 頁。

13. 吳廷燮，《明督撫年表》，北京：中華書局，1982 年。

14. 吳智和，《明代的儒學教官》，台北：台灣學生書局，1991 年 3 月初版，360 頁。

15. 吳緝華，《明代海運及運河的研究》，台北：中央研究院歷史語言研究所，1961 年 4 月初版，348 頁。

16. 李光濤，《熊廷弼與遼東》，台北：中央研究院歷史語言研究所，1976 年 8 月初版，265 頁。

17. 李治安，《唐宋元明清中央與地方關係研究》，天津：南開大學出版社，1996 年 1 月初版，457 頁。

18. 林爲楷，《明代的江防體制》，台北：中國文化大學史學研究所碩士論文，1998 年 6 月，245 頁。

19. 邱永明，《中國監察制度史》，上海：華東師範大學出版社，1992 年初版，461 頁。

20. 范中義等，《明代軍事史》收錄於《中國軍事通史》，北京：軍事科學出版社，1998 年 10 月第一版，1058 頁。

21. 張含英，《明清治河概論》，北京：水利電力出版社，1986 年 2 月第一版，208 頁。

22. 張哲郎，《明代巡撫研究》，台北：文史哲出版社，1995 年 9 月初版，332 頁。

23. 張國剛，《唐代藩鎮研究》，長沙：湖南教育出版社，1987 年 12 月第一版，269 頁。

24. 張德信，《明朝典章制度》，長春：吉林文史出版社，2002 年 4 月第一版，503 頁。

25. 張薇，《明代的監控體制——監察與諫議制度研究》，武昌：武漢大學出版社，1993 年 10 月初版，304 頁。

26. 梁希哲、孟昭信，《明清政治制度述論》，長春：吉林大學出版社，1991

年 12 月第一版，516 頁。

27. 陳文石，《明洪武嘉靖間的海禁政策》，台北：國立台灣文學院，1966 年 8 月初版，175 頁。

28. 陳育寧，《寧夏通志》（古代卷），銀川：寧夏人民出版社，1998 年 7 月第一版二刷，348 頁。

29. 陳尚勝，《「懷夷」與「抑商」：明代海洋力量興衰研究》，濟南：山東人民出版社，1997 年 6 月第一版，246 頁。

30. 陳國平，《明代行政法研究》，北京：法律出版社，1998 年 4 月一版一刷，230 頁。

31. 陳寅恪，《唐代政治史述論稿》，台北：里仁書局，1994 年 8 月再版，304 頁。

32. 陳寅恪，《隋唐制度淵源略論稿》，台北：里仁書局，1994 年 8 月再版，149 頁。

33. 郭蘊靜、涂宗濤，《天津古代城市發展史》，天津：天津古籍出版社，1989 年一版一刷，438 頁。

34. 傅玉璋、傅正，《明清史學史》，合肥：安徽大學出版社，2003 年 1 月第一版，307 頁。

35. 彭雲鶴，《明清漕運史》，北京：首都師範大學出版社，1995 年 9 月第一版，213 頁。

36. 黃中青，《明代海防的水寨與遊兵──浙閩粵沿海島嶼防衛的建置與解體》，台北：中國文化大學史學研究所碩士論文，1996 年 6 月，245 頁。

37. 黃水華，《中國古代兵制》，台北：臺灣商務印書館，1995 年 9 月初版二刷，126 頁。

38. 楊國楨、陳支平，《明史新編》，台北：雲龍出版社，1995 年 8 月初版，607 頁。

39. 楊暘，《明代遼東都司》，鄭州：中州古籍出版社，1988 年 12 月第一版，303 頁。

40. 楊暘、袁閭琨、傅朗雲，《明代奴兒干都司及其衛所研究》（鄭州：中州書畫社，1982 年 12 月第一版，332 頁。

41. 楊樹藩，《唐代政制史》，台北：正中書局，1967 年 3 月初版，466 頁。

42. 賈玉英，《宋代監察制度》，開封：河南大學出版社，1996 年 6 月初版，478 頁。

43. 賈征，《潘季馴評傳》，南京：南京大學出版社，1996 年 2 月第一版，427 頁。

44. 靳潤成，《明朝總督巡撫轄區研究》，天津：天津古籍出版社，1996 年 8 月一版一刷，188 頁。

45. 赫治清主編，《中國軍事制度史・軍事教育訓練制度卷》，鄭州：大象出版社，1997 年 8 月一版，452 頁。

46. 劉仲平，《尉繚子今注今譯》，台北：臺灣商務印書館，1977 年 9 月二版，290 頁。

47. 劉昭祥主編，《中國軍事制度史・軍事組織體制編制卷》，鄭州：大象出版社，1997 年 8 月一版，600 頁。

48. 歐陽琛、方志遠，《明清中央集權與地域經濟》，北京：中國社會科學出版社，2002 年 1 月第一版，451 頁。

49. 蔡泰彬，《明代漕河之整治與管理》，台北：台灣商務印書館，1992 年 1 月初版，541 頁。

50. 蔡泰彬，《晚明黃河水患與潘季馴之治河》，台北：樂學書局，1998 年 1 月初版，467 頁。

51. 閻崇年，《袁崇煥研究論集》，台北：文史哲出版社，1994 年 5 月初版。

52. 閻崇年、俞三樂，《袁崇煥資料集錄》，二冊，貴陽：廣西民族出版社，1984 年 4 月第一版，542 頁。

53. 鮑彥邦，《明代漕運研究》，廣州：暨南大學出版社，1995 年 12 月第一版，239 頁。

54. 簡蕙瑩，《明代的儒學制度——浙閩粵地方教育體制的發展》，嘉義：國立中正大學歷史研究所碩士論文，1999 年 6 月，192 頁。

55. 關文發、顏廣文，《明代政治制度研究》，北京：中國社會科學出版社，1996 年 5 月二版，343 頁。

56. 蘇同炳，《明代驛遞制度》，台北：中華叢書編審委員會，1969 年 6 月初版，483 頁。

57. 〔日〕小川尚，《明代都察院体制の研究》，東京：汲古書院，2004 年 10 月初版，309 頁。

58. 〔法〕讓・德・米里拜爾（Jean de Miribel）著，郭太初等譯，《明代地方官吏及文官制度——關於陝西與西安府的研究》，西安：陝西人民出版社，1994 年，455 頁。

（二）論　文

1. 于志嘉，〈明代江西兵制的演變〉，《中央研究院歷史語言研究所集刊》，六十六本四分，1995 年 12 月，頁 995～1073。

2. 方楫，〈明代治河和通漕的關係〉，《歷史教學》，1957 年 9 月號，頁 17～24。

3. 王世華，〈略論明代御史巡按制度〉，《明清史》，1991 年一期，頁 15～33。

4. 王世華，〈論明代地方監察制度的演變〉，《明史研究》二輯，1992 年 12 月，頁 112～121。

5. 王壽南，〈從藩鎮之選任看安史之亂後唐中央政府對地方之控制〉，《國立政治大學歷史學報》四期，頁 1～18。

6. 王麗英，〈論明代監察制度的若干特色〉，《廣州師範學報》（社會科學版），二十卷三期，1991 年，頁 39～42。

7. 巨煥武，〈明代巡按某處御史與巡按御史〉，《中山學術文化集刊》第三期，1969 年 3 月，頁 345～362。

8. 巨煥武，〈明代提刑按察司職掌之陵替〉，《思與言》十四卷一期，1976 年 5 月，頁 1～6。

9. 巨煥武，〈明代督撫與巡按權勢之升沉〉，《思與言》十三卷四期，1995 年 11 月，頁 218～227。

10. 巨煥武，《明代巡按御史與中差御史》，《政治大學學報》三十二期，1975 年 12 月，頁 75～90。

11. 江漢椿，〈北宋轉運使考略〉，《宋遼金元史》，1992 年三期，頁 27～34。

12. 吳吉遠，〈試論明清守巡道制度〉，《明清史》，1996 年三期，頁 4～51。

13. 吳智和，〈明代提學的教育生活〉，《淡江史學》十期，1999 年 6 月，頁 125～146。

14. 吳觀文，〈論元代監察制度與官僚政治〉，《西北民族學院學報》（哲社版），1990 年三期，頁 64～70。

15. 李國祁，〈明清兩代地方制度中道的功能及其演變〉，《中央研究院近代史研究所集刊》第三期，1972 年 7 月，頁 139～187。

16. 林乾，〈近十年來明清督撫制度研究簡介〉，《明清史》，1991 年四期，頁 59～63。

17. 孫媛貞，〈明代屯田制研究〉，《明代經濟》，台北：臺灣學生書局，1968 年 7 月初版，頁 5～36。

18. 郝時遠，〈元代監察制度概述〉，《元史論叢》第三輯，1986 年 1 月，頁 82～104。

19. 寇偉，〈明代的監察制度〉，《史學集刊》，1991 年四期，頁 38～42。

20. 陳文石，〈明代馬政研究之——民間孳牧〉，收錄於《明清政治社會史論》，台北：臺灣學生書局，1991 年 11 月初版，頁 1～16。

21. 楊武泉，〈明清守巡道考辨〉，《明清史》，1992 年第四期，頁 4～12。

22. 鄭世剛，〈北宋的轉運使〉，收錄於《宋史研究論文集》，開封：河南人民出版社，1984 年 7 月初版，頁 319～345。

23. 黎虎，〈唐前期邊疆軍區「道」的外交職能〉，《魏晉南北朝隋唐史》，

1999 年四期，頁 58～64。

24. 盧葦，〈明代海南的海盜、兵備與海防〉，《明清史》，1990 年十一期，頁 19～28。

25. 繆全吉，〈明清道員角色初探〉，收錄於《近代中國初期歷史研討會論文集》，台北：中央研究院近代史研究所，1989 年 4 月初版，頁 145～167。

26. 謝忠志，〈明代的五行都司〉，《明史研究專刊》十六期，頁 77～142。

27. 羅東陽，〈明代兵備初探〉，《東北師大學報》，1994 年第一期，頁 15～31。

28. 嚴耕望，〈景雲十三道與開元十六道〉，《中央研究院歷史語言研究所集刊》三十六本上冊，1965 年 12 月，頁 115～121。

三、工具書

1. 〔日〕山根幸夫，《新編明代史研究文獻目錄——付韓國明代史文獻》，日本東京：汲古書院，1993 年 11 月，313 頁。

2. 中國社會科學院歷史研究所明史研究室編，《中國近八十年明史論著目錄》，鎮江：江蘇人民出版社，1981 年 2 月一版，449 頁。

3. 中國科學院北京天文臺主編，《中國地方志聯合目錄》，北京：中華書局，1985 年 1 月一版一刷，854 頁。

4. 中國歷史大辭典·明史編纂委員會編，《中國歷史大辭典·明史卷》，上海：上海辭書出版社，1995 年 12 月一版一刷，545 頁。

5. 方國瑜，《雲南史料目錄概說》，北京：中華書局，1984 年 1 月第一版。

6. 引得編纂處編，《八十九種明代傳記綜合引得》，北京：中華書局，1987 年 8 月一版一刷，927 頁。

7. 王德毅主編，《中華民國台灣地區公藏方志目錄》，台灣：漢學研究資料及服務中心，1985 年 3 月出版，315 頁。

8. 王德毅主編，《明人別名字號索引》，台北：新文豐出版公司，2000 年 3 月臺一版，997 頁。

9. 吳智和，〈五十年來台灣的明史研究回顧〉，台中：東海大學歷史系《五十年來台灣的歷史學研究之回顧研討會》宣提論文，1995 年 4 月，頁 1～27。

10. 吳智和，《中國史研究指南 IV·明史》，台北：聯經出版事業公司，1990 年 5 月初版，頁 3～74。

11. 吳智和，《明史研究中文報刊論文專著分類索引》，編者油印本，1976 年，222 頁。

12. 李小林、李晟文，《明史研究備覽》，天津：天津教育出版社，1988 年 2

月一版一刷，494 頁。

13. 徐泓，〈六十年來明史之研究〉，收入《六十年來之國學》（三），台北：
    正中書局，1974 年，頁 379～452。

14. 國立中央圖書館，《明人傳記資料索引》，台北：國立中央圖書館，1978
    年元月再版，1171 頁。

15. 國立中央圖書館特藏組編輯，《國立中央圖書館善本書目》，台北：國立
    中央圖書館，1986 年 12 月增訂二版，1887 頁。

16. 國立中央圖書館特藏組編輯，《臺灣公藏方志聯合目錄增訂版》，台北：
    國立中央圖書館，1981 年 10 月出版，248 頁。

17. 漢學研究中心資料組編，《漢學研究中心景照海外佚存古籍書初編》，台
    北：漢學研究中心，1990 年 3 月初版，154 頁。

18. 譚其驤主編，《中國歷史地圖集》，第七冊《元明時期》，上海：地圖出版
    社，1982 年 10 月一版一刷，144 頁。

19. 譚其驤主編，《中國歷史地圖集釋文匯編·東北卷》，北京：中央民族學
    院出版社，1988 年 9 月一版一刷，393 頁。